L'INITIATION À LA VIE BIENHEUREUSE OU ENCORE LA DOCTRINE DE LA RELIGION

BIBLIOTHÈQUE DES TEXTES PHILOSOPHIQUES

Fondateur : Henri GOUHIER   Directeur : Jean-François COURTINE

J. G. FICHTE

L'INITIATION À LA VIE BIENHEUREUSE
OU ENCORE LA DOCTRINE DE LA RELIGION

Sous la direction de
Patrick CERUTTI

Texte traduit et annoté par
Patrick CERUTTI, Jean-Christophe LEMAITRE,
Alexander SCHNELL, Frédéric SEYLER

Présenté par
Alexander SCHNELL

PARIS
LIBRAIRIE PHILOSOPHIQUE J. VRIN
6, Place de la Sorbonne, V e

2012

© *Librairie Philosophique J. VRIN*, 2012

Imprimé en France

ISSN 0249-7972

ISBN 978-2-7116-2459-1

www.vrin.fr

PRÉSENTATION

Le cycle de conférences *Anweisung zum seligen Leben* – « initiation[1] à la vie bienheureuse », l'un des plus beaux textes de la philosophie occidentale – s'est tenu à Berlin de janvier à mars 1806 et a été publié seulement quelques semaines plus tard. Déployant autant une doctrine de la vie que de la béatitude, il expose sous une forme « populaire » (ce qui signifie ici : à la portée du plus grand nombre) la doctrine fichtéenne de la religion. Fichte y développe l'essence et le statut ontologique de « Dieu » (compris comme « vie transcendantale » ou « être absolu »), la relation que l'homme peut établir vis-à-vis de lui, et il précise la forme de vie qu'implique cette relation. Tout cela selon une double direction : une direction « ascendante » culminant dans la « doctrine de l'être et de la vie » ; une direction « descendante » qui tire les conséquences de la déduction de l'infinité des déterminations ontologiques du monde à partir de l'être absolu ainsi que de celle de cinq façons de voir le monde, et qui rend cette théorie « vivante » dans les actions et accomplissements de la vie humaine. Enfin, il donne des renseignements instructifs eu égard au rapport entre sa doctrine de la religion et la teneur de

---

1. Nous reviendrons à la fin sur ce choix de traduction.

la révélation chrétienne – concernant par exemple le statut de l'existence divine telle qu'elle est envisagée dans la théologie chrétienne de l'époque et dans les débats auxquels elle a donné lieu.

Fichte considérait donc ce texte comme faisant partie d'un ensemble d'exposés « populaires » (à l'instar, en particulier, du *Caractère de l'époque actuelle* (1805) et de *De l'essence du savant* (1806)[1] et, auparavant, de *La destination de l'homme* (1800)), c'est-à-dire comme non seulement accessibles au plus grand nombre d'auditeurs et de lecteurs, mais encore mettant en jeu une méthode de la connaissance qui distingue[2] ces exposés des différentes élaborations proprement « scientifiques » constituant la « doctrine de la science ». De fait, il est

1. Une traduction de ce texte qui paraîtra aux éditions Vrin sous la direction de P. Cerutti est en cours.

2. Fichte précise dans la deuxième conférence de l'*Initiation à la vie bienheureuse* que ce qui distingue les écrits populaires des écrits scientifiques, c'est que les premiers s'appuient avant tout sur le « sens naturel de la vérité » en visant *directement* le vrai, tandis que les derniers, en partant de l'erreur dont ils anéantissent tous les différents aspects, *parviennent* au vrai au terme d'une génétisation longue et exhaustive. Encore faut-il s'entendre sur ce que Fichte veut dire par « erreur » et « vérité » ! Notons, en effet, que cela ne donne nullement raison à l'interprétation de Philonenko de la *Doctrine de la Science* (selon laquelle Fichte partirait toujours du faux pour arriver à la fin au vrai), car nulle part, ni même dans l'*Assise fondamentale de la doctrine de la science* de 1794-1795, Fichte ne part effectivement du « *faux* » – il part plutôt d'un ensemble de principes d'abord posés *hypothétiquement* afin de découvrir et de déployer ce qu'ils comportent de *catégorique*.

On peut dire que le rapport entre écrits scientifiques et écrits populaires est un rapport de conditionnement réciproque (à l'instar du rapport entre l'être absolu et son « être-là », entre Dieu et sa manifestation dans le savoir) : les écrits scientifiques sont au fondement des écrits populaires, mais ce n'est qu'en vertu des écrits populaires que les écrits scientifiques sont d'abord accessibles (Dieu est au fondement de tout être (manifesté), mais ce n'est qu'à travers l'être révélé ou incarné dans le savoir que l'on accède à Dieu).

aussi une excellente introduction à cette dernière – et probablement l'une des plus édifiantes. Pour Fichte, dans la mesure
où la « croyance » et la « raison » se trouvent depuis la philosophie critique kantienne dans un rapport pacifique l'une à
l'égard de l'autre, il est désormais possible de faire valoir les
principes de la philosophie transcendantale pour une compréhension adéquate de la transcendance divine ou absolue. Et, à
l'inverse, un usage prudent du lexique religieux permet de
donner une image très éclairante des fondements spéculatifs de
l'idéalisme transcendantal.

Mais il convient en effet d'être très prudent sur ce
point. Car les « images et formules de la tradition religieuse »,
Fichte le précise explicitement, ont été « vidées de leur sens »,
« tournées à grand bruit en dérision, avant d'être finalement
abandonnées à un mépris silencieux et poli » (*Initiation à la vie
bienheureuse*, première leçon). Cependant, la prudence ici de
mise n'exprime pas, négativement, une nécessité simplement
oratoire et rhétorique. Elle traduit plutôt le fait que, positivement, Fichte est parvenu à inscrire sa doctrine de Dieu *dans* la
philosophie transcendantale, à dériver celle-là à partir de celle-
ci, de telle sorte que les résultats substantiels de sa doctrine de
la religion exigent, pour pouvoir être compris, une clarification de la « doctrine de l'être et de la vérité » que cette doctrine
de la religion suppose et dont elle est en quelque sorte l'expression sur un plan affectif – point sur lequel nous nous explique-
rons plus bas. Ce n'est en tout cas que dans cette mesure que
l'on peut dire avec les contemporains qu'avec l'*Anweisung*,
Fichte a écrit une *Vorschule der Religion* comme Jean Paul
avait écrit une *Vorschule der Aesthetik*[1].

---

1. *Fichte im Gespräch*, E. Fuchs (hrsg), Stuttgart-Bad Cannstatt,
Frommann-Holzboog, 1981, Bd. 3, p. 391.

Auparavant, il faut rappeler les acquis fondamentaux des quatre versions de la doctrine de la science de 1804/1805 (notamment de la deuxième version de 1804 et de celle de 1805), soubassements théoriques indispensables qui éclairent donc de manière décisive le projet fichtéen d'une « doctrine de la vie ou de la béatitude ».

La *Doctrine de la Science de 1804/II*, version sans aucun doute la plus aboutie parmi les « expositions berlinoises » de sa philosophie théorique (c'est-à-dire celles élaborées après 1799), introduit, dans ses « prolégomènes », un dispositif de divisions très précis qui sert d'ossature conceptuelle à l'idéalisme transcendantal de Fichte et qui, sur un plan formel, se retrouve (certes d'une façon modifiée) dans l'*Initiation à la vie bienheureuse* (qui en développe un aspect présent également dans les autres écrits dits « populaires » de 1805-1806). Ces divisions reposent sur une disjonction fondamentale – celle entre l'être et le penser – dont Fichte clarifie le statut transcendantal (en 1804) et le statut ontologique (en 1804 également, mais surtout en 1805 et 1806).

La philosophie fichtéenne n'a jamais perdu de vue son horizon ontologique. « Science » ou « doctrine », voire – pour insister sur son caractère essentiellement oral – « enseignement » de l'être, elle cherche à ramener la multiplicité phénoménale à son principe ultime qui est effectivement un principe gnoséologique autant qu'ontologique. Or, comment ce principe peut-il être *à la fois* un principe du *savoir* (c'est-à-dire du *connaître*) et un principe de l'*être*? Si la tradition philosophique occidentale a toujours identifié ce principe, cet être, comme un être *en soi* (l'idée platonicienne, l'*ousia* aristotélicienne, le Dieu augustinien, la substance spinoziste, la monade leibnizienne, etc.), la découverte fondamentale du transcendantalisme kantien a précisément consisté, pour Fichte, dans la découverte de la *corrélation* être/penser. La tâche fondamentale de la doctrine de la science réside alors dans le fait de clarifier le statut de cette corrélation et d'expliquer comment elle rend encore possible le caractère *unitaire* du principe de toute connaissance (ce qui, évidemment, pose problème étant donné que cette corrélation met en œuvre une *dualité*).

La *Doctrine de la Science de 1804/II* répond à cette question, en articulant subtilement une dimension *transcendantale* et une dimension *ontologique*, dont le lien sera établi dans toute sa clarté dans la *Doctrine de la Science de 1805* et dont une reformulation ainsi que les conséquences relatives à la doctrine de la religion seront développées dans l'*Initiation à la vie bienheureuse*. Quelle est d'abord la dimension *transcendantale* de la saisie du principe ?

Si philosopher consiste pour Fichte à reconduire, *dans le savoir*, la multiplicité à son principe unitaire, cela implique toujours que, par là, le savoir se fonde lui-même en tant que savoir. Toute conscience (en tant que conscience de quelque chose, d'un objet) est certes conscience (transcendantale) de soi (ce fut là un acquis décisif du transcendantalisme kantien). Mais la difficulté est justement de rendre compte de la possibilité de cette conscience de soi sans la fonder dans une quelconque forme de conscience (ce qui reviendrait à un cercle), ou de savoir comment le principe de toute connaissance peut être saisi ou conçu de façon adéquate, c'est-à-dire en évitant toute forme de subjectivisme. Ou pour le dire encore autrement : la philosophie transcendantale ne s'achève que si elle parvient à établir non seulement quelles sont les conditions (*a priori*) de la connaissance, mais aussi ce qui fonde la connaissance *en tant que* connaissance, de l'intérieur d'elle-même. Pour résoudre ce problème, Fichte invite ses auditeurs et lecteurs à penser avec « acuité » et « énergie » le rapport entre le principe transcendantal de toute connaissance (principe dont on pose l'être d'abord de manière seulement hypothétique) et les conditions de fait de tout penser (à savoir notre conscience qui suppose toujours la scission entre l'objet et le sujet, ici : entre ce même principe et la manière dont nous nous y rapportons en vertu du penser), ou encore entre l'*être* (du principe) et le *penser* (*cf.* la disjonction fondamentale indiquée plus haut). Un tel penser énergique fera alors apparaître que la saisie du principe dans et par la conscience entre en conflit avec la structure même de la conscience : d'une part, parce que le principe est, en son être (absolu), radicalement transcendant par rapport à toute conscience finie – et nous y reviendrons ; d'autre part, parce que le principe absolu(ment) *un* échappe nécessairement à la conscience scindée en *deux* (sujet et objet). Dès lors, pour que le principe puisse apparaître d'une manière qui soit adéquate à son propre être, il faut que la conscience finie soit *anéantie*, *supprimée* (ce qui conduira Jacobi à parler du livre comme d'une *Anweisung zur Selbstvernichtung*, une initiation à l'anéantissement de soi[1]). Mais cet anéantissement requiert au préalable que la conscience soit d'abord *posée*. Voilà quelles sont donc les conditions *transcendantales* de la réalisation – c'est-à-dire de son extériorisation, de sa saisie – du principe : la position et l'anéantissement de la conscience finie[2].

1. *Fichte im Gespräch*, *op. cit.*, 1992, Bd. 6, 2, p. 674.
2. De façon symétrique, et dans une perspective religieuse, la révélation divine suppose son incarnation et la mort de l'être incarné. Cela signifie que, pour Fichte, le Christ n'est pas Dieu lui-même, mais, par sa vie et sa crucifixion, la condition *absolue et nécessaire* de l'« être-là » de Dieu, de son « existence ».

Or, le fait de parler d'une «extériorisation», d'une «réalisation» et d'une «saisie» du principe implique qu'au-delà ou au terme de la suppression de la conscience, il y a tout de même une forme de «conscience» embrassant ce principe – mais une «conscience» qui n'est pas la conscience finie, étant donné que celle-ci suppose toujours une scission. Et une telle conscience «supérieure» est effectivement requise parce qu'autrement, on ne serait même pas en mesure de parler de tout ce qui est ici en jeu – «conscience (supérieure)» qui n'en est pas une, nous insistons, puisqu'elle doit se confondre avec le principe unitaire. Pour distinguer qualitativement la conscience finie et la conscience supérieure, Fichte se sert dès la *Doctrine de la Science de 1804/II* de la métaphore de la *lumière*: la lumière portant avec elle-même les conditions de son voir (ce qu'elle voit est d'abord éclairée par elle) et ne donnant lieu à aucune extériorité du voir vis-à-vis de ce qui est vu, elle convient bien, de l'avis de Fichte, pour désigner le type d'intellection intuitive propre à la conscience «supérieure». On peut alors reformuler les conditions transcendantales recherchées dans les termes suivants: il n'y a de saisie du principe dans la *lumière* que si la *conscience* est anéantie, et un tel *anéantissement* suppose au préalable la *position* de la conscience. Forts de cette clarification de la dimension transcendantale, nous pouvons alors nous tourner vers la dimension *ontologique* du principe.

Fichte est parti de la disjonction fondamentale entre l'être et le penser. Si l'extériorisation de la lumière, en vertu de laquelle le principe est saisi, entraîne un anéantissement de la conscience ou du penser, cette même lumière fait alors apparaître un être absolument en soi – et proprement inconcevable. La *Conscience* (ou le *Concept*[1]), la *Lumière* et l'*Être*– tels sont les trois éléments qui constituent le « schéma c-l-e »[2] de la *Doctrine de la Science de 1804/II*. Dans ce même texte, Fichte dissocie la dimension transcendantale de la dimension ontologique du principe en conférant à sa doctrine de l'*image* le traitement de cette dernière. S'il distingue ici entre trois types d'images à travers lesquels le principe absolu s'auto-fonde dans un mouvement progressif d'auto-intériorisation[3], toute la clarté à propos de ce sens d'être ne sera certes atteinte que dans la *Doctrine de la Science de 1805* (exposée à Erlangen). Fichte introduit ici la distinction essentielle entre l'« *être (Sein)* » du principe et son « *existence (Existenz)* ». Alors que, dans l'ontologie traditionnelle, tout étant pouvait être considéré soit selon son essence générale (= être, *essentia*), soit selon son existence (*existentia*), Fichte radicalise ici la distinction entre l'*être* absolu, clos en lui-même, du principe (ou de Dieu) et son extériorisation dans le savoir qu'il appelle donc *existence*. L'« existence » provient d'« ek-sisto », l'équivalent exact du grec « *histêmi* », et qui signifie « poser au dehors ». Seul l'être absolu (le principe) *est*; mais il *existe* dans le savoir. Le savoir est l'extériorisation de l'être qui ne le transforme absolument pas, mais en constitue l'image qui a

1. Ce qui caractérise essentiellement la « conscience » ou le « concept », c'est le fait de *médiatiser* ce qui est conçu et la façon dont il est conçu : la représentation renvoie à l'objet et, réciproquement, l'objet renvoie à la représentation, l'un n'est possible que dans son rapport à (Fichte dit : « par (*durch*) ») l'autre et *vice versa*.

2. Pour plus de précisions sur ce « schéma », *cf.* A. Schnell, *Réflexion et spéculation. L'idéalisme transcendantal chez Fichte et Schelling*, Grenoble, J. Millon, 2009.

3. Pour plus de détails concernant la doctrine fichtéenne de l'image, cf. *ibid.*

conscience de n'en être que l'image (et qui donc s'auto-anéantit). La distinction entre l'être et le penser (le savoir, la conscience, le concept, la réflexion) est ici portée à son niveau ontologique le plus élevé et à la prise de conscience la plus claire de son propre statut. C'est pour avoir méconnu cette distinction et entrepris d'objectiver l'absolu dans le savoir que Schelling se verra accusé d'être le plus dangereux des dogmatiques dans le *Bericht über den Begriff der Wissenschaftslehre und die bisherigen Schicksale derselben* que Fichte rédige au même moment et qui constitue le pendant critique de cette lumineuse *Anweisung* [1].

À l'exception de quelques rares personnes, les auditeurs qui, à l'hiver 1806, assistaient à l'exposition des leçons d'*Initiation à la vie bienheureuse* ignoraient tout du contenu spéculatif des quatre expositions (privées) de la doctrine de la science de 1804/1805 – et cela valait davantage encore des lecteurs (tels Schelling [2] et Hegel par exemple), qui ne pouvaient qu'être induits en erreur à propos des présupposés transcendantaux et ontologiques de la doctrine fichtéenne de la religion. Or, dans l'*Initiation à la vie bienheureuse*, un enseignement « populaire » de la doctrine de la science se

---

1. *Gesamtausgabe der bayerischen Akademie der Wissenschaften*, R. Lauth u. H. Gliwitzky (hrsg), Stuttgart-Bad Cannstatt, Frommann-Holzboog [dorénavant abrégé en : *Gesamtausgabe*], Bd. II, 10, *Nachgelassene Schriften 1806-1807*, p. 11-66 (*Sur le concept de la Doctrine de la science et la destinée qu'elle a connue jusqu'ici*, in *Machiavel et autres écrits philosophiques*, trad. fr. L. Ferry, Paris, Payot, 1981, p. 141-184).

2. Voir notamment F.W.J. Schelling, *Darlegung des wahren Verhältnisses der Naturphilosophie zu der verbesserten Fichteschen Lehre* (1806) (= « Anti-Fichte »), *Friedrich Wilhelm Joseph von Schellings sämmtliche Werke*, K.F.A. Schelling (hrsg), Stuttgart/Augsburg, Cotta, Bd. I-XIV, 1856-61 [dorénavant abrégé en SW], Bd. VII, 1-130.

propose en réalité de reprendre ces résultats décisifs – en les exposant à travers le prisme de l'*affectivité*. Force est en effet de constater que Fichte reprend le schéma « c-l-e » de 1804 et la distinction être/existence de 1805 en un exposé *nouveau et inédit* qui en présente la profonde cohérence (en surmontant en particulier la séparation entre une perspective transcendantale et une perspective ontologique). La disjonction fondamentale entre l'être et le penser du schéma « c-l-e » devient en 1806 celle entre *Sein* et *Dasein* (distinction renvoyant donc à celle entre « être » et « existence » dans la *Doctrine de la Science d'Erlangen*) et la « lumière » est maintenant abordée en termes d'« amour (*Liebe*) ». Ainsi, au lieu du schéma de 1804/1805 « concept (existence) – lumière – être », nous sommes désormais en présence du schéma « être-là – amour – être ». Disons d'abord un mot sur les difficultés de traduction en français que pose en particulier le terme de « *Dasein* » [1].

Originellement, « *da sein* » signifie en allemand « être présent » – telle était déjà la signification de cette expression, lorsque C. Wolff décida au XVIIIe siècle de traduire, dans la langue philosophique allemande, « *existentia* » par « *Dasein* » (« *existentia* » se référant au « *quod* » (« *dass* ») par opposition à « *essentia* » qui était relatif au « *quid* » (« *was* »)).

---

1. Comme C. Asmuth l'a montré à juste titre, Fichte n'opère pas par « concepts », mais par des espèces de « dégradés conceptuels » qui rendent difficiles les délimitations entre un « concept » X et un « concept » Y – ce qui complique évidemment de manière considérable la traduction de Fichte dans des langues étrangères – et qui impliquent que l'on ne saurait réellement parler de « synonymes » lorsqu'il utilise deux termes différents, cf. *Das Begreifen des Unbegreiflichen. Philosophie und Religion bei Johann Gottlieb Fichte* (1800-1806), Stuttgart-Bad Cannstatt, Frommann-Holzboog, 1999 ; *Sein, Bewußtsein und Liebe. Johann Gottlieb Fichtes Anweisung zum seligen Leben*, Mainz, 2000.

Est-ce suffisant pour traduire le « *Dasein* » fichtéen par
« existence » ? L'alternative, « être-là », a, en dehors de
tout contexte heideggérien (évidemment anachronique), des
défauts patents – ce n'est pas un mot de la langue française et il
introduit une dimension spatiale inappropriée. Mais la
traduction de « *Dasein* » par « existence » ne convient guère
mieux parce que Fichte fait lui-même, notamment dans la
Doctrine de la Science de 1805, la distinction entre « *Dasein* »
et « *Existenz* » (au début de la quatrième heure, il parle par
exemple du « *Dasein* de l'*Existenz* » ou, plus loin, du « *Dasein*
de l'*Existieren* » qui insistent respectivement sur le fait
que l'*Existenz* présente la sortie de soi de l'être absolu)[1],
« existence » étant ainsi réservée à la traduction d'« *Existenz* ».
« *Dasein* » signifie chez Fichte trois choses en même temps : il

[1]. Sens et signification du « *Dasein* » (et de son rapport à l'« *Existenz* »)
sont aujourd'hui extrêmement controversés chez les spécialistes de Fichte.
Certes, dans de très nombreux contextes, « *Dasein* » et « *Existenz* » sont inter-
changeables. Mais là où Fichte les distingue, il laisse entendre que « *Dasein* »
signifie le pur acte d'extériorisation de l'être absolu, tandis que « *Existenz* »
nomme l'être (*à son tour clos en lui-même* et, à travers la réflexion, principe du
monde) de ce « *Dasein* » (voir par exemple la dixième heure de la *Doctrine de la
Science de 1805*). La plus grande clarté conceptuelle à ce propos est atteinte
dans cette *Doctrine de la Science* d'Erlangen où Fichte distingue, au sein de
l'exister, entre une « forme intérieure » (= *Existenz* = « exister absolu ») et une
« forme extérieure » (= *Dasein* = « exister *"en tant qu'"* absolu »), celle-ci étant
le principe de toutes les déterminations particulières possibles du savoir
du multiple. Dans l'*Initiation à la vie bienheureuse*, cette distinction entre
Dasein et *Existenz* n'est pas rigoureusement respectée, le *Dasein* contenant
la distinction qui incombait dans la *Doctrine de la Science de 1805* à
l'*Existieren*. Nous remercions C. Asmuth, A. Bertinetto, E. Cattin,
M. Chédin, J.-F. Courtine, J.-C. Goddard, M. Ivaldo, M. Jimènez Redondo,
M. Maesschalck, I. Radrizzani, G. Rametta, J. Rivera de Rosales, H. Traub et
G. Zöller pour leurs avis circonstanciés et très éclairants qui nous ont fait
prendre conscience de la complexité de cette question (notamment du fait des
enjeux théologiques qu'elle mobilise) et de la diversité des réponses à proposer.

renvoie toujours au fait d'être (donc au « *quod* ») ; il signifie une *extériorisation* de l'être absolu, qui, lui, est clos en lui-même, n'impliquant cependant pas de séparation de l'être d'avec lui-même ; et il a aussi le sens du fait d'être « là », non pas à tel endroit (il ne faut donc pas l'entendre comme réponse à la question : « où est-il ? »), mais d'être « simplement » là (ou d'être « présent »). La traduction de « *Dasein* » par « être-là » a, par ailleurs, l'avantage de permettre aisément l'usage de formes verbales (par exemple « est là » traduit « *ist da* »), Fichte jouant assez souvent sur les possibles verbalisations qu'offre « *da sein* ». Dans un écrit dit « populaire » – mais il est sans doute déjà apparu dans ce qui précède qu'il ne saurait de toute façon s'agir d'un texte purement et simplement « grand public » en raison de l'arrière-fond transcendantal et spéculatif qu'il présuppose –, il faut donc admettre un terme philosophique *technique*, « être-là » impliquant toutes les différentes acceptions que nous venons d'énumérer. Cela nous a paru d'autant plus nécessaire que Fichte, qui se donne lui-même pour tâche d'« épuiser tous les mystères du langage, afin de choisir l'expression la plus forte, la plus frappante », emploie à propos de *Dasein* des tournures telles que « selon notre expression » ou « pour parler dans ma langue », qui montrent bien la nature particulière et peu usuelle de cette expression[1].

Voyons, à présent, quel sens Fichte confère à l'*être* et à l'*être-là* dans l'*Initiation à la vie bienheureuse*. D'une manière

---

1. Pour ces trois formules, cf. *infra*, p. [132], [92] et [93]. Toutes nos indications de page entre crochets renvoient à la pagination de la *Gesamtausgabe* insérée dans les marges de la présente traduction (*Gesamtausgabe*, *op. cit.*, Bd. I, 9, *Werke 1806-1807*). Toutes les notes ajoutées au texte sont des notes des traducteurs.

générale, comme il le souligne dans la deuxième leçon de l'ouvrage de 1806, toute question relative à Dieu, à la foi et à la révélation passe impérativement et irréductiblement par le penser (et non pas par l'opinion ou par quoi que ce soit de révélé (que ce soit les Écritures ou le monde[1] – ce dernier point s'éclaircit à partir de la quatrième leçon)). En soi, Dieu est par soi, être et existence coïncident. Pour nous, l'être de Dieu est séparé de son existence (= révélation). Tout l'enjeu et toute la difficulté consistent à rendre compte, de façon rationnelle et concevable, de la possibilité à la fois de cette identité (en soi) et de la différence (pour nous). Solution : le « *Dasein* » *qua* savoir et le savoir comme « *Dasein* » divin (sachant que ce savoir doit précisément être mis en rapport avec le penser, dont Fichte parle au début de l'*Initiation à la vie bienheureuse*). C'est dans le savoir que l'être divin, clos, sort de lui-même tout en restant, en soi, identique à soi. Et par rapport à cette problématique, Fichte aborde aussi la question de l'être clos du « *Dasein* » lui-même (pour que l'on n'en fasse pas une pure fiction de l'imagination) – en l'appelant, nous l'avons déjà dit, « *Existenz* ». Comment Fichte met-il en rapport cette idée fondamentale avec l'« *être* » ?

Dans la *Doctrine de la Science de 1804/II*, dans la *Doctrine de la Science de 1805* et dans l'*Initiation à la vie bienheureuse*, il s'agit du même *être* – dans le premier texte, il est abordé, pourrait-on dire, selon une perspective ontologico-*transcendantale*, dans le deuxième selon une perspective transcendantalo-*ontologique*[2] et dans le troisième selon une

---

1. Pour Fichte, *stricto sensu*, le monde n'est pas révélé, mais engendré (à titre d'image) par la réflexion (cf. *infra*, p. 22).

2. La différence entre les deux consistant dans le fait, nous insistons, que la *Doctrine de la Science de 1804/II* met l'accent sur la possibilité de la *saisie* de

perspective *religieuse*. Fichte insiste en 1806 en particulier sur le fait que l'être n'est pas *créé* – la supériorité du christianisme (du moins selon l'enseignement johannique que Fichte développe longuement dans la sixième leçon de l'*Initiation à la vie bienheureuse*) sur toutes les religions qui admettent une création divine *ex nihilo* (laquelle est pour Fichte un non-sens rationnel) résidant dans l'idée que l'être est absolument « par soi », « de soi » et « à partir de soi » (*cf.* la substance *qua* « *causa sui* » chez Spinoza). Seul l'être est, ce qui implique qu'il n'est pas devenu et que rien « en » lui ne saurait devenir. Or, bien que l'être soit ainsi absolument clos en lui-même, il faut rendre compte de deux *facta* fondamentaux : à savoir, d'une part, de l'existence (ne fût-elle qu'apparente) du *monde* et, d'autre part, de la manière dont l'être *m*'apparaît (ce qui implique un *Moi*). C'est là encore le penser avec énergie et avec acuité qui livre ici la « vision »[1] décisive : cette « scission » (en un Moi et en un monde) n'est *possible* qu'à condition que l'être puisse *sortir* de soi, sans *se séparer* d'avec soi. L'être sortant de lui-même se présente ainsi comme « être en dehors de son être ».

---

l'être absolu (= du principe), tandis que la *Doctrine de la Science de 1805* traite du statut *ontologique* du rapport entre être et existence (selon une perspective qui, au dire de Fichte, demeure certes transcendantale).

1. « *Einsicht* », terme qui ne renvoie à rien de « visionnaire » ou d'« hallucinatoire », mais à un voir intérieur (à un comprendre, donc à un « voir intellectif », et nullement à une quelconque apparition « vue »), apercevant l'unité *dans* le multiple. L'« *Einsicht* » se substitue ainsi à l'« intuition intellectuelle », expression que Fichte avait utilisée dans les premières doctrines de la science, mais qui, par le fait qu'elle soit composée de deux termes, renvoie encore à la fameuse dualité de « souches » de facultés de connaître (« sensibilité » et « entendement ») mises en évidence par Kant, alors que, pour Fichte, il s'agit précisément de rendre compte de l'*unité originaire* de la faculté ici en jeu.

Ce dernier, Fichte l'appelle, nous l'avons déjà indiqué, « être-là (*Dasein*) ». L'être-là est l'extériorisation, la manifestation ou la révélation de l'être absolu (Dieu) dans la conscience, la réflexion, le savoir. L'idée fondamentale de Fichte étant que l'on ne peut parler rigoureusement d'« existence » de Dieu que dans le savoir, précisément. Dieu est absolument, il est absolument clos en lui-même, mais il n'est *là* (= il n'existe) que dans son être en dehors de son être qu'est le savoir ! La grande difficulté, sur le plan spéculatif, réside dans la façon dont on peut (et dont on doit) penser ce rapport qui est à la fois un rapport d'*identité* (il n'y a qu'*un* être et qu'*un* être-là – celui-là même *de* l'être) et de *différence* (l'être-là est bel et bien l'être *en dehors* de son être) entre l'être et l'être-là. C'est ici qu'intervient donc la différence entre « *Dasein* » et « *Existenz* » : s'il considère l'être *en dehors* de l'être *en lui-même*, Fichte parle d'« *Existenz* » ; s'il se réfère au rapport dynamique (et purement verbal) de sortie de l'être en dehors de lui-même, il utilise le verbe « *dasein* » (et sa forme substantivée « *Dasein* »), voire le néologisme « *daseien* » (*cf.* la dixième leçon de l'*Initiation à la vie bienheureuse*) qui souligne précisément cette dimension dynamique.

De même que l'*Assise fondamentale de la doctrine de la science* de 1794/95 avait fourni avec le principe d'opposition entre le Moi et le Non-Moi (= le deuxième principe) le principe à la fois de toute réalité et de la conscience (finie), c'est le « *dasein* » actif, dynamique et verbal qui est donc à la source du monde et de la conscience, en dehors de l'être absolu. Comment s'articulent alors plus précisément l'être et l'être-là ? Ou pour le formuler dans le langage de la métaphysique traditionnelle mettant en jeu « Dieu », l'« âme » (= le Moi) et le « monde » dans leurs rapports respectifs : quel est le rapport entre « Moi » (telle conscience individuelle) et Dieu ?

Comment Dieu se rapporte-t-il au monde? Et quelle est la relation entre le Moi et le monde?

Dans la *Doctrine de la Science de 1804/II*, la *lumière* était le principe de la position et, «d'un seul et même coup», de l'anéantissement de la conscience permettant à l'être absolu de s'extérioriser. Dans l'*Initiation à la vie bienheureuse*, c'est l'amour qui remplit cette fonction – en dévoilant par là la dimension *affective* déjà évoquée à plusieurs reprises. «Ton amour est le fondement de ta façon de voir le monde»[1]. «L'amour est l'affect de l'être» (septième leçon). Alors que la lumière est constitutive du rapport transcendantal et onto-logique entre l'être et le penser (ou l'être-là), l'amour en constitue le rapport affectif. C'est en vertu de l'*amour* que la séparation entre Dieu et le Moi (qui n'est que *pour nous*) est supprimée et que le Moi et Dieu sont unis. En revanche, c'est la *réflexion* qui me sépare de Dieu et qui est à l'origine du *monde* (en tant qu'*image*). Comment Fichte explique-t-il et justifie-t-il ces affirmations fondamentales?

La question est double: comment concevoir précisément le rapport entre le Moi et Dieu? Et, si l'être est immuablement un, et sans devenir, comment rendre compte du caractère changeant de la multiplicité que rencontre la conscience? Fichte établit la connexion entre ces deux problèmes et répond à ces deux questions d'un seul et même geste.

L'être *est*; et l'être est *là*, nécessairement. Mais cet être-là de l'être n'est que *pour nous*. Cet être-pour-nous relève d'une *factualité* (dotée certes d'une nécessité) qui est tributaire du même phénomène que de celui de la présence d'une conscience *effective* pour laquelle le monde est peuplé d'objets

---

1. *Vorarbeiten zur Anweisung zum seligen Leben, Gesamtausgabe, op. cit.*, 1993, Bd. II, 9, *Nachgelassene Schriften 1805-1807*, p. 318.

qui sont d'une multiplicité et variabilité infinies. Le principe de la *génétisation* de cette (double) factualité nous est déjà familier : il correspond à la dynamicité du *Dasein*. Il implique par ailleurs une *fixation* dans la conscience, dans le concept (donc en vertu de la réflexion) de cela même qui, en soi, est la vie (divine). Dans le concept, l'être immobilisé *figure* l'être vivant (ou la vie vivante). Or, il faut bien voir, soulignons-le, que cette fixation n'intervient pas au niveau de la sortie de soi de l'être dans l'être-là, mais c'est *au niveau de l'être-là* que le concept effectue cette dernière : pour le dire en d'autres termes, si l'être-là est une « image » de l'être, la fixation en est une de cette image elle-même – donc elle est image d'image. Et la réalité effective (corrélat de la conscience effective) n'est autre, en effet, qu'une telle image de l'image ou réflexion de la réflexion.

Or, dans cette figuration a lieu une *double* scission – celle entre le monde engendré *dans la conscience* à partir de la vie divine et un monde infiniment variable (avec ses détermina-tions *non déductibles*), d'une part ; et entre ce même monde engendré dans la conscience et une quintuple façon de voir le monde, d'autre part. Cette quintuplicité – qui renvoie aux cinq époques, identifiées dans les *Caractères de l'époque actuelle*, permettant de concevoir le cours de l'histoire en général – exprime précisément les cinq manières dont l'amour rend possible « l'acte par lequel l'être absolu se tient lui-même » (*Initiation à la vie bienheureuse*, dixième leçon) dans un moment déterminé de l'existence humaine.

Le plan de l'*Initiation à la vie bienheureuse* découle du mouvement que nous venons d'esquisser. Les onze leçons comportent deux parties. La première partie développe la doctrine de l'être et de la vie. Les deux premières leçons présentent plus particulièrement la teneur de la doctrine de la vie ou de la béatitude et insistent sur le fait que ce n'est que dans le penser et dans le savoir que tout rapport à Dieu se laisse établir de manière conséquente. La troisième leçon déploie la doctrine de l'être et de l'être-là, tandis que la quatrième et cinquième tirent les conséquences des deux scissions évoquées plus haut (l'une expliquant le principe de la diversité sensible et phénoménale (quatrième leçon), l'autre les « cinq façons de voir le monde » (cinquième leçon)). La sixième leçon constitue le pivot permettant de passer à la seconde partie : elle établit le lien entre la doctrine fichtéenne de la religion et l'Évangile de Saint Jean. La seconde partie constitue en quelque sorte (pour reprendre le vocabulaire de la *Doctrine de la Science de 1804/II*) le versant « phénoméno-logique » vis-à-vis de la perspective « ontologique » abordée dans la première partie : elle s'intéresse à la manière dont l'existence humaine peut entrer en possession de cette « théorie de l'être et de la vie ». Cela implique d'approfondir (et d'opposer entre elles) les cinq façons de voir le monde – l'attachement au « monde sensible », le point de vue de la « loi » (doctrine du droit) (septième leçon), celui de la « mora-lité supérieure » (doctrine de l'éthique) (huitième leçon), celui de la « religion » (doctrine de la religion) (neuvième leçon) et celui de la « doctrine de la science » (dixième leçon). Dans la onzième et dernière leçon, Fichte revient sur les caractéristi-ques de l'époque actuelle (enfermée dans la façon inférieure de voir le monde) afin de justifier ce qui l'empêche de s'élever au point de vue de la doctrine de la science et à la doctrine de la religion qui la suppose tout en étant à son fondement.

Car c'est bien finalement la prérogative du philosophe que de mettre au jour les conditions de la vie apparente pour percer, par-delà elle, vers la vraie vie, ainsi que Fichte l'écrit à

Brinkman le 15 février 1806 : « celui qui veut apercevoir de manière spéculative la vie selon la vérité doit nécessairement posséder la *façon de voir* de la vie selon l'apparence, en vertu de l'opposition, et ainsi comprendre la vie apparente et se mettre artificiellement dans les conditions de la vie apparente. Mais, *effectivement, dans le fait*, et dans la pratique, personne ne doit ni n'a le droit de ne vivre que pour l'apparence, ni, pour ce qui s'ensuit, de regarder la vie-*apparence* comme la *vraie* vie » [1].

Nous voudrions clore ces considérations introductives en évoquant une autre difficulté de traduction – celle du titre de l'ouvrage [2]. Le sens fondamental d'« *Anweisung* » est l'« *indication* » : on n'est pas conduit à la vie bienheureuse, comme on pourrait l'être d'un endroit où l'on est à un autre où l'on n'est pas, mais ce que Fichte ne peut qu'« indiquer » ou « montrer », ce sont les conditions d'un « pouvoir » (au sens d'un pouvoir-être) dont l'accomplissement ne peut jamais avoir lieu que pour celui qui, de soi-même, *effectue*, dans et à travers ses actes, cela même que visent ces conditions. Aussi le terme d'« initiation » contient-il le risque d'une confusion : on n'est jamais « initié » à la vie bienheureuse comme on le serait à un art caché ou secret. Même le sens pédagogique lié à « initiation » ne l'emporte pas ici. À travers l'« *Anweisung* », « l'homme doit seulement renoncer à ce qui est éphémère et futile [= anéantissement de l'être-là], à quoi la vie véritable ne peut jamais s'unir ; sur quoi l'éternel viendra aussitôt à lui avec

---

1. *Gesamtausgabe*, *op. cit.*, Bd. III, 6, *Briefe 1806-1810*, p. 333.

2. Dans une note de sa *Philosophie rationnelle pure*, Schelling accusera Fichte d'avoir emprunté le titre d'*Initiation à la vie bienheureuse* à son *Philosophie et religion* (cf. *Philosophie et religion*, SW VI, 17 et *Exposé de la philosophie rationnelle pure*, SW XI, 465n).

toute la béatitude qui est la sienne [= manifestation de l'être absolu] » (*Initiation à la vie bienheureuse*, première leçon). Il aurait éventuellement été possible de traduire par « instruction », car le terme allemand fait signe vers la notion de savoir (*Anweisung* renvoyant davantage à *Wissen*, qui fait encore écho dans *Weisheit*, sagesse), mais il aurait fallu comprendre ce terme indépendamment de toute connotation autoritaire ou de toute idée de subordination. Lorsque nous traduisons « *Anweisung* » par « initiation », nous ne prêtons pas non plus à ce terme le sens qu'il a par exemple dans l'expression « Cours d'initiation à la langue allemande », car cette *Anweisung* ne nous introduit pas dans un domaine nouveau ou étranger en quelque façon. Faute de mieux, et compte tenu d'une certaine tradition qui a établi l'expression « initiation à la vie bienheureuse » dans l'espace philosophique francophone, nous avons décidé de conserver ce titre, en mettant en garde le lecteur contre des contresens qu'il faut certes éviter.

A. Schnell

Johann Gottlieb Fichte

L'INITIATION À LA VIE BIENHEUREUSE
OU ENCORE LA DOCTRINE DE LA RELIGION

AVANT-PROPOS

ǀ Ces leçons, jointes à celles qui viennent de paraître à la même librairie sous le titre de *Caractère de l'époque actuelle*[1], et à celles sur *L'essence du savant, etc.* (Berlin, Himburg[2]), dans lesquelles la façon de penser qui règne dans ces conférences en général se développe au contact d'un objet particulier, constituent le tout d'un enseignement populaire dont les présentes leçons forment le sommet et le point de lumière la plus claire : elles sont, toutes ensemble, le résultat de ma formation de soi[3], poursuivie sans interruption, depuis six ou sept ans[4] avec un peu plus de tranquillité, ayant atteint la

---

1. *Die Grundzüge des gegenwärtigen Zeitalters*, Berlin, Realschulbuch-handlung, 1806; *Gesamtausgabe, op. cit.*, 1991, Bd. I, 8, *Werke 1801-1806*, p. 141-396. Cf. *Le caractère de l'époque actuelle*, trad. fr. I. Radrizzani, Paris, Vrin, 1990.

2. Cf. *Ueber das Wesen des Gelehrten, Gesamtausgabe, op. cit.*, 1991, Bd. I, 8, p. 37-140. Les *Conférences sur l'essence du savant* sont des leçons données à Erlangen en 1805.

3. *Selbstbildung*.

4. Il est probable que cette date corresponde à la querelle de l'athéisme et au départ de Fichte d'Iéna en juillet 1799.

maturité de l'âge d'homme, mais entreprise il y a treize ans
déjà[1], dans la façon de voir philosophique qui me fut alors
impartie ; cette façon de voir, bien qu'elle ait dû, comme je
l'espère, changer certaines choses en moi, n'a cependant elle-
même, depuis ce temps, changé en aucun de ses éléments. La
genèse de ces essais, ainsi que la forme externe et interne que
l'enseignement reçut en eux, était due à des circonstances
extérieures ; aussi leur achèvement ne dépendit-il jamais de
ma propre volonté, mais des délais dans lesquels il fallait les
terminer pour leur présentation orale. Quelques amis parmi
mes auditeurs, qui ne les voyaient pas sous un jour défavo-
rable, m'ont, je devrais presque dire, persuadé de les faire
publier[2] ; et les remanier à nouveau en vue de cette impression
aurait été le plus sûr moyen, d'après ma façon de travailler, de
ne jamais les achever. À eux d'assumer à présent leur respon-
sabilité si le résultat n'est pas à la hauteur de leurs attentes. Car,
pour ce qui est de ma personne, au vu des confusions sans fin
qu'entraîne avec elle toute stimulation plus vigoureuse, mais
aussi de la gratitude qui ne manque pas d'échoir à celui qui
veut ce qui est juste, je ne sais à quoi m'en tenir à l'égard du

---

1. Référence aux *Méditations personnelles sur la philosophie élémentaire*
(*Eigne Meditationen über Elementarphilosophie, Gesamtausgabe, op. cit.*,
1971, Bd. II, 3, *Nachgelassene Schriften 1793-1795*, p. 3-180 ; trad. fr.
I. Thomas-Fogiel, Paris, Vrin, 1999).

2. *Cf.* le témoignage de Marie Johanne Fichte : « Fichte ne voulait pas
donner ses leçons à imprimer (car il n'était jamais pleinement satisfait de ses
travaux) jusqu'à ce qu'il finisse par céder aux demandes incessantes de ses
amis » (*Fichte im Gespräch*, E. Fuchs, Stuttgart, Frommann-Holzboog, 1981,
Bd. 3, p. 276).

grand public, si bien que je suis incapable de me conseiller moi-même dans les choses de ce genre, et que je ne sais plus comment on doit parler à ce public, ni s'il vaut la peine en général que l'on s'adresse à lui au moyen de l'imprimerie[1].

Berlin, avril 1806
Fichte

---

1. Dans la *Darlegung des wahren Verhältnisses der Naturphilosophie zu der verbesserten Fichteschen Lehre* (1806), Schelling ironise sur cet avant-propos et le rapproche des introductions du *Caractère de l'époque actuelle* et des *Leçons d'Erlangen* (*cf.* SW VII, 49). *Cf.* également *Die Grundzüge des gegenwärtigen Zeitalters, Gesamtausgabe, op. cit.*, 1991, Bd. I, 8, p. 191 ; trad. fr., *op. cit.*, p. 19 : « la décision de faire imprimer ces leçons et de les communiquer à un large public doit être en elle-même parlante. Si elle ne l'est pas, toute autre justification serait perdue. C'est pourquoi, au moment de faire paraître cet écrit, je n'ai rien d'autre à dire au public, si ce n'est que je n'ai rien à lui dire ».

Première leçon

Honorable assemblée[1],

| Les leçons que j'inaugure par la présente se sont **55**
annoncées comme l'initiation à une vie bienheureuse. Nous
conformant à la façon de voir commune et habituelle, que l'on
ne peut rectifier sans d'abord la suivre, nous n'avons pu éviter
de nous exprimer *de la sorte*, quoique, selon la vraie façon de
voir, dans l'expression de *vie bienheureuse*, se trouve quelque
chose de superflu. En effet, la vie est nécessairement bienheureuse, car elle est la béatitude ; l'idée d'une vie malheureuse,
en revanche, renferme une contradiction. Seule la mort est
malheureuse. J'aurais donc dû, pour parler *rigoureusement*,
donner pour titre aux leçons que je me suis proposé de tenir,
l'*Initiation à la vie* ou l'*Enseignement de la vie*, ou bien, en
prenant le concept par l'autre côté, l'*Initiation à la béatitude*,
l'*Enseignement de la béatitude*[2]. Qu'il s'en faille cependant de

---

1. Cette première leçon eut lieu le dimanche 12 janvier 1806.

2. *Seligkeit*. En voulant la moralité, l'homme veut la vie bienheureuse ou la
béatitude par opposition à ce bonheur, *Glückseligkeit* (ou félicité, comme nous
traduirons ici pour différencier ce terme de *Glück*) auquel nous assignait Kant
dans sa *Métaphysique des mœurs* (AK VI, 393).

beaucoup que tout ce qui apparaît comme vivant soit bienheureux, tient au fait que ce qui est malheureux ne *vit* pas en effet et en vérité, mais, pour la plupart de ses parties constitutives, a sombré dans la mort et dans le non-être.

La vie est elle-même la béatitude, disais-je. Il ne peut en être autrement, car la vie est amour et toute la forme et toute la force de la vie consiste dans l'amour et provient de l'amour. – J'ai exprimé en disant cela l'une des propositions les plus pro-
56 fondes | de la connaissance ; à mon avis cependant, elle peut devenir sur-le-champ claire et évidente à toute attention vérita-blement concentrée et soutenue. L'amour *divise* l'être en soi mort pour ainsi dire en un être double, en le plaçant face à soi-même, – et en fait par là un moi ou un soi qui s'intuitionne et qui se sait ; dans cette égoïté repose la racine de toute vie. Inversement, c'est l'amour qui *réunit* et *relie* le plus intime-ment le Moi divisé, qui sans amour ne s'intuitionnerait que froidement et sans aucun intérêt. La vie est précisément cette unité dernière dans laquelle la dualité n'est pas par là sup-primée, mais demeure éternellement ; comme quiconque en verra nécessairement aussitôt l'évidence pour peu qu'il veuille penser avec acuité les concepts que nous fournissons et les articuler l'un à l'autre. Or l'amour est en outre satisfaction de soi, joie prise à soi-même, jouissance de soi-même, et donc béatitude ; et ainsi il est clair que vie, amour et béatitude sont absolument un et le même.

Tout ce qui apparaît comme vivant n'est pas vivant en effet et en vérité, disais-je également. Il en résulte, à mon avis, que la vie peut être considérée, et est considérée par moi, d'un double point de vue : pour une part celui de la vérité, pour une part celui de l'apparence. Or, il est clair avant toutes choses que cette dernière vie simplement apparente ne pourrait pas même apparaître, mais resterait pleinement et absolument dans le néant, si elle n'était en quelque façon tenue et portée par l'être véritable [1] ; et si, puisque rien n'existe véritablement que la vie, la vie véritable n'entrait en quelque façon dans cette vie seulement apparaissante et ne se mélangeait avec elle. Il ne peut y avoir ni mort pure ni malheur pur, car en supposant qu'il *y a* des choses de ce genre, on leur accorde l'existence, alors que seuls l'être et la vie véritables peuvent exister. C'est pourquoi tout être imparfait est simplement un mélange de ce qui est mort avec ce qui est vivant. De quelle manière en général a lieu ce mélange, et quel est, même dans les plus bas niveaux de la vie, le remplaçant inextirpable de la véritable vie, nous l'indiquerons bientôt plus bas. – Il faut ensuite remarquer que c'est aussi de cette vie, seulement apparente, que l'amour est à chaque fois le siège et le point central. Comprenez-moi bien : l'apparence peut prendre figure de multiples manières, infiniment diverses, comme nous le verrons bientôt de plus près [2]. Or, ces différentes figures de la vie apparaissante, prises dans leur ensemble, vivent en général, lorsqu'on parle d'après la façon de voir de l'apparence, ou apparaissent comme vivantes en général, lorsqu'on s'exprime rigoureusement d'après la vérité. Mais si en outre surgit la question de savoir par quoi la vie commune à toutes est différente dans ses configurations particulières, et ce qui donne à chaque individu le caractère exclusif de sa vie particulière, je réponds que c'est l'amour de cette vie particulière | et individuelle. – Révèle-moi ce que tu   57

---

1. *Gehalten und getragen.* Même expression dans la *Doctrine de la science de 1804* (*Die Wissenschaftslehre. Zweiter Vortrag im Jahre 1804*, R. Lauth u. J. Widmann (hrsg), Hamburg, Meiner, 1986, p. 113) : « la vie est, exactement comme la vérité en soi, ce qui est fondé en soi-même, et qui est tenu et porté par soi-même ».

2. Cf. *infra*, p. [129].

aimes véritablement, ce que tu cherches et vers quoi tu t'efforces de tout ton désir, lorsque tu espères atteindre à la vraie jouissance de toi-même, et tu m'auras par là indiqué la signification de ta vie. Ce que tu aimes, c'est ce que tu vis. Cet amour que tu me donnes à voir est précisément ta vie, c'est la racine, le siège et le point central de ta vie. Toutes les autres émotions en toi ne sont vie qu'à condition de se diriger vers cet unique point central. Que beaucoup de gens aient du mal à répondre à la question que nous posons, étant donné qu'ils ne savent absolument pas ce qu'ils aiment, prouve seulement qu'ils n'aiment proprement rien, et, par conséquent, qu'ils ne vivent pas non plus, puisqu'ils n'aiment pas.

Voilà en général pour l'identité de la vie, de l'amour et de la béatitude. Distinguons maintenant avec acuité la vie véritable de la vie simplement apparente [1].

Être, – *être*, dis-je, et vivre, encore une fois, ne font qu'un et sont le même. Seule la vie peut être là de manière autonome [2], de soi et par elle-même, et inversement, la vie, aussi certainement qu'elle est vie et n'est que cela, entraîne avec soi l'être-là. On a l'habitude de penser l'être comme quelque chose de statique, de figé et de mort ; les philosophes eux-mêmes, presque sans exception, l'ont pensé ainsi, même lorsqu'ils l'ont énoncé comme un absolu. Cela vient tout

---

1. *Von dem bloßen Scheinleben*. Même expression chez Schelling dans *Philosophie et religion* (1804), SW VI, 41, à propos de la chute : « aussi éternellement, elle confère une vie double à l'idée originelle et à toute idée qu'elle contient. Sous l'un des aspects de cette vie, qui, séparé de l'autre, reste une vie apparente, l'idée réside en elle-même et se voue à la finitude. Sous l'autre aspect, l'idée réside en l'absolu, qui est sa vie véritable » et dans le *System der gesammten Philosophie*, SW VI, 187.

2. *Selbstständig*. Ici, être autonome ne signifie pas être sa propre loi, mais n'avoir relation qu'à soi-même, ne reposer que sur son propre dynamisme.

simplement de ce que, pour penser l'être, on ne se munissait pas d'un concept vivant, mais seulement d'un concept mort. Ce n'est pas dans l'être, en et pour soi, que réside la mort, mais dans le regard mortifère du spectateur mort[1]. Nous avons montré en d'autres lieux, à ceux tout au moins qui sont capables de le saisir, que cette erreur est la source fondamentale de toutes les autres, et que c'est par elle que le monde de la vérité et le royaume des esprits, se ferment pour toujours au regard ; il suffit simplement ici de rappeler l'histoire de cette proposition.

Quant au point de vue opposé : de même qu'être et vivre ne font qu'un et sont le même, pareillement, mort et non-être ne font qu'un et sont le même. Mais il n'y a pas de mort pure ni de non-être pur, comme je l'ai déjà rappelé plus haut. Il y a bien assurément une *apparence*, et celle-ci est le *mélange* de la vie et de la mort, de l'être et du non-être. Il s'ensuit que l'apparence, eu égard à ce qui en elle en fait une apparence et en elle est opposé à l'être et à la vie véritables, est mort et non-être.

Ensuite et en outre : l'être est absolument simple, non multiple ; il n'y a pas plusieurs êtres, mais seulement un être. Cette proposition, tout autant que la précédente, renferme une vision habituellement méconnue, voire complètement ignorée. Mais son évidente justesse pourra convaincre tous ceux qui voudront, ne serait-ce qu'un instant, réfléchir sérieusement au problème. Nous n'avons ici ni le temps ni | l'ambition **58** d'entreprendre avec ceux qui sont ici les préparatifs et pour

---

1. Cf. *Ueber das Wesen des Gelehrten, Gesamtausgabe, op. cit.*, 1991, Bd. I, 8, *Werke 1801-1806*, p. 71 : « l'être, de part en part et purement en tant qu'être, est vivant et actif en lui-même, et il n'y a pas d'autre être que la vie : en aucun cas cependant, il n'est mort, statique et reposant intérieurement ».

ainsi dire l'initiation [1] qu'exigerait chez la plupart des hommes la simple possibilité d'une telle réflexion sérieuse.

Ici, nous nous bornerons à présenter et à utiliser les résultats qui découlent de ces prémisses, résultats qui se recommanderont bien déjà d'eux-mêmes au sens naturel de la vérité. Au regard de leurs prémisses plus profondes, nous devons nous contenter de les énoncer seulement d'une manière claire et précise, en les mettant à l'abri de tout malentendu. Relativement à la proposition que nous venons d'exposer, notre opinion est donc la suivante : seul l'être *est*, mais en aucune façon il n'y a encore autre chose qui ne serait aucun être et qui se situerait au-delà de l'être ; cette dernière hypothèse apparaîtra nécessairement, à qui comprend seulement nos paroles, comme une incohérence manifeste : bien que ce soit justement cette incohérence qui est au fondement obscur et ignoré de la façon ordinaire de voir de l'être. Car, d'après cette façon de voir habituelle, à une chose quelconque, qui par elle-même n'est ni ne peut être, on doit ajouter du dehors l'existence [2], qui encore une fois n'est l'existence de rien ; et de ces deux incohérences réunies est censé surgir tout ce qui est vrai et effectif. Cette opinion ordinaire est contredite par la proposition que je viens d'énoncer : seul l'être, seul ce qui est de soi et par soi-même, est. Nous disons en outre que cet être est simple, égal à soi-même, immuable et invariable : il n'y a en lui

---

1. "Initiation" traduit ici *Einweihungen*, et non *Anweisung*. *Einweihung* désigne l'initiation au sens strict du terme du partage d'une information, voire d'un secret ou de mystères. Cette phrase indique bien que le projet de Fichte n'est pas de proposer une "initiation" en ce sens-là.

2. Nous avons eu tendance à traduire systématiquement *Dasein* par « être-là ». Ici, nous avons préféré le terme d'*existence*, car Fichte semble faire référence à la conception traditionnelle issue de Wolff de l'existence comme complément à l'essence.

ni surgissement ni déclin, aucun changement, ni jeu de formes, mais toujours seulement le même être et le même subsister serein.

On peut montrer en peu de mots la justesse de cette affirmation : ce qui est par soi-même, voilà ce qui est, c'est-à-dire ce qui est entièrement, debout là tout d'un coup, sans réserve et sans qu'il soit même possible de lui ajouter quoi que ce soit.

Nous venons par là de nous ouvrir et de nous tracer le chemin qui nous conduit à la vision de la différence caractéristique entre la vie véritable, qui ne fait qu'un avec l'être, et la simple apparence de vie, qui, dans la mesure où elle est simple apparence, ne fait qu'un avec le non-être. L'être est simple, invariable, et demeure éternellement égal à lui-même ; c'est pourquoi la vie véritable aussi est simple, immuable et éternellement égale à soi. L'apparence est une alternance incessante, un perpétuel flottement entre devenir et disparition ; c'est pourquoi la vie qui n'est qu'apparence, elle aussi, est une alternance incessante, qui flotte constamment entre devenir et disparition, entraînée au travers de changements sans fin. L'amour est chaque fois le point central de la vie. La vie véritable aime l'un, l'immuable et l'éternel ; la vie qui n'est qu'apparence essaye d'aimer l'éphémère en ce qu'il a d'éphémère – pour peu qu'il soit susceptible d'être aimé et qu'il veuille soutenir son amour.

|Cet objet qu'aime la vie véritable est ce que nous **59** entendons, ou du moins ce que nous devrions entendre, sous la dénomination «Dieu» ; l'objet d'amour de la vie seulement apparente, le changeant, est ce qui nous apparaît comme monde et ce que nous nommons ainsi. La vie véritable vit donc en Dieu et aime Dieu ; la vie seulement apparente vit dans le monde, et tente d'aimer le monde. Peu importe le côté

particulier par lequel elle se saisira alors du monde ; ce que la façon de voir courante appelle corruption morale, péché et vice peut bien être plus nuisible à la société humaine et la corrompre davantage, comparé à bien d'autres choses que cette façon de voir courante autorise et même trouve digne d'éloges : au regard de la vérité cependant, toute vie qui oriente son amour vers ce qui est contingent et cherche sa jouissance en quelque objet autre que l'éternel et l'impérissable, est pour cette unique raison, et *du fait même* qu'elle cherche sa jouissance en un autre objet, à la fois nulle, misérable et malheureuse.

La vie véritable vit dans l'immuable ; par conséquent elle n'est susceptible d'aucune diminution ni d'aucun accroissement, pas plus que l'immuable même dans lequel elle vit n'est susceptible d'une telle diminution ou d'un tel accroissement. À chaque instant, elle est *tout entière* – la vie la plus élevée qui soit possible en général – et reste nécessairement de toute éternité ce qu'elle est à chaque instant. La vie apparente ne vit que dans le muable et, pour cette raison, ne reste d'un instant à l'autre jamais égale à elle-même ; chaque moment qui vient engloutit et consume le précédent ; et ainsi la vie apparente devient un mourir ininterrompu, elle ne vit qu'en mourant, et dans le mourir.

La vie véritable est bienheureuse par elle-même, avons-nous dit, la vie apparente est nécessairement misérable et malheureuse. – La possibilité de toute jouissance, de toute joie, de toute béatitude, ou quel que soit le mot par lequel vous voulez appréhender la conscience générale du bien-être – se fonde sur l'amour, l'effort, la pulsion. Être uni à l'aimé, dans la plus intime fusion avec lui, est béatitude : être séparé de lui et en être exclu, sans pourtant jamais pouvoir s'empêcher de se tourner vers lui avec nostalgie, est malheur.

Le rapport de l'apparition[1], ou de ce qui est effectif et fini, à l'être absolu, ou à ce qui est infini et éternel, est en général le suivant. Ce que nous avons déjà mentionné plus haut, et dont il faut qu'il porte l'apparition et la maintienne dans l'être-là – si seulement elle doit être là en tant qu'apparition –, et que nous avions promis de caractériser bientôt plus en détail, est *le désir de l'éternel*[2]. Cette pulsion d'être uni à l'impérissable, et de fusionner avec lui, est la racine la plus intime | de tout être- **60** là fini, et elle ne peut être entièrement éliminée en aucune branche de cet être-là, si toutefois cette branche ne doit pas sombrer dans un complet non-être. C'est donc en allant au-delà de ce désir sur lequel repose tout être-là fini, et à partir de lui, que l'on parvient à la vie véritable, ou qu'on n'y parvient pas. Quand on parvient à la vie, quand celle-ci perce au grand jour, ce désir secret est interprété et compris comme amour de l'éternel : l'homme apprend ce qu'il veut vraiment, ce qu'il aime et ce dont il a besoin. Ce besoin est à satisfaire, toujours et quelle que soit la condition : sans cesse, l'éternel nous entoure et s'offre à nous, et nous n'avons rien d'autre à faire qu'à le saisir. Mais une fois saisi, il ne peut plus jamais être perdu. Celui qui vit véritablement l'a saisi et le possède désormais continuellement à chaque moment de son existence, entièrement et sans partage, dans toute sa plénitude, et c'est pourquoi il est bienheureux dans l'union avec l'aimé, dans la conviction

1. *Erscheinung*. Nous choisissons de traduire ce terme par « apparition » plutôt que par « phénomène » pour souligner la dimension active de la manifestation du principe. Ce terme doit s'entendre sans la notion de soudaineté ou de caractère exceptionnel parfois attachée à son usage courant.

2. *Sehnsucht nach dem Ewigen*. Nous préférons cette traduction de *Sehnsucht* à celle, plus habituelle, par « nostalgie », car, chez Fichte, cette notion ne nous paraît pas contenir de référence au passé, mais plutôt l'idée d'une tension vers l'avant.

inébranlable qu'il en jouira ainsi pour toute l'éternité, – et par
là assuré contre tous les doutes, les soucis ou les craintes.
Quand on n'est pas encore parvenu à la vie véritable, on n'en
ressent pas moins le désir, mais on ne le comprend pas encore.
Tous voudraient être heureux, tranquilles, satisfaits de leur
état, mais où trouver cette béatitude, ils ne le savent pas ; ce
qu'à proprement parler ils aiment et vers quoi ils s'efforcent,
ils ne le comprennent pas. C'est dans ce qui tombe immédiatement sous leurs sens et dans ce qui s'offre à eux, – dans le
monde, croient-ils, que cela doit forcément se trouver ; étant
donnée la disposition d'esprit dans laquelle ils se trouvent de
toutes façons, rien d'autre n'est présent pour eux que le monde.
Ils se lancent vaillamment dans cette chasse au bonheur,
s'appropriant avec ferveur et s'abandonnant avec amour au
premier objet venu qui leur plaît et promet de donner satisfaction à leur effort. Mais aussitôt qu'ils rentrent en eux-mêmes
et se demandent : suis-je donc heureux ?, c'est du tréfonds de
leur cœur qu'ils peuvent entendre l'écho revenir vers eux :
oh que non !, tu es encore aussi vide et indigent qu'auparavant.
Détrompés sur ce point, ils estiment que leur seule erreur est
dans le choix de l'objet et se précipitent vers un autre. Celui-ci
les satisfera aussi peu que le premier : aucun objet sous le
soleil ou la lune ne les satisfera. Voudrions-nous que l'un
quelconque de ces objets les satisfît ? Que précisément rien de
ce qui est fini et caduc ne puisse les satisfaire, tel est justement
là l'unique lien par lequel ils sont encore rattachés à l'éternel et
demeurent dans l'être-là ; qu'ils trouvent un jour un objet fini
qui leur donne une satisfaction complète, ils seront alors par là
même irrémédiablement exclus de la divinité et rejetés dans la
mort éternelle du non-être. Ainsi passent-ils leur vie entière
dans le désir et l'angoisse ; pensant, quelle que soit la situation
61 dans laquelle ils se trouvent, | que si seulement il pouvait en

aller *autrement* pour eux, alors ils iraient *mieux*, et une fois que le changement est survenu, ne s'en trouvant pourtant pas mieux; croyant, en quelque lieu qu'ils se trouvent, que si seulement ils arrivaient à aller là-bas, sur la hauteur que leur œil aperçoit, alors leur angoisse cèderait du terrain; – ne retrouvant pourtant, avec constance, même sur cette hauteur, que leur ancien souci. Or, à supposer que, parvenus à un âge plus mûr, lorsque la fraîcheur combative et le joyeux espoir de la jeunesse se sont émoussés, ils délibèrent, à supposer qu'ils considèrent l'ensemble de leur vie passée et se risquent à en tirer une leçon décisive, et qu'ils s'exposent à reconnaître qu'aucun bien terrestre ne peut les satisfaire, que font-ils alors? Ils renonceront peut-être résolument à *tout* bonheur et à *toute* paix, éteignant et étouffant le plus qu'ils peuvent le désir pourtant ineffaçable qui continue à vivre en eux; et cette insensibilité, ils l'appelleront alors la seule vraie sagesse, ce désespoir dans le salut l'unique vrai salut, et la prétendue connaissance disant que l'homme n'est aucunement destiné à la béatitude, mais seulement à cette agitation dans le néant et pour le néant, voilà ce que sera pour eux l'entendement véritable. Peut-être renoncent-ils à la satisfaction seulement pour cette vie terrestre, mais ils s'accommodent d'une certaine initiation, transmise par la tradition, en vue d'une béatitude d'outre-tombe. Dans quelle déplorable illusion ne se trouvent-ils pas! Il est tout à fait certain, en effet, que la béatitude sera aussi par-delà le tombeau pour celui pour qui elle a déjà commencé de ce côté-ci, et sous aucune autre forme et en aucune autre manière que celle qu'elle peut avoir dès son commencement, ici-bas, à chaque instant; il ne suffit pas de se laisser enterrer pour parvenir à la béatitude; et ils chercheront la béatitude dans la vie future, et dans la série infinie de toutes les vies futures, tout aussi vainement qu'ils l'ont cherchée dans la vie présente, s'ils la cherchent ailleurs que ce qui les entoure déjà maintenant de si près que rien jamais, dans l'infini tout entier, ne pourra les en rapprocher davantage, dans l'éternel. – Ainsi erre donc le pauvre rejeton de l'éternité, chassé de sa demeure paternelle, toujours entouré de sa céleste part d'héritage que sa main trop timide redoute simplement de saisir, inconstant et fugitif, dans le désert où il s'efforce partout de se bâtir un asile ; par chance, le prompt effondrement de chacun de ses abris lui rappelle qu'il ne trouvera le repos nulle part, si ce n'est dans la maison de son père.

Ainsi, honorable assemblée, la vie véritable est-elle nécessairement la béatitude elle-même ; et la vie apparente est nécessairement malheureuse.

Et à partir de là, réfléchissez avec moi à la chose suivante. Je dis : l'élément, l'éther, la forme substantielle, si quelqu'un comprend mieux cette dernière expression – l'élément, **62 |** l'éther, la forme substantielle de la vie véritable est *la pensée*.–

Tout d'abord, personne sans doute ne sera enclin à attribuer, sérieusement et au sens propre du mot, la vie et la béatitude à autre chose qu'à ce qui est conscient de soi. Toute vie présuppose par conséquent la conscience de soi et c'est la conscience de soi seule qui est à même de saisir la vie et d'en faire un objet de jouissance.

Ensuite : la vie véritable, et sa béatitude, consistent en l'union avec l'immuable et l'éternel : l'éternel, toutefois, ne peut être saisi que par la seule pensée et ne nous est, en tant que tel, accessible d'aucune autre façon. L'un et immuable est compris comme fondement d'explication de nous-mêmes et du monde ; comme fondement d'explication à un double égard : d'une part, en effet, en ce qu'il a en lui le fondement pour lequel il est là en général et n'est pas resté dans le non-être, et, d'autre part, en ce qu'il a en lui et dans son essence intime, compréhensible seulement de cette manière et absolument incompréhensible de toute autre façon, le fondement selon lequel il est là ainsi et d'aucune autre manière que celle par laquelle il se trouve étant là. Et la vie véritable et sa béatitude consistent donc dans la pensée, c'est-à-dire en une certaine façon déterminée de nous voir nous-mêmes et le monde en tant qu'issus de l'essence divine, intérieure et cachée en elle-même : et aussi une doctrine de la béatitude ne peut être autre chose qu'une doctrine du savoir, puisqu'en dehors de la doctrine du savoir, il n'y pas de doctrine du tout. C'est dans l'esprit, dans la vitalité fondée en elle-même de la pensée que repose la vie car, en dehors de l'esprit, rien n'existe véritablement. Vivre véritablement veut dire penser véritablement et connaître la vérité.

Il en est ainsi : que personne ne se laisse égarer par les paroles méprisantes qui, dans ces temps ultimes, sans dieux et sans esprit, se sont répandues contre ce qu'ils appelaient la spéculation. Ce qu'il y a de manifestement curieux dans un tel mépris est qu'il émanait de gens ignorant tout de la spéculation ; aucun, cependant, de ceux qui en avaient une connaissance ne l'a dénigrée. La divinité ne vient qu'au suprême élan du penser[1] et nul autre sens ne peut l'appréhender : vouloir rendre cet élan suspect aux yeux des hommes, c'est vouloir les séparer pour toujours de Dieu et de la jouissance de la béatitude.

---

1. *Das Denken.* Nous traduisons par « le penser » car Fichte employait jusque là *der Gedanke* pour désigner la pensée. Plus généralement, nous conservons la forme substantivée de manière à distinguer ce qui relève davantage d'une activité que d'une faculté donnée (*cf.* la note de JC. Goddard à JG. Fichte, *La destination de l'homme*, Paris, Garnier-Flammarion, 1995, p. 233).

Où donc la vie, avec sa béatitude, trouverait-elle son élément si elle ne l'avait[1] dans le penser? Serait-ce en certaines sensations, en certains sentiments? À cet égard, cela ne ferait pour nous aucune différence qu'il s'agisse des plaisirs sensuels les plus grossiers ou des plus subtils ravissements au-delà des sens? Comment un | sentiment qui, en tant que sentiment, dépend en son essence du hasard, pourrait-il garantir sa continuation éternelle et immuable et quelle intuition intime, quelle jouissance de cette durée invariablement continuée pourrions-nous avoir dans l'obscurité que le sentiment, pour cette raison même, entraîne nécessairement avec lui? Non: seule la flamme de la claire connaissance, entièrement transparente à elle-même et dans la libre possession de tout son être intérieur est, par la médiation de cette clarté, la garantie de sa continuation immuable.

Ou bien serait-ce que la vie bienheureuse consiste plutôt en actes et en agissements vertueux? Ce que ces profanes appellent vertu, exercer sa fonction et sa profession avec régularité, laisser à chacun ce qui est le sien et, par-dessus le marché, faire quelque aumône aux nécessiteux, – cette vertu-là, ce sont les lois qui continueront à l'imposer, comme elles l'ont fait jusqu'à maintenant et la pitié naturelle y incitera. Mais jamais personne ne s'élèvera à la vertu véritable, à l'agir authentiquement divin qui, à partir de rien, crée le vrai et le bien dans le monde, si l'on n'embrasse pas avec amour la divinité dans un concept clair; mais celui qui la saisit ainsi, ne peut absolument pas agir autrement que de cette façon, de toute sa volonté et avec toute sa gratitude.

---

1. 1806: celle-ci [variante de l'édition allemande].

Notre affirmation n'établit nullement une nouvelle doctrine relative au royaume des esprits, mais c'est au contraire la doctrine ancienne, telle qu'elle a été présentée depuis toujours. Ainsi, par exemple, le christianisme fait-il de la foi la condition exclusive de la vie véritable et de la béatitude, et rejette sans exception comme étant mort et nul tout ce qui ne procède pas de cette foi. Mais cette foi est pour lui tout à fait la même chose que ce que nous avons appelé la pensée : l'unique façon véritable de nous voir nous-mêmes et le monde dans l'essence divine immuable. C'est seulement après que cette foi, c'est-à-dire le penser clair et vivant, a disparu du monde que l'on a placé dans la vertu la condition de la vie bienheureuse, et cherché ainsi des fruits délicats sur des arbres sauvages.

Ce qui maintenant est promis ici en particulier, c'est l'initiation à cette vie telle que nous venons provisoirement de la caractériser en général : j'ai pris sur moi d'indiquer les moyens et les voies permettant d'entrer dans cette vie bienheureuse et de s'en emparer. On peut maintenant alors rassembler cette initiation en une remarque unique : il n'est en effet nullement demandé à l'homme qu'il se mette à créer l'éternel, ce que d'ailleurs il ne saurait jamais faire ; ce dernier est en lui et l'entoure sans cesse : l'homme doit seulement renoncer à ce qui est éphémère et futile, à quoi la vie véritable ne peut jamais s'unir ; sur quoi | l'éternel viendra aussitôt à lui avec toute la **64** béatitude qui est la sienne. Acquérir la béatitude, nous ne le pouvons ; nous dépouiller de notre misère, en revanche, nous en sommes capables, sur quoi la béatitude viendra aussitôt d'elle-même prendre sa place. La béatitude est, comme nous l'avons vu, de reposer et persister dans l'Un : la misère, c'est d'être dispersé à travers le multiple et le divers ; il s'ensuit que l'état dans lequel nous *devenons bienheureux* consiste à reprendre notre amour au multiple pour le remettre à l'un.

Ce qui est dispersé à travers le multiple est déliquescent, il se déverse et se répand comme de l'eau ; du fait de la concupiscence qui le porte à aimer ceci, puis cela, et toutes sortes de choses, il n'aime rien ; et parce qu'il voudrait être partout chez lui, il n'est chez lui nulle part. Cette dispersion est notre nature au sens propre, et c'est en elle que nous naissons. Pour cette raison, la retraite du cœur vers l'un, qui ne vient jamais à la façon de voir naturelle, mais demande nécessairement des efforts, apparaît comme *recueillement* du cœur et *retraite* en soi-même : et comme *sérieux*, à l'opposé du jeu facétieux que mène avec nous le divers de la vie, et comme *profondeur*, à l'opposé de la légèreté qui, tout en ayant beaucoup de choses à saisir, ne saisit rien solidement[1]. Ce sérieux aux pensées profondes, ce recueillement sévère du cœur et cette retraite en lui-même sont la seule condition à laquelle la vie bienheureuse peut venir à nous ; mais si cette condition est remplie, elle vient alors à nous de façon certaine et immanquable.

Il est vrai, à tout le moins, que les objets aimés de nous jusqu'alors perdent à nos yeux leur couleur dès que notre cœur

---

1. Cf. *Sur le concept de la doctrine de la science* (1806), *op. cit.*, p. 157 : « la vie nous arrache sans cesse à nous-mêmes ; elle nous pousse ici et là, comme elle le veut, se jouant de nous selon son bon plaisir. Mais se ressaisir contre un tel courant, se maintenir attentif jusqu'au bout, coûte des efforts, demande de la peine et de l'abnégation, et fait souffrir la chair amollie. Se recueillir ne serait-ce que de temps en temps, c'est déjà quelque chose. Mais élever le recueillement dans la science, et même dans la science suprême, la spéculation, à un niveau significatif, voilà qui requiert un art du recueillement pratiqué jusqu'à l'absolue liberté, jusqu'à ce qu'il soit à jamais impossible de se laisser emporter par le fleuve de l'imagination aveugle, ce qui à son tour exige une vie tout à fait sereine, sobre et recueillie ».

se retire du visible, et disparaissent peu à peu, tant que ne s'est pas ouvert pour nous l'éther du monde nouveau, où nous les obtiendrons à nouveau avec une beauté accrue ; et il est vrai que toute notre ancienne vie se meurt jusqu'à ce que nous la recevions une nouvelle fois en tant que légère addition à la vie nouvelle qui commencera en nous. Mais c'est là le destin qu'on ne peut jamais écarter de la finitude, elle ne pénètre jusqu'à la vie qu'en traversant toute la mort. Il faut que meure ce qui est mortel et rien ne le délivre de la domination de son essence ; il meurt dans la vie apparente et ne cesse de mourir ; il meurt, là où commence la vraie vie, dans la mort unique, pour toujours et pour toutes les morts qui l'attendent dans la vie apparente, dans toute l'infinité.

C'est d'une initiation à la vie bienheureuse que j'ai promis de vous faire part ! Mais par quelles tournures et sous quelles images, quelles formules et quels concepts doit-on la transmettre à une époque comme celle-ci et dans un entourage comme le nôtre ! Les images et les formules de la tradition religieuse, qui disent la même chose que ce que nous aussi seulement pouvons dire, et qui de surcroît le disent en se servant de la même désignation que nous, la seule | par laquelle nous **65** aussi pouvons le dire, parce que c'est la désignation la plus appropriée, – ces formules et images ont d'abord été vidées de leur sens, puis tournées à grand bruit en dérision, avant d'être finalement abandonnées à un mépris silencieux et poli. Les concepts et les chaînes de raisonnement du philosophe sont accusés de corrompre nation et peuples, et de ruiner la saine croyance – devant un tribunal où ni le plaignant ni le juge n'apparaissent au grand jour[1], ce qui serait encore supportable : le pire, – c'est qu'il soit dit à tous ceux qui veulent croire à ces concepts et séries de raisonnements qu'ils ne les comprendront jamais, – dans le but qu'on ne prenne pas les mots dans leur sens naturel et tels qu'ils se présentent, mais que l'on cherche encore derrière eux quelque chose de particulier et de caché, méthode qui aura en effet pour conséquence assurée le malentendu et la confusion.

Ou bien, si d'aventure il se faisait que pour une telle initiation, on ait encore à découvrir des formules et des tournures admises, comment devrait-on éveiller le désir au moins de la recevoir et de l'accepter, là où le désespoir à l'égard de tout salut est offert à la ronde comme le seul salut possible, là où la vision selon laquelle les hommes ne sont rien que les jouets d'un dieu capricieux et fantasque, est offerte comme l'unique sagesse, et où c'est à cela que l'on applaudit plus que jamais ; où celui enfin qui croit encore à l'être, à la vérité, à la solidité et à la béatitude qui est en eux, est raillé comme un garnement immature qui ne connait strictement rien du monde ?

Que ces choses entretemps se comportent comme elles veulent ; nous avons du courage de reste ; et si la fin est louable, nos efforts pourront avoir été vains, cela en vaut tout de même la peine. – Je vois, et espère continuer de voir devant moi des

---

1. Référence à la querelle de l'athéisme et aux deux condamnations que prononça le prince-Électeur de Saxe en novembre et décembre 1798. Elles visaient les enseignements de Fichte et de Forberg, accusés de favoriser le penchant à l'incrédulité. En 1799, Fichte dit à sa femme que c'est cette querelle qui le conduit à ne plus faire paraître que des ouvrages populaires (lettre du 5 novembre 1799, *Gesamtausgabe*, *op. cit.*, 1973, Bd. III, 4, *Briefwechsel 1799-1800*, p. 142).

personnes ayant reçu la meilleure éducation que notre époque puisse accorder : tout d'abord, des femmes, auxquelles l'ordre des choses humaines a d'abord confié le soin des menus besoins extérieurs de la vie humaine, ou encore de son orne-ment ; – soin qui, plus que tout autre chose, distrait et détourne de la réflexion claire et sérieuse ; mais pour compenser, la nature raisonnable leur a donné en partage un désir plus ardent de l'éternel, ainsi qu'un sens plus subtil pour l'éternel. Je vois ensuite devant moi des hommes d'affaires que leur profession entraîne, tous les jours de leur vie, au milieu des frivolités les plus diverses et variées, lesquelles frivolités sont certes évidemment rattachées à l'éternel et à l'impérissable, mais d'une manière telle que ce n'est pas tout le monde qui peut au premier coup d'œil découvrir l'articulation de l'ensemble. Enfin, je vois devant moi des savants plus jeunes en qui travaille encore la figure que l'éternel | est destiné à prendre en **66** eux, en pleine formation [1]. Alors qu'au regard de ces derniers, je pourrais peut-être me flatter d'avoir, par quelques uns des signes que j'ai donnés, contribué à cette formation, j'ai, quant aux deux premières catégories, des prétentions nettement plus modestes. Je les prie seulement d'accepter de ma part ce que sans aucun doute ils pourraient obtenir tout aussi bien sans mon aide et qui ne m'est accordé qu'au prix d'une peine plus légère.

Pendant que ceux-ci tous ensemble sont dispersés et éparpillés par les multiples objets sur lesquels leur pensée est contrainte de se pencher tour à tour, le philosophe, dans le

---

1. À en croire la liste qu'en dressent les éditeurs de la *Gesamtausgabe*, les auditeurs de ces leçons étaient essentiellement des hauts fonctionnaires et professeurs relativement âgés. Le plus jeune des participants semble avoir eu vingt-huit ans (*op. cit.*, 1995, Bd. I, 9, *Werke 1806-1807*, p. 4-5).

silence de sa solitude et dans un recueillement du cœur que rien
ne trouble, poursuit seul le bien, le vrai et le beau ; et ce sera son
travail de chaque jour que d'offrir aux autres le lieu où ils
n'auront qu'à s'abriter pour leur repos et leur soulagement. Tel
est le sort favorable qui m'est aussi échu, parmi d'autres, et je
vous propose donc de vous communiquer ici, aussi bien qu'il
est en moi, et aussi bien que je m'entends à le faire, ce que nous
pouvons comprendre en commun, et qui conduit au bon, au
beau et à l'éternel, ce que mes travaux spéculatifs laisseront
échapper.

67 | DEUXIÈME LEÇON

Honorable Assemblée[1],

Une méthode et un ordre rigoureux viendront tout à fait
d'eux-mêmes s'établir dans l'ensemble des conférences que
j'ai l'intention de tenir ici devant vous, sans que l'on ait à s'en
soucier particulièrement, aussitôt que nous aurons trouvé nos
entrées en elles et que nous aurons solidement posé le pied sur
leur domaine. Pour le moment, nous avons encore à régler
l'affaire évoquée en dernier ; et, ici, le principal est que nous
prenions une vision, plus claire et plus libre encore, de ce que
nous avions établi d'essentiel dans la leçon précédente. C'est
pourquoi, à partir de la leçon suivante, nous redirons la même
chose que ce qui a été dit alors ; partant simplement d'un autre
point de vue et nous servant pour cela d'autres expressions.

1. Séance du 26 janvier 1806.

Pour aujourd'hui, cependant, je vous prie de considérer avec moi les rappels préliminaires suivants.

Nous voulons produire en nous une vision claire, disais-je : or, la clarté ne peut être trouvée que dans la profondeur, en surface il n'y a jamais autre chose qu'obscurité et confusion. Celui donc qui vous invite à une connaissance claire, vous invite en tous les cas à descendre avec lui en profondeur. Et c'est pourquoi je n'ai pas non plus l'intention de nier, je veux au contraire reconnaître haut et fort dès le début que j'ai déjà abordé devant vous lors de la leçon précédente les plus profonds éléments et fondements de toute connaissance, au-delà desquels il n'y a aucune connaissance, et ce sont ces mêmes éléments – dans le langage de l'école, la métaphysique et l'ontologie les plus profondes – que j'ai projeté d'analyser et de discuter dans la leçon suivante d'une autre façon, c'est-à-dire d'une façon populaire.

À l'encontre d'un tel projet, on a coutume d'objecter ordinairement, ou bien qu'il est impossible d'exposer ces connaissances de façon populaire, ou bien aussi que c'est imprudent ; et ce dernier reproche émane quelquefois de philosophes qui aiment à faire de leur connaissance des mystères [1] : et il me faut avant toute chose répondre à ces objections, | afin **68** d'éviter qu'en plus d'avoir à me battre contre la difficulté de la chose elle-même, j'aie aussi à lutter contre leur manque d'inclination pour elle.

En ce qui concerne tout d'abord la possibilité, en fait j'ignore s'il est jamais arrivé à un philosophe ou s'il m'arrivera même un jour à moi en particulier, de parvenir par la voie de l'exposé populaire à élever ceux qui ne veulent ou ne peuvent

---

1. Probable référence aux « mystères propres à la science » dont parle Schelling dans *Philosophie et religion* (SW VI, 15).

étudier la philosophie de façon systématique à la compréhension de ses vérités fondamentales. En revanche, je sais et je connais avec une évidence absolue les deux vérités qui suivent. La première : si quelqu'un n'arrive pas jusqu'à la vision desdits éléments de toute connaissance – dont la philosophie scientifique ne possède en propre que l'*art* et le *système* de *développement*, mais nullement le *contenu* –, si quelqu'un, dis-je, n'accède pas à la vision de ces éléments de toute connaissance, celui-ci n'accèdera pas davantage au *penser*, ni à la véritable autonomie intime de l'esprit, mais restera la proie de l'*opinion* et ne sera pas, un seul jour de sa vie, un entendement qui se possède, mais seulement l'appendice d'un entendement étranger ; il lui manquera toujours un organe du sens spirituel, c'est-à-dire le plus noble de tous les organes, celui qu'a l'esprit. Il en résulte que, si l'on affirme qu'il n'est ni possible ni prudent d'élever par une autre voie ceux qui n'auraient pas les capacités d'étudier la philosophie de façon systématique à la vision de l'essence du monde spirituel, cela revient à affirmer que, si l'on ne fait pas d'étude de manière scolaire, il est impossible de jamais parvenir ni au penser ni à l'autonomie de l'esprit ; l'école seule en effet, et rien en dehors d'elle, serait la mère nourricière de l'esprit, ou bien, à supposer qu'il soit possible de le faire, il serait assurément imprudent de jamais libérer spirituellement ceux qui ne sont pas des savants, il faudrait au contraire que ceux-ci restent continuellement sous la tutelle de prétendus philosophes comme un appendice de leur entendement souverain. – Au reste, dès le début de la prochaine leçon, la différence que nous venons d'introduire entre le penser proprement dit et la simple opinion sera pleinement élucidée et tirée au clair.

Deuxièmement, je sais et je connais avec la même évidence ce qui suit : seul le penser au sens propre du terme, pur et véritable, et absolument aucun autre organe ne nous permet de saisir et de nous emparer de la divinité et de la vie bienheureuse qui en émane ; par suite, l'affirmation que nous venons de citer sur l'impossibilité d'exposer de manière populaire la vérité plus profonde équivaut également à affirmer la chose suivante : seule l'étude systématique de la philosophie permet de s'élever à la religion et à ses bienfaits, et tous ceux qui ne sont pas philosophes sont condamnés à rester éternellement exclus de Dieu et de son royaume. Honorable Assemblée, tout dans cette démonstration est suspendu au fait que le vrai Dieu et la vraie religion ne sont saisis que par la pure pensée, démonstration sur laquelle nos | conférences s'attarde- **69** ront bien souvent et qu'elles chercheront à conduire sous tous ces aspects. – La religion ne se situe pas là où la façon de penser commune la fait résider, dans le fait que l'on *croit*, – que l'on tient pour vrai et se fait accroire, parce que l'on n'a pas le courage de le contester, en se fiant aux ouï-dire et aux assurances d'autrui – qu'il y a un Dieu ; car c'est là une superstition crédule par laquelle on supplée tout au plus à une police défaillante, tandis que l'intériorité de l'homme reste aussi mauvaise qu'auparavant et devient souvent même pire, parce qu'il se forme ce Dieu à son image, et en fait un nouvel allié qui soutient sa corruption. La religion consiste au contraire en ceci que, dans sa propre personne et non pas celle d'un autre, avec son propre œil spirituel et non pas celui d'un autre, on intuitionne, on a et on possède Dieu immédiatement. Mais cela n'est possible que par le penser pur et autonome ; c'est seulement par lui que l'on *devient* une personne à part entière ; et lui seul est l'œil pour lequel Dieu peut devenir visible. Le penser pur est lui-même l'être-là divin ; et inversement l'être-là divin, dans son immédiateté, n'est pas autre chose que le pur penser.

J'ajoute, en prenant la chose de manière historique, que le présupposé selon lequel tous les hommes absolument sans exception peuvent parvenir à la connaissance de Dieu, et l'effort pour élever tous les hommes à cette connaissance sont ce qu'a présupposé et ce à quoi s'est efforcé de parvenir le christianisme; et, comme le christianisme est le principe de développement et le caractère propre des temps modernes[1], ce présupposé et cet effort constituent l'esprit propre à l'époque du Nouveau Testament. Or, élever tous les hommes sans exception à la connaissance de Dieu – ou bien mettre les plus profonds éléments et fondements de la connaissance à la portée des hommes par une voie autre que la voie systématique, signifie exactement la même chose. C'est pourquoi il est clair que, si l'on ne veut pas retourner à l'époque ancienne du paganisme, il faut reconnaître aussi bien la possibilité que l'indispensable devoir de mettre les fondements les plus profonds de la connaissance à la portée des hommes d'une manière que tous puissent saisir.

Mais pour conclure enfin cette argumentation en faveur de la possibilité d'une présentation populaire des plus profondes vérités par la preuve la plus décisive, la preuve factuelle, la connaissance que nous avons l'intention de développer à travers ces conférences chez ceux qui ne l'ont pas encore, comme aussi de la renforcer et de l'éclaircir chez ceux qui la possèdent déjà, s'est-elle déjà trouvée quelque part dans le monde avant notre époque, ou bien prétendons-nous introduire

---

1. Cf. *Die Grundzüge des gegenwärtigen Zeitalters*, *Gesamtausgabe*, *op. cit.*, 1991, Bd. I, 8, *Werke 1801-1806*, p. 364; *Le caractère de l'époque actuelle*, *op. cit.*, p. 217 : « c'est à partir du christianisme que nous avons déduit tout le caractère des temps modernes, ainsi que le mode de développement de ce caractère » (cf. *infra*, p. 229).

quelque chose d'entièrement nouveau et qui n'aurait jamais existé nulle part jusqu'à présent ? Sur ce dernier point, nous refusons que l'on puisse jamais dire de nous quoi que ce soit de semblable, nous affirmons au contraire que cette | connais- **70** sance a régné en toute la clarté et pureté que même nous ne parviendrons à surpasser en aucune façon, dès l'origine du christianisme, à toute époque, et même si elle fut méconnue en grande partie et persécutée par l'Église dominante, elle s'est propagée ici et là dans le secret. À l'inverse, nous n'avons aucun scrupule à affirmer que, d'un autre côté, la voie d'une déduction caractérisée par sa rigueur systématique et sa clarté scientifique, par laquelle, en notre lieu, nous avons réussi à atteindre cette même connaissance, je dis bien : non pas pour l'avoir essayée, mais pour y être parvenus, cette voie ne s'est jamais trouvée auparavant dans le monde ; et qu'elle est, juste après la direction donnée par l'esprit de notre grand prédécesseur, dans sa majeure partie, notre œuvre propre. Si donc la vision scientifiquement philosophique n'a jamais été présente, par quelle voie le Christ, donc, – ou, si l'on admet dans son cas une origine miraculeuse et surnaturelle, que je ne veux pas contester ici, – par quelle voie les Apôtres du Christ, – par quelle voie donc tous ceux qui leur ont succédé et qui, en descendant jusqu'à notre époque enfin, sont parvenus à cette connaissance, – ont-ils bien pu y parvenir ? Parmi les premiers, comme parmi les derniers, se trouvent des personnes très peu instruites, ignorant tout de la philosophie, ou lui étant même hostiles ; parmi eux, les rares qui se mêlèrent de philosopher et dont nous connaissons la philosophie, philosophent de telle façon qu'il est facile au connaisseur de remarquer que ce n'est pas à leur philosophie qu'ils doivent leur vision. Ils ne l'ont pas obtenue par le moyen de la philosophie, cela veut dire qu'ils l'ont obtenue par une voie populaire. Pourquoi donc ce qui a autrefois été possible, en une suite ininterrompue de presque deux millénaires, ne le serait-il plus aujourd'hui encore? Pourquoi ce qui fut possible avec des ressources très imparfaites, lorsque nulle part au monde ne se rencontrait encore de clarté universelle, ne le serait-il plus, après qu'on eut perfectionné ces ressources et qu'on eut atteint, du moins en philosophie, la clarté d'une compréhension globale? Pourquoi ce qui fut possible, alors même que la foi religieuse et l'entendement naturel étaient toujours d'une manière ou d'une autre en conflit, deviendrait-il impossible, précisément après que toutes deux ont été réconciliées, et qu'elles se sont ouvertes l'une à l'autre, s'efforçant amicalement vers le même but?

Le résultat le plus décisif de toute cette considération, c'est le devoir, pour quiconque a été saisi par cette haute connaissance, de tendre toutes ses forces afin de la partager si possible avec tous ceux qui sont devenus ses frères, la communiquant à chacun en particulier sous la forme à laquelle il est le plus réceptif, ne gardant par devers soi ni interrogation ni tergi-
71 versations quant | au succès, travaillant au contraire comme si le succès devait forcément arriver et, après chaque travail achevé, recommençant avec une fraîcheur et une force nouvelles comme si rien n'avait été accompli : – de l'autre côté, pour celui qui ne possède pas encore cette connaissance ou ne la possède pas avec la clarté et la liberté requises ni comme une propriété toujours présente, le devoir consiste à se vouer entièrement et sans réserve à l'enseignement qu'on lui propose, comme s'il n'était que pour lui et lui appartenait, et qu'il soit tenu de le comprendre, libre assurément de cette crainte et de cette hésitation : est-ce que je vais bien le comprendre, ou bien est-ce que je vais le comprendre correctement? Comprendre *correctement*, au sens de pénétrer complètement, veut dire beaucoup de choses : en ce sens,

celui-là seul qui, aussi bien, aurait pu tenir lui-même ces conférences est en mesure de les comprendre. Mais celui qui a été transporté par ces conférences, qui a été élevé au-dessus de la façon commune de voir le monde et a été pris d'enthousiasme pour des croyances et des résolutions sublimes, celui-là *aussi* les aura bien comprises et *sans erreur*. Que l'engagement réciproque d'obéir à l'un et l'autre devoirs que nous venons de nommer soit désormais, honorable Assemblée, le fondement du genre de pacte que nous établissons ensemble au commencement de ces leçons. Je méditerai sans relâche pour trouver de nouvelles formules, de nouvelles tournures, et de nouveaux agencements, tout comme s'il était impossible de se faire entendre de vous ; quant à vous ici, ceux parmi vous qui cherchez une instruction, – car, pour les autres, je me dispense volontiers du conseil – abordez cependant la chose avec *le* même courage qu'il vous faudrait si vous étiez forcés de me comprendre à demi-mot ; et c'est de cette façon, je crois, que nous finirons par nous rencontrer.

Toute cette considération que nous venons d'achever quant à la possibilité et à la nécessité d'un exposé, saisissable par tous, des plus profonds éléments de la connaissance, va prendre une force de conviction et une netteté nouvelles si l'on considère de plus près le caractère qui distingue proprement l'exposé populaire de l'exposé scientifique, distinction qui, à ma connaissance, est pratiquement inconnue, et cachée en particulier à ceux qui sont si prompts à parler de la possibilité et de l'impossibilité d'un enseignement populaire. L'exposé *scientifique* fait en effet sortir la vérité de l'erreur qui lui est opposée dans toutes ses dimensions et déterminations, et montre, par la destruction de toutes les façons de voir qui, en tant qu'erronées et impossibles dans le penser droit, s'opposent à elle, que la vérité est la seule qui reste et, pour cette raison, la seule solution correcte possible une fois ces façons de voir retirées : et c'est dans cette dissociation des contraires et dans cette purification de la vérité sortie du chaos confus dans lequel erreur et vérité sont emmêlées, que réside l'essence caractéristique propre de l'exposé scientifique. Cet exposé fait que la vérité *devient* et *s'engendre* sous **72** nos yeux | en sortant d'un monde plein d'erreur. Or, il est manifeste que le philosophe doit déjà avoir et posséder la vérité dès avant cette démonstration qui est la sienne, ne serait-ce que pour pouvoir l'inaugurer et l'esquisser, et il doit ainsi nécessairement déjà posséder et avoir la vérité indépendamment de ses artifices démonstratifs. Mais comment pourrait-il entrer en sa possession s'il n'était pas conduit par le sens naturel de la vérité, lequel apparaît chez lui avec une force simplement plus grande que chez le reste de ses contemporains ; par quel autre moyen est-il ainsi le premier à l'obtenir si ce n'est par la voie populaire et dépourvue d'artifice ? Or, c'est à ce sens naturel de la vérité, qui, comme on le voit ici, est même le point de départ de la philosophie scientifique en tant que telle, que l'exposé populaire s'adresse immédiatement, sans faire appel à quoi que ce soit d'autre ; en énonçant purement et simplement la vérité, et rien que la vérité, telle qu'elle est en soi et nullement dans son rapport à l'erreur, il ne compte que sur la libre adhésion de ce sens naturel de la vérité. *Démontrer*, c'est ce que ne peut faire cet exposé, il faut bien cependant qu'il soit *compris* ; car la compréhension seule est l'organe par lequel on est réceptif à son contenu et, sans elle, il ne parvient pas jusqu'à nous. L'exposé scientifique s'attend à ce que l'on se trouve empêtré dans l'erreur et à ce que la nature spirituelle soit malade et contrefaite ; l'exposé populaire présuppose l'absence d'inhibition et une nature spirituelle en elle-même saine, qui simplement n'est pas formée comme il convient. Comment dès lors, après tout ce que nous venons de dire, le philosophe pourrait-il douter que le sens naturel de la vérité soit suffisant pour conduire à la connaissance de la vérité, alors que lui-même est le premier à y être parvenu, sans utiliser aucun autre moyen que celui-là ?

Bien qu'il soit possible de saisir les connaissances rationnelles les plus profondes au moyen d'une présentation populaire, bien que, en outre, cette saisie soit une fin nécessaire de l'humanité, à l'obtention de laquelle toutes les forces doivent être mises en œuvre, il nous faut cependant reconnaître qu'à notre époque justement, des obstacles plus grands qu'à aucune époque précédente viennent se mettre au travers d'un tel projet. En tout premier lieu, la simple forme de cette vérité supérieure – cette forme décidée, assurée d'elle-même, n'autorisant absolument aucune modification la concernant, contrevient doublement à la modestie dont cette époque est certes dépourvue, mais qu'elle exige de quiconque entreprend d'avoir commerce avec elle. – Certes, on ne peut nier que cette connaissance veut être vraie, et seule vraie, et vraie seulement dans cette déterminité, achevée de tous côtés, dans laquelle elle s'énonce, et qu'absolument tout ce qu'elle a en face d'elle doit être faux sans exception ni atténuation ; qu'elle désire par conséquent subjuguer sans ménagement toute bonne volonté et toute liberté d'espérer ; et dédaigne absolument toute espèce de pacte avec quoi que ce soit en-dehors d'elle-même. | Cette **73** rigueur entraîne de nos jours un sentiment de vexation chez les hommes, comme s'ils subissaient le plus grand des préjudices ; ce qu'ils veulent, c'est qu'on les consulte eux aussi et qu'on les salue poliment avant qu'ils admettent quoi que ce soit, et il faudrait aussi qu'ils puissent poser leurs conditions, et qu'on leur laisse encore quelque marge de manœuvre pour leurs jeux d'adresse. Chez d'autres encore, cette forme est corrompue du fait qu'elle exige que l'on prenne parti pour ou contre et que l'on se décide sur-le-champ pour le oui ou pour le non. Car ceux-ci n'ont aucune hâte de prendre connaissance de ce qui seul vaut la peine d'être su et voudraient bien réserver leur suffrage, au cas où les choses prendraient d'aventure un tout autre cours ; il est aussi très commode de recouvrir son manque d'entendement du nom au ton grand seigneur de scepticisme et, là où en effet nous a manqué la faculté de saisir ce qui était sous nos yeux, il est commode de laisser croire aux hommes que c'est seulement une trop grande perspicacité qui nous fournit des raisons de douter, raisons inouïes, au-dessus des moyens de tous les autres hommes [1].

Ce qui, ensuite, dans cette époque, s'oppose à notre projet, c'est l'aspect incroyablement paradoxal, inhabituel et presque inouï de nos façons de voir, puisqu'elles font mentir précisément ce que l'époque considérait jusqu'ici comme ce qu'il y a de plus cher et de plus sacré dans sa culture et ses lumières. Non pas que notre doctrine serait en soi nouvelle et paradoxale. Parmi les Grecs, Platon est sur ce chemin [2]. Le Christ

---

1. Les éditeurs de la *Gesamtausgabe* renvoient à Ernst Platner et au § 705 de ses *Philosophische Aphorismen* (Leipzig, Schwickertschen Verlag, 1793), où l'auteur se revendique d'une philosophie critique sceptique (cf. *Gesamtausgabe, op. cit.*, 1977, *Supplement zu Nachgelassene Schriften Band 4*, p. 174). Ernst Platner (1744-1818), après avoir défendu l'éclectisme, se déclara sceptique en réaction à la *Critique de la raison pure*.

2. Pour une référence similaire à Platon, cf. *Vierter Vortrage der Wissenschaftslehre* (1805), *Gesamtausgabe, op. cit.*, 1993, Bd. II, 9, *Nachgelassene Schriften 1805-1807*, p. 181 ; *La doctrine de la science de 1805*, trad. fr., I. Thomas-Fogiel, Paris, Cerf, 2006, p. 44 : « d'un point de vue historique, aucun système philosophique avant Kant n'a fait *précisément* du savoir en tant que tel l'objet exclusif de sa réflexion. Celui qui s'en est le plus approché est, autant que nous puissions en juger, *Platon* ».

johannique dit exactement la même chose que ce que nous enseignons et démontrons ; et il le dit même en des termes identiques à ceux dont nous nous servons ici ; et jusque dans ces dernières décennies, au sein de notre nation, nos deux plus grands poètes l'ont dit dans les tournures les plus variées et sous les revêtements les plus divers [1]. Pourtant la voix du Christ johannique a été recouverte par celle, moins spirituelle, de ses disciples [2] : à plus forte raison, croit-on que les poètes ne veulent rien dire du tout, juste produire des sons et de belles paroles.

Si dès lors, cette doctrine du fond des âges, et renouvelée aussi plus tard d'époque en époque, apparaît à cette époque-ci à ce point nouvelle et inouïe, en voici la raison : depuis la restauration des sciences dans l'Europe nouvelle, et particulièrement depuis que, par la Réforme de l'Église, liberté fut donnée à l'esprit d'examiner aussi la vérité suprême, la vérité religieuse, une philosophie s'est formée peu à peu, qui entreprit de savoir si le livre pour elle incompréhensible de la nature et de la connaissance ne pourrait pas recevoir un sens, si elle le lisait à l'envers ; par quoi dès lors, évidemment, tout sans exception fut sorti de sa position naturelle et placé | sur la tête. 74 Cette philosophie s'est emparée, comme le fait nécessairement toute philosophie en vigueur, de toutes les sources de l'enseignement public, des catéchismes et de tous les manuels scolaires, des exposés publics en matière de religion, des écrits qu'on lisait. Notre formation de jeunesse à nous tous a eu lieu à cette époque. Il n'y a donc pas lieu de s'étonner si, après que

---

1. Pour deux références à Goethe et Schiller, voir *infra*, p. [138] et [174].

2. Probable référence à saint Paul. *Cf.* notamment *Die Grundzüge des gegenwärtigen Zeitalters*, *Gesamtausgabe*, *op. cit.*, 1991, Bd. I, 8, *Werke 1801-1806*, p. 270-272 ; *Le caractère de l'époque actuelle*, *op. cit.*, p. 110-112.

l'anti-nature est pour nous devenue nature, la nature nous apparaît comme dénaturée; et si, ayant d'abord aperçu toute chose comme se tenant sur la tête, nous croyons que ce qui a été remis à l'endroit se tient à l'envers. C'est là une erreur qui disparaîtra sans doute avec le temps : car c'est nous qui déduisons la mort en partant de la vie, et le corps en partant de l'esprit, non pas l'inverse comme le font les Modernes, – c'est nous qui sommes les véritables successeurs des Anciens, à ceci près que nous voyons clairement ce qui pour eux demeurait obscur; mais à dire vrai, la philosophie que nous venons de mentionner ne constitue absolument aucun progrès dans l'époque, seulement un intermède burlesque, comme un appendice à la complète barbarie.

Quant à ceux qui surmonteraient en tous les cas, si on les laissait à eux-mêmes, les deux obstacles que nous venons de mentionner, ils sont finalement intimidés par toutes sortes d'objections haineuses et méchantes que leur opposent les fanatiques de la fausseté. On serait certes en droit de se demander comment il se fait que la fausseté, non contente d'être fausse en elle-même et en sa propre personne, puisse encore produire un zèle fanatique pour entretenir et propager la fausseté à l'extérieur de sa personne. Pourtant cela aussi s'explique bien, et voilà ce qu'il en est. Lorsque ceux-ci eurent atteint les années où l'on réfléchit sur soi et où l'on se connaît, et qu'ayant scruté leur intériorité, ils n'eurent rien trouvé en elle que la pulsion vers le bien-être sensuel et personnel, et, comme ils n'avaient pas la moindre pulsion à découvrir ou acquérir quoi que soit d'autre en eux, ils se mirent à regarder autour d'eux, vers les autres membres de leur espèce, et crurent observer qu'en ceux-ci également rien de plus élevé ne pouvait être trouvé que cette même pulsion vers le bien-être sensuel et personnel. Là-dessus, ils statuèrent pour eux-mêmes qu'en cela consistait la véritable essence de l'humanité, et ils cultivèrent en eux cette essence de l'humanité, avec un zèle infatigable, jusqu'au terme ultime de leurs capacités techniques; grâce à quoi ils devenaient forcément à leurs yeux des hommes éminemment supérieurs et excellents, puisqu'ils avaient bien conscience de leur virtuosité dans le seul domaine où résidait pour eux la valeur de l'humanité. C'est ainsi qu'ils ont, leur vie durant, pensé et agi. Mais s'il se trouvait qu'ils aient commis une erreur dans la majeure, évoquée plus haut, de leur syllogisme, et s'il arrivait que chez d'autres êtres de leur espèce se montre, en tout état de cause, quelque chose d'autre et, dans le cas présent, quelque chose d'incontestablement supérieur et plus divin que la simple pulsion vers le bien-être sensuel et personnel, alors ce serait *eux* qui seraient, pour leur personne, des sujets d'un genre inférieur, eux qui se tenaient jusqu'ici pour des hommes excellents et, au lieu | de s'estimer **75** par-dessus tout comme ils l'avaient fait jusqu'alors, il leur faudrait à partir de maintenant se mépriser et se rabaisser. Ils ne peuvent faire autrement que d'attaquer avec rage la conviction, qui leur fait honte, selon laquelle il existe quelque chose de plus élevé en l'homme, ainsi que toutes les apparitions qui tendent à attester cette conviction : il leur *faut* faire tout leur possible pour écarter ces apparitions et pour les réprimer : ils luttent pour leur vie, pour la racine la plus délicate et la plus intime de leur vie, pour la possibilité de se supporter eux-mêmes. Tout fanatisme, et toute expression de rage qui en émane, du commencement du monde jusqu'à ce jour, est parti de *ce* principe : si mes adversaires avaient raison, alors je serais un homme misérable. Qu'un tel fanatisme parvienne à se procurer le feu et l'épée, et il attaquera l'ennemi qu'il a en haine par le feu et par l'épée; s'il ne peut y accéder, il lui reste sa langue qui, si elle ne tue pas l'ennemi, est néanmoins très souvent en mesure de paralyser fortement son action et son efficace extérieure. L'un des tours les plus en vogue et les plus en usage consiste à se servir de cette langue pour attribuer à la chose qu'ils sont seuls à haïr un nom suscitant la détestation générale, aux fins de la dénigrer et de la rendre suspecte. Le fonds permanent pour ces procédés et ces dénominations est inépuisable et s'enrichit sans cesse, et comme il serait vain de vouloir en donner quelque liste complète ! Parmi ces dénominations haïes, je n'en rappellerai qu'une des plus communes : celle qu'on utilise quand on dit de cette doctrine qu'elle est du mysticisme.

Remarquez ici qu'en en ce qui concerne tout d'abord la forme de cette accusation, si un homme sans parti pris répondait : eh bien soit, admettons qu'il s'agisse de mysticisme, et que le mysticisme soit une doctrine erronée et dangereuse, il peut quand même toujours présenter sa cause, nous l'entendrons ; s'il se trompe et présente un danger, cela ne manquera certes pas d'apparaître au grand jour à cette occasion ; quant à eux, conformément à la décision catégorique par laquelle ils croient nous avoir barré le chemin, voilà ce qu'il leur faudrait répondre alors : il n'y a là plus rien à entendre, depuis fort longtemps déjà, en fait depuis une génération et demie, le mysticisme a été décrété hérétique et frappé d'anathème en vertu des résolutions unanimes de tous nos conciles de critique doctrinale.

76　| Ensuite, pour en venir, de la forme de l'accusation, à son contenu – qu'est-ce donc que ce mysticisme même dont ils accusent notre doctrine ? Certes, nous n'obtiendrons jamais de leur part une réponse précise ; car, tout comme ils n'ont jamais de concept clair, mais ne songent qu'à des paroles tonitruantes, ce qui leur manque ici aussi c'est le concept : il faudra nous débrouiller seuls. En effet, il existe bien une façon de voir le

spirituel et le sacré qui, si juste soit-elle pour l'essentiel, est
cependant entachée d'un vice mauvais qui corrompt sa pureté
et la rend pernicieuse. J'ai dépeint en passant cette façon de
voir dans mes conférences des années précédentes, et peut-être
y aura-t-il également dans celles de cette année un moment où
il me faudra y revenir. Il est opportun d'appeler mysticisme
cette façon de voir, en partie très fausse, et de la distinguer
ainsi de la conception véritablement religieuse; en ce qui
me concerne personnellement, j'ai coutume de faire cette
distinction en me servant du terme évoqué; ma doctrine est très
éloignée de ce mysticisme et elle éprouve à son égard une forte
aversion[1]. C'est ainsi, dis-je, que je prends la chose. Mais que
veulent les fanatiques? – À leurs yeux, comme aux yeux de la
philosophie qu'ils suivent, la distinction dont nous venons de
faire état est complètement occultée: d'après les attendus
unanimes de leurs recensions, de leurs traités, de leurs œuvres
récréatives, de tous leurs propos sans exception – que celui qui
en a les moyens aille le vérifier; sinon, que les autres me
croient sur parole –, d'après ces attendus unanimes, c'est
toujours et tout le temps la vraie religion, la saisie de Dieu en
esprit et en vérité qu'ils appellent mysticisme et qui est en fait
frappée d'anathème par cette désignation. Qu'ils mettent en
garde contre cette doctrine par le terme de mysticisme revient
donc à dire, avec d'autres détours, la chose suivante: on vous

1. Dans le *Caractère de l'époque actuelle*, Fichte avait en effet fortement
démarqué sa doctrine d'un mysticisme identifié à la *Schwärmerei* (cf. *Die
Grundzüge des gegenwärtigen Zeitalters, Gesamtausgabe, op. cit.*, 1991, Bd. I,
8, *Werke 1801-1806*, p. 289; *Le caractère de l'époque actuelle, op. cit.*, p. 131).
Cf. cependant les *Vorlesungen über Platners Aphorismen, Gesamtausgabe,
op. cit.*, 1976, Bd. II, 4, *Nachgelassene Schriften 1794-1812*, p. 303: «Dieu qui
m'est annoncé se trouve en moi: sans lui, je ne vis pas et ne me meus pas (les
mystiques pensent de même)».

parlera là de l'existence[1] de quelque chose de spirituel qui ne tombe absolument sous aucun sens externe, mais n'est à saisir que par le penser pur; vous courrez à votre perte, si vous vous laissez persuader par un tel discours, car il n'existe absolument rien en dehors de ce que les mains peuvent saisir et l'on n'a pas à se soucier de quoi que ce soit d'autre; tout le reste n'est que simples abstractions de ce que l'on peut toucher avec ses mains, abstractions totalement dépourvues de contenu et que 77 ces | esprits exaltés confondent avec la réalité tangible. On vous dira des choses concernant la réalité, l'autonomie intérieure et la force créatrice de la pensée : vous êtes morts à la vie réelle, si vous en venez à croire cela, car rien n'existe tout d'abord que le ventre, et ensuite ce qui le porte et lui donne sa nourriture, et les vapeurs qui en émanent sont ce que ces enthousiastes appellent des idées. Nous admettons l'ensemble de ces accusations et avouons, non sans un sentiment de joie et d'élévation, qu'en ce sens-là du terme, notre doctrine est en effet un mysticisme. Ce n'est nullement une dispute nouvelle qui nous met aux prises avec ces gens-là, nous nous retrouvons au contraire dans un conflit vieux comme le monde, qui ne connaîtra jamais ni médiation ni solution, puisque ce qu'*ils* disent, eux, c'est que toute religion – à moins qu'il ne s'agisse de la crédulité superstitieuse que nous avons évoquée plus haut[2] – est quelque chose de hautement blâmable et pernicieux, qui doit être arraché de la terre à sa racine; et

1. *Dasein.* Ici, comme dans un certain nombre d'occurrences, une traduction par « être-là » n'était manifestement pas nécessaire.

2. Cf. *supra*, p. [69] : « la religion ne se situe pas là où la pensée commune la fait résider, dans le fait que l'on *croit*, – que l'on tient pour vrai et se fait accroire, parce que l'on n'a pas le courage de le contester, en se fiant au ouï-dire et aux assurances d'autrui – qu'il y a un Dieu; car c'est là une superstition crédule par laquelle on supplée tout au plus à une police défaillante ».

nous nous en tenons là : mais voilà ce que *nous* disons : la vraie religion est quelque chose qui rend suprêmement heureux, elle est ce qui seul donne à l'homme, ici-bas et de toute éternité, existence, valeur et dignité, et il faut travailler de toutes ses forces pour que, si possible, cette religion parvienne à tous les hommes ; voilà ce que nous voyons avec une évidence absolue, et nous nous en tenons là.

Si ceux-là entre-temps aiment mieux dire : c'est du mysticisme et non pas, comme ils le devraient : c'est de la religion, ce fait a des raisons sur lesquelles il n'y a pas lieu de s'étendre, sauf en ce qui concerne les points suivants. Par cette dénomination, ils veulent d'une part inspirer secrètement la crainte que cette façon de voir ne déclenche l'intolérance, la fièvre persécutrice, l'insubordination et des troubles à l'ordre civil, en un mot, que cette sorte de pensée ne soit un danger pour l'État ; mais, d'autre part, ils veulent surtout que ceux qui se laisseraient convaincre par des considérations comme celles que nous apportons aujourd'hui se fassent du souci pour la perpétuation de leur bon sens, ils veulent leur laisser entendre qu'en suivant ce chemin, ils pourraient en venir à voir des esprits en plein jour – ce qui serait particulièrement malheureux. En ce qui concerne le premier point, le danger pour l'État, ils se méprennent quant à la désignation de ce qu'il faudrait craindre, et ils escomptent sans aucun doute qu'il ne se trouvera personne pour dévoiler la confusion, car jamais la vraie religion, celle que, *nous*, nous nommons ainsi, mais qu'ils appellent, eux, mysticisme, n'a persécuté, montré d'intolérance, ni causé de troubles publics ; – durant toute l'histoire de l'Église, des hérésies et des persécutions, les persécutés sont chaque fois du côté du point de vue supérieur et les persécuteurs du côté du point de vue inférieur, ces derniers, comme nous l'indiquions tout à l'heure, se battant pour leur

78 vie. Non! C'est uniquement ce don qu'eux-mêmes | possèdent,
ce fanatisme de la fausseté, qui est intolérant, qui persécute et
qui provoque des troubles dans l'État; or si cela n'était
imprudent par ailleurs, je pourrais souhaiter que les enchaînés
soient relâchés aujourd'hui même, afin que l'on voie ce qu'ils
entreprendraient. En ce qui concerne le second point, la
préservation du bon sens, celle-ci dépend en premier lieu de
l'organisation corporelle; or, contre l'influence du corps, il est
notoire que même la plus profonde platitude et la plus basse
vulgarité d'esprit n'offrent aucune sorte de protection; – on n'a
donc pas besoin de se jeter dans leurs bras pour échapper à ce
danger qui fait peur. Autant que je sache, et qu'il m'a été donné
de savoir depuis que j'existe, ceux qui vivent parmi les considérations dont il est question ici et qui en font sans interruption
leur tâche de chaque jour, ne sont nullement exposés à ces
distractions, ils ne voient aucun fantôme[1] et sont aussi sains
que d'autres de corps et d'esprit. Que, parfois dans la vie, ils ne
fassent pas ce que la plupart des autres auraient fait à leur place,
ou fassent ce que la plupart des autres se seraient abstenus de
faire dans le même cas, ne provient nullement de ce qu'ils
auraient manqué de perspicacité pour apercevoir la première
possibilité d'action ou les conséquences de la seconde; comme
ne peut s'empêcher de le croire celui qui, à leur place, aurait
certainement agi en fonction de ce qu'il sait – mais ils auraient
eu d'autres raisons. – Il peut bien toujours y avoir des gens

---

1. Les éditeurs de la *Gesamtausgabe* voient ici une allusion à Nicolai,
lequel disait apercevoir des fantômes, dont celui de son fils Samuel, et fit
paraître en 1799 un *Beispiel einer Erscheinung mehrerer Phantasmen* (repris
d'une communication à l'Académie des sciences), où il polémiquait avec
Fichte. Goethe, à travers le *Proktophantasmist* de la *Nuit de Walpurgis*, puis
Hoffmann dans le *Vase d'or* tournèrent en dérision cette conversion au
surnaturel d'un des plus fameux défenseurs de l'*Aufklärung*.

d'une nature spirituelle maladive, qui, dès qu'ils sortent de leurs livres de compte ou de quoi que ce soit qui les rattache au réel, sombrent aussitôt dans un état de folie ; qu'ils y restent, dans leurs livres de compte ! – Seulement, je ne voudrais pas que ce soit à eux qu'on emprunte la règle générale, alors que, comme je l'espère, ils constituent une minorité et représentent certainement le genre inférieur, et, parce qu'il existe des faibles et des malades parmi les hommes, je ne voudrais pas que l'ensemble de l'espèce humaine soit traitée comme si elle était faible et malade. Quand on s'occupe aussi des sourds-muets et des aveugles de naissance, et quand on a inventé un moyen pour leur dispenser un enseignement, cela mérite une entière reconnaissance, à savoir celle des sourds-muets et des aveugles de naissance [1]. Si toutefois l'on voulait faire de ce type d'enseignement la manière générale d'enseigner, y compris pour ceux qui sont en bonne santé, parce qu'on pourrait toujours trouver à côté d'eux aussi des sourds-muets et des aveugles de naissance et qu'ainsi on serait sûr d'avoir pris soin de tous, si celui qui entend devait, sans tenir aucun compte de son ouïe, apprendre à parler et à lire les mots sur les lèvres aussi laborieusement que le sourd-muet, et si celui qui voit, sans tenir aucun compte de sa vue, devait reconnaître les lettres en les touchant, cela mériterait fort peu de reconnaissance de la part de ceux qui sont en bonne santé ; il va sans dire naturellement que cette mesure serait adoptée sur-le-champ | dès l'instant où l'on rendrait l'organisation de l'enseignement **79** public dépendante des notes que lui attribueraient les sourds-muets et les aveugles de naissance.

1. Référence à l'action de l'Abbé de L'Épée (1712-1789) et à la fondation à Paris en 1786 de l'Institution des enfants aveugles par Valentin Haüy (1745-1822).

C'étaient là les considérations et rappels provisoires que j'ai estimé opportun de vous communiquer aujourd'hui. Dans huit jours, j'essaierai de vous présenter sous un angle neuf et sous un jour nouveau le fondement de l'ensemble de la connaissance, et c'est à cela que je vous invite respectueusement.

80 | Troisième leçon

Honorable Assemblée[1],

Dans la première de ces conférences, nous affirmions qu'il s'en faut de beaucoup que tout ce qui apparaît comme vivant *vive* réellement et effectivement[2]; dans la deuxième, nous avons dit qu'une grande partie des hommes ne parviennent pas, toute leur vie durant, *au penser* propre et vrai, mais en restent à *l'opinion*[3]. Il se pourrait bien, cela ressort déjà clairement d'autres affirmations que nous avons faites à cette occasion, que les deux dénominations : penser et vivre, – non-penser et être mort, pourraient bien désigner entièrement la même chose; dans la mesure où l'élément de la vie a d'abord

1. Séance du dimanche 2 février.
2. Cf. *supra*, p. [56-57] : « que beaucoup de gens aient du mal à répondre à la question que nous posons, étant donné qu'ils ne savent absolument pas ce qu'ils aiment, prouve seulement qu'ils n'aiment proprement rien, et, par conséquent, qu'ils ne vivent pas non plus, puisqu'ils n'aiment pas ».
3. Cf. *supra*, p. [68] : « si quelqu'un, dis-je, n'accède pas à la vision de ces éléments de toute connaissance, celui-ci n'accèdera pas davantage à la *pensée*, ni à la véritable autonomie intime de l'esprit, mais restera la proie de *l'opinion* ».

été posé dans la pensée, le non-penser est assurément la source de la mort.

Toutefois, cette affirmation rencontre une difficulté importante sur laquelle je dois attirer votre attention : si la vie est un tout organique, déterminé par une loi valable sans exception, il apparaît au premier coup d'œil impossible qu'une seule des parties relevant de la vie puisse être absente tandis que d'autres sont là ; ou bien que l'une quelconque puisse être là si ne s'y trouvent pas toutes les parties qui relèvent de la vie et donc la vie tout entière dans son unité organique achevée. En résolvant cette difficulté, nous pourrons en même temps vous exposer clairement la différence qu'il y a entre le penser propre et la simple opinion ; c'est l'affaire que nous annoncions dès la séance précédente, et nous la traiterons en premier[1], avant d'aborder ensemble, comme c'est également notre projet pour la séance d'aujourd'hui, le penser lui-même proprement dit, en commençant par les éléments de toute connaissance.

On résout la difficulté exposée comme suit. Dans tous les cas, partout où il y a vie spirituelle, tout ce qui, sans exception, relève de cette vie se produit, totalement et sans interruption, selon la loi : – mais tout cela, se produisant avec une absolue nécessité semblable à la nécessité mécanique, n'entre pas du tout nécessairement dans la conscience, et il s'agit bien de la vie de la loi, mais nullement de notre vie, celle qui nous appartient et nous est propre. Notre vie est seulement ce qui, à partir de celle qui s'est réalisée selon la loi, est saisi par nous avec une claire conscience | et qui, dans cette claire conscience, est aimé **81** et dont on jouit. Là où est l'amour, là est la vie individuelle,

---

1. Cf. *supra*, p. [68].

disions-nous tantôt[1] : mais l'amour n'existe que là où existe la claire conscience.

Le développement de cette vie qui est la nôtre, la seule, dans ces conférences, à pouvoir être nommée vie, – à l'intérieur de la vie entière, celle qui s'est réalisée selon la loi, suit un cours exactement semblable à celui de la mort physique. De même que la mort commence, dans son cours naturel, par toucher les membres les plus extérieurs et les plus éloignés du siège central de la vie, et s'étend de là vers le point central, jusqu'à enfin atteindre le cœur, de même la vie spirituelle, consciente d'elle-même, s'aimant et jouissant d'elle-même, commence dans les extrémités et les ouvrages périphériques de la vie les plus éloignés, jusqu'à ce qu'elle en vienne, s'il plaît à Dieu, à éclore en son véritable point fondamental et siège central. – Un philosophe ancien a prétendu que les animaux ont germé de la terre[2] : comme c'est encore le cas aujourd'hui, ajoutait-il, à petite échelle, puisque, chaque printemps, notamment après une pluie chaude, on peut observer par exemple des grenouilles chez lesquelles certaines parties, comme les pattes avant, sont déjà très bien constituées, tandis que les autres membres forment encore une motte de terre brute non développée. Les demi-animaux de ce philosophe, quand bien même ils ne pourraient guère prouver ce

---

1. Cf. *supra*, p. [56] : « mais si maintenant la question surgit encore de savoir par quoi la vie commune à toutes est différente dans ses configurations particulières, et ce qui donne à chaque individu le caractère exclusif de sa vie particulière, je réponds que c'est l'amour de cette vie particulière et individuelle ».

2. Il s'agit d'Empédocle. Les éditeurs de la *Gesamtausgabe* renvoient à W. G. Tennemann, *Geschichte der Philosophie*, Leipzig, Barth, 1798, Bd. I, p. 247. *Cf.* également J. Bollack, *Empédocle*, Paris, Gallimard, 1969, t. II, *Les origines*, p. 170-176.

qu'ils sont censés prouver, fournissent néanmoins une image très pertinente de la vie spirituelle des hommes ordinaires. Les membres extérieurs de cette vie sont déjà chez eux parfaitement constitués et il coule déjà du sang chaud dans les extrémités ; mais, à l'endroit du cœur et des autres parties nobles de la vie – endroits qui, assurément, existent en soi et conformément à la loi, et qui doivent nécessairement exister, sans quoi les membres extérieurs ne pourraient pas exister non plus – à ces endroits, dis-je, ils ne sont encore qu'une motte de terre insensible et un roc de glace.

C'est ce dont je veux tout d'abord vous convaincre par un exemple frappant ; sur tout cela je m'exprimerai certes avec la plus grande clarté, mais, en raison de la nouveauté de la remarque, j'exige tout particulièrement votre attention. – Nous voyons, entendons, sentons – des objets extérieurs ; en même temps, *avec* ce voir, entendre etc., nous *pensons* aussi ces objets et en sommes conscients par le sens interne, tout comme par ce même sens interne, nous prenons conscience aussi de notre voir, de notre entendre et de notre sentir de ces objets. Espérons que personne de ceux qui sont capables de la réflexion la plus commune n'ira affirmer qu'il peut voir, entendre, sentir un objet, | sans prendre en même temps intérieurement conscience de cet objet, et qu'il le voit, qu'il l'entend ou qu'il le sent ; ou encore affirmer qu'il peut voir, entendre, etc. quelque chose de déterminé sans conscience. Que la perception sensible externe et le penser interne soient en même temps, en même temps dis-je, et inséparables l'un de l'autre, c'est cela, et rien de plus, qui réside dans l'observation factuelle de soi, dans le fait de conscience[1] ; en aucun cas

82

---

1. *Tatsache des Bewußtseins*. On sait que c'est à partir de ce fait de conscience que Reinhold chercha à reconstruire tout le projet kantien et que

cependant – je demande que l'on saisisse bien ceci – en aucun cas, il n'y a dans ce fait un *rapport* des deux ingrédients mentionnés – du sens externe et du penser interne, – un rapport des deux l'un à l'autre, par exemple de cause à effet ou d'essentiel à accidentel. Et si, malgré cela, l'on admettait un tel rapport des deux, cela ne se produirait pas en vertu de l'observation factuelle de soi et ne résiderait pas dans le fait ; tel est le premier point que je vous demande de concevoir et de retenir.

Si, deuxièmement, il s'avérait que pour une raison quelconque autre que l'observation factuelle de soi, raison dont nous ne discuterons pas davantage la possibilité – si, dis-je, pour une raison de ce genre, un tel rapport devait pourtant être posé et admis entre ces deux ingrédients, il semble alors au premier regard que tous deux devraient nécessairement être placés au même rang, en tant qu'ils sont présents toujours en même temps et inséparables l'un de l'autre, et que, de la sorte, le penser interne pourrait aussi bien être le fondement et l'essentiel pour la perception sensible externe, en tant que fondée et accidentelle, que l'inverse ; de cette manière, entre les deux hypothèses, ne pourrait manquer de surgir un doute insoluble qui ne permettrait jamais de parvenir à un jugement définitif sur ce rapport. Au premier regard, dis-je : si toutefois quelqu'un regardait plus en profondeur, il trouverait – puisque la conscience interne englobe en même temps le sens externe, dans la mesure où nous prenons nous-mêmes conscience du voir, de l'entendre et du sentir, mais où, inversement, en aucune façon, nous ne voyons la conscience, ni ne l'entendons,

Fichte lui consacra toute une série de leçons en 1810 (*Gesamtausgabe, op. cit.*, 1999, Bd. II, 12, *Nachgelassene Schriften 1810-1812*, p. 9-136) et 1813 (*Gesamtausgabe, op. cit.*, 2009, Bd. II, 15, *Nachgelassene Schriften 1813*, p. 29-128).

ni ne la sentons, et où donc, déjà dans le fait immédiat, la conscience prend une place supérieure – il trouverait, dis-je, bien plus naturel de faire de la conscience interne la chose principale et du sens externe quelque chose de secondaire, et d'expliquer ce dernier à partir de la première, de le contrôler par la première et de le vérifier, – non pas l'inverse.

Or, comment la façon commune de penser procède-t-elle ici ? Pour elle, le sens externe est partout, sans autre forme de procès, la chose première et c'est la pierre de touche immédiate de la vérité ; ce qui est vu, entendu, senti – cela est, précisément parce qu'il est vu, entendu, senti, etc. Le penser et la conscience interne des objets viennent par après, comme | un **83** supplément vide que l'on remarque à peine, et dont on se passerait tout aussi bien, s'il ne s'imposait pas lui-même ; et nulle part – on ne voit ou entend parce que l'on pense, mais – on pense parce que l'on voit ou entend, et sous le gouvernement du voir et de l'entendre. La philosophie moderne, que nous avons mentionnée dernièrement, fausse et de mauvais goût, entre en scène, comme l'authentique bouche et la voix du vulgaire ; elle ouvre la bouche et parle sans rougir pour dire que seul le sens externe est la source de la réalité et que toute notre connaissance se fonde uniquement sur l'expérience ; – comme si c'était un axiome contre lequel personne ne se risquerait à opposer quoi que ce soit. Comment a-t-il donc pu devenir si facile à cette pensée commune et à celle qui la prend en charge de passer outre les raisons de douter et les indications positives conduisant à admettre le rapport opposé évoquées plus haut, comme si elles n'existaient tout simplement pas ? Pourquoi donc la façon de voir opposée, qui se recommande au premier regard et sans recherche plus approfondie comme bien plus naturelle et plus vraisemblable, selon laquelle l'ensemble des sens externes avec tous leurs objets sont seulement fondés dans le penser universel, et selon laquelle une perception sensible en général n'est possible que dans le penser et comme un pensé, comme une détermination de la conscience universelle, et en aucun cas en tant que séparée de la conscience et en soi : – je veux dire la façon de voir selon laquelle il n'est absolument pas vrai que nous voyons, entendons, sentons purement et simplement, mais qu'au contraire nous ne sommes que – conscients de notre voir, de notre entendre, de notre sentir – pourquoi cette façon de voir, à laquelle Nous par exemple sommes attachés et que nous concevons avec une évidence absolue comme la seule correcte, et dont le contraire nous apparaît comme une incohérence manifeste ; pourquoi cette façon de voir est-elle restée cachée, jusque dans sa possibilité même, à la manière commune de penser ? Cela s'explique aisément : le *jugement* de cette façon de penser est l'expression nécessaire de son *degré de vie* effectif. Pour eux, c'est dans le sens externe en tant qu'extrémité dernière de la vie spirituelle commençante que réside la vie, et encore de la façon la plus immédiate ; c'est dans le sens externe qu'ils se rendent présents avec leur existence la plus vivante, qu'ils se sentent, s'aiment et jouissent d'eux-mêmes, et ainsi leur *croyance* va nécessairement là où est leur cœur ; dans le penser au contraire, la vie, chez eux, jaillit à l'air libre non comme de la chair vivante ou du sang, mais comme une bouillie informe ; et c'est pourquoi le penser leur apparaît comme une vapeur étrange qui n'a rapport ni à eux ni à la chose. Si, un jour, les choses en viennent au point que, dans le penser, ils se rendent présents avec une vigueur bien plus grande et qu'ils se sentent et jouissent de manière bien plus vive que dans le voir et dans l'entendre, alors leur jugement changera d'autant.

Voilà comment, pour la façon de voir commune, le penser se trouve rabaissé et privé de sa valeur – et même dans son extériorisation la plus basse, parce que cette façon de voir commune n'a pas encore | placé dans le penser le siège de sa **84** vie, ni poussé les antennes de son esprit jusqu'à ce point. Le penser dans son extériorisation la plus basse, disais-je, car c'est cela, et rien de plus, qu'est ce penser des objets extérieurs, lequel a dans une perception sensible externe une réplique et un rival en matière de vérité. Le penser propre, supérieur est celui qui, sans aucune assistance du sens externe et sans aucune relation à ce sens, se crée absolument à partir de lui-même son objet purement spirituel. Dans la vie courante, ce mode du penser survient par exemple lorsqu'on s'interroge sur la manière dont le monde ou le genre humain sont apparus ou sur les lois internes de la nature ; dans le premier cas, il est clair que, lors de la création du monde, et avant les commencements du genre humain, nul observateur n'était présent dont on doive rapporter l'expérience ; dans le second cas, on ne s'interroge absolument pas sur une apparition, mais sur ce en quoi toutes les apparitions particulières s'accordent : et ce n'est pas un événement tombé sous les yeux, mais une nécessité de pensée qui doit être fournie, laquelle *est* donc pourtant, et est *ainsi*, et ne *peut* être autrement ; ce qui donne un objet ne provenant que du penser lui-même. Voilà le premier point que je vous demande de voir et de bien saisir.

Or, dans le domaine de ce penser supérieur, voilà comment procède la façon de penser commune : elle laisse d'autres imaginer pour elle, ou bien, si elle a plus de force, elle imagine elle-même en se servant du penser libre et sans loi qu'on appelle fantaisie, une façon possible parmi d'autres d'atteindre l'effectif que l'on a mis en question (c'est ce que l'École appelle faire une hypothèse) : son questionnement épouse alors son penchant, sa crainte, son espoir ou quelque passion qui se trouve la gouverner à ce moment-là, et, au cas où celle-ci

donne son assentiment, cette invention est alors instituée vérité permanente et immuable. Elle imagine une possibilité parmi d'autres, disais-je; telle est la caractéristique principale du procédé décrit; mais il faut bien comprendre cette expression. En soi, en effet, il n'est pas vrai du tout qu'une chose puisse être possible de plusieurs manières, mais tout ce qui est là n'est possible, effectif et nécessaire à la fois que d'une seule façon, en elle-même parfaitement déterminée; et l'erreur fondamentale de ce procédé tient d'emblée à ce qu'il admet plusieurs possibilités – et, par-dessus le marché, il n'en saisit qu'une seule, de manière unilatérale et partiale, sans pouvoir en donner d'autre garantie que son penchant. C'est ce procédé que nous appelons *opinion*, par opposition avec le *penser* effectif. Ce que nous appelons ainsi proprement l'opinion a pour domaine, tout comme le penser, la région située au-delà de toute expérience sensible; cette région, elle la peuple à
85 présent avec les productions | d'une fantaisie[1] étrangère ou même avec celle de sa propre fantaisie, auxquelles seul le penchant confère durée et autonomie : et tout cela lui advient pour la seule et unique raison que le siège de sa vie spirituelle tombe encore à un niveau qui ne dépasse guère l'extrémité de l'aversion ou de l'inclination aveugles.

Le penser effectif procède autrement pour remplir cette région suprasensible. Celui-ci – n'imagine pas, il lui vient au contraire spontanément non pas – ce qui se trouve au milieu et parmi d'autres choses, mais ce qui seul est possible, effectif et nécessaire; et il ne trouve pas sa confirmation dans une preuve en dehors de lui-même, mais produit cette confirmation

---

1. *Phantasie*. Cf. *Sur le concept de la Doctrine de la science* (1806), *op. cit.*, p. 145 : « la fantaisie (*Das Phantasiren*) est un tâtonnement aveugle dont le fondement demeure éternellement caché à celui qui tâtonne ».

immédiatement en lui-même, et, à peine l'a-t-il pensée, elle apparaît clairement à ce penser lui-même comme la seule possible, absolument et radicalement vraie, s'emparant de l'âme avec une certitude et une évidence inébranlables, anéantissant radicalement toute possibilité de doute. Puisque, comme on l'a dit, cette certitude s'empare de l'acte vivant du penser, immédiatement dans sa vitalité et sur le fait, et comme c'est à lui seul qu'elle s'attache, il s'ensuit que quiconque veut avoir part à la certitude doit nécessairement penser lui-même et dans sa propre personne ce qui est certain et ne peut laisser à aucun autre le soin de régler cette affaire pour lui. Je voulais encore faire ce rappel préliminaire avant que nous passions ensemble à la réalisation du penser proprement dit à partir des éléments suprêmes de la connaissance.

La toute première tâche de ce penser est la suivante : *penser l'être avec acuité*; et voici comment je vous conduis à ce penser. – Je dis : l'être vrai et propre ne devient pas, n'advient pas, ne procède pas du non-être. Car pour tout ce qui devient, vous êtes obligés de présupposer un étant par la force duquel le premier devient. Si alors vous voulez par exemple faire en sorte que ce deuxième étant soit à son tour devenu à un moment antérieur, il vous faut également présupposer pour lui un troisième étant par la force duquel il est devenu, et au cas où vous voudriez encore faire advenir ce troisième étant, lui présupposer un quatrième, et ainsi de suite à l'infini. Il vous faut en fin de compte toujours aboutir à un être qui là n'est pas devenu et qui précisément pour cette raison n'a besoin d'aucun autre pour son être, mais qui est là absolument par soi-même, de soi et à partir de soi, lui-même. C'est dans cet être, auquel il vous faudra tôt ou tard vous élever à partir de tout ce qui devient, que vous devez maintenant, comme je vous le demande, vous fixer solidement dès le départ; – et, si seulement vous avez effectué avec moi les pensées que je vous ai proposées, il vous apparaîtra alors clairement que vous ne pouvez penser l'être véritable que comme un être de soi-même, à partir de soi-même, par soi-même.

86 | J'ajoute deuxièmement : à l'intérieur de cet être non plus, rien de nouveau ne peut devenir, rien ne peut prendre une autre figure, ni se modifier ou changer ; mais il est comme il est de toute éternité et le reste immuablement en toute éternité. Car, étant par soi-même, il est tout entier, sans division et sans interruption, tout ce qu'il peut être par soi et qu'il lui faut être. S'il devait devenir quelque chose de nouveau dans le temps, il aurait fallu ou bien au préalable qu'un être hors de lui l'empêche de le devenir ou bien qu'il devienne cette chose nouvelle par la force de cet être en dehors de lui qui ne commence que maintenant à agir sur lui : ces deux hypothèses contredisent directement son indépendance et son autonomie absolues. Et ainsi il vous apparaîtra clairement, si seulement vous avez effectué vous-mêmes les pensées que je vous ai proposées, que l'être doit être pensé exclusivement comme Un, non comme multiple, et seulement comme une unicité fermée en elle-même, achevée et absolument immuable.

Par un tel penser – ceci serait notre troisième point – vous en arrivez seulement à un être clos, caché et absorbé en lui-même, mais vous ne parvenez encore nullement à un être-là, je dis être-là, à une extériorisation et à une révélation de cet être. Je souhaiterais vivement que vous saisissiez tout de suite ce qui a été dit là, et vous le ferez sans aucun doute, pourvu que vous ayez pensé avec une parfaite acuité la pensée de l'être construite dans un premier temps, et si vous prenez conscience dès maintenant de ce qui est dans cette pensée et de ce qui n'y est pas. Je m'empresserai de dévoiler tout à l'heure l'illusion naturelle qui pourrait vous rendre obscure la vision que nous désirons.

Considérons cela plus en détail : vous voyez bien que je distingue l'être, intérieur et caché en soi, de l'être-là, et que je les établis en deux pensées complètement opposées que rien ne rattache immédiatement l'une à l'autre. Cette distinction est de la plus haute importance ; et c'est seulement par elle que clarté et sûreté entrent dans les éléments suprêmes de la connaissance. Quant à l'être-là, à ce qu'il est en particulier, le mieux est de nous servir de son intuition effective pour faire la clarté sur lui. Je dis en effet : l'être-là de l'être est, immédiatement et à la racine, la – conscience ou la représentation de l'être, comme cela pourra vous apparaître clairement sur-le-champ en considérant le mot : *Est*, quand on l'emploie à propos d'un objet quelconque, par exemple ce mur. Car qu'est donc ce *Est* lui-même, dans la phrase : le mur *est* ? Manifestement, ce n'est pas le mur lui-même et il ne fait pas un avec lui ; il ne se fait d'ailleurs nullement passer pour tel, mais il sépare ce mur de lui, par la troisième personne, comme un étant indépendant de lui : il se donne | donc seulement pour une marque de **87** reconnaissance externe, pour une image, de l'être autonome ou, comme nous le disions plus haut et comme c'en est aussi l'expression la plus précise, comme l'être-là immédiat, extérieur du mur et comme *son être en dehors de son être*. (On accorde que toute cette expérimentation requiert l'abstraction la plus aiguisée et l'intuition intérieure la plus vive, et on ajoute aussi, à titre de preuve, que tous ceux qui ne comprendront pas avec évidence l'exactitude parfaite de cette dernière expression en particulier n'auront pas exécuté la tâche).

Certes, la façon de penser commune n'a pas coutume de remarquer cela, et il est bien possible qu'avec ce que je viens de dire un grand nombre ait entendu quelque chose de tout à fait nouveau et inouï. La raison en est que leur amour et leur cœur se pressent sans délai vers l'objet, ne s'intéressent qu'à lui, se jettent en lui et ne prennent pas le temps de considérer le *Est* et le perdent ainsi entièrement. De là vient qu'en sautant par-dessus l'être-là, nous croyons d'ordinaire être arrivés dans l'être même, alors que pourtant, nous ne restons, toujours et éternellement, que sur le parvis, dans l'être-là, et c'est là justement l'illusion habituelle qui pouvait de prime abord rendre obscure la proposition que je vous ai soumise plus haut. Ici tout est maintenant suspendu au fait que nous voyions cela une bonne fois et qu'à partir de là, cela soit marqué en nous pour la vie.

La conscience de l'être, le Est s'ajoutant à l'être – est immédiatement l'être-là, disions-nous, en laissant provisoirement derrière nous l'apparence selon laquelle la conscience ne serait, disons, qu'une – forme, un genre et un mode possibles de l'être-là au milieu et parmi d'autres et selon laquelle il pourrait y avoir encore plusieurs, peut-être une infinité, de formes et de modes de l'être-là. Il ne faut pas laisser derrière nous cette apparence ; d'abord parce que ce ne sont certainement pas des opinions que nous voulons avoir ici, mais parce que nous voulons penser véritablement ; ensuite, au regard des conséquences également, si on laissait en arrière cette possibilité, elle empêcherait notre union avec l'absolu en tant que l'unique source de la béatitude ; il en découlerait au contraire et il en surgirait bien plutôt un fossé incommensurable entre lui et nous, qui serait la vraie source de tout malheur.

Nous avons dès lors, ce qui serait notre quatrième point, à exposer dans le penser que la *conscience* de l'être est la seule forme et le seul mode possibles de *l'être-là* de l'être, et est par suite elle-même de façon tout à fait immédiate, simplement et absolument cet être-là de l'être. Nous vous conduisons à cette vision de la façon suivante : l'être – en tant qu'être et restant être, mais n'abandonnant nullement son caractère absolu, sans se mélanger ni se mêler avec l'être-là, doit être là. Il faut pour cette raison qu'il soit distingué de l'être-là et lui soit opposé ; et certes – comme il n'y a absolument rien hors de l'être absolu que | son être-là, – cette distinction et cette opposition doivent **88** nécessairement avoir lieu – dans l'être-là lui-même ; cela, exprimé plus clairement, voudra dire la chose suivante : il faut que l'être-là se saisisse, se connaisse et se forme lui-même en tant que simple être-là, et il faut qu'il pose et forme vis-à-vis de lui-même un être absolu, dont lui-même est précisément le simple être-là : il faut qu'à travers son être, il s'anéantisse vis-à-vis d'un autre être-là absolu, ce qui donne précisément le caractère de simple image, de représentation ou de conscience de l'être, toutes choses que vous avez déjà trouvées, exactement de la même façon dans l'explication du « est » qui a été donnée plus haut. Et il apparaît clairement dès lors, si seulement nous avons effectué les pensées que je vous ai proposées, que l'être-là de l'être doit nécessairement être une – conscience de soi (de l'être-là) elle-même en tant que simple image de l'être étant absolument en lui-même – et qu'il ne peut être absolument rien d'autre.

Le savoir peut fort bien comprendre et voir qu'il en est ainsi, que savoir et conscience sont l'être-là absolu ou, si vous préférez à présent, l'extériorisation et la révélation de l'être dans son unique forme possible, – tout comme, conformément à notre présupposition [1], nous venons tous de le voir. Mais, en

---

1. Cf. *supra*, p. [69] : « le présupposé selon lequel tous les hommes absolument sans exception peuvent parvenir à la connaissance de Dieu, et

aucune façon – et ceci serait notre cinquième point – ce savoir
ne peut comprendre et voir en lui-même comment lui-même –
advient et comment, de l'être intérieur et caché en soi-même,
peut s'ensuivre un être-là, une extériorisation et une révélation
de ce dernier, comme nous avons d'ailleurs expressément vu
ci-dessus, en entamant notre troisième point, qu'une telle
conséquence nécessaire n'est pas présente pour nous. Cela
vient de ce que, comme on l'a déjà montré plus haut, il ne peut
y avoir d'être-là sans qu'il se trouve, se saisisse et se présuppose, puisque le fait de se saisir est en effet inséparable de son
essence ; et ainsi donc, par l'absoluité de son être-là et du fait
qu'il est attaché à cet être-là qui est le sien, toute possibilité
lui est coupée d'aller au-delà ce dernier, de se concevoir et se
déduire par-delà l'être-là. Il est pour soi et en soi, et voilà tout :
partout où il est, c'est déjà lui qu'il trouve, et il se trouve
déterminé sur un certain mode qu'il lui faut adopter tel qu'il se
donne à lui, sans pouvoir aucunement expliquer comment ni
par quoi il est devenu ce qu'il est. Ce *mode* d'être-là du savoir,
invariablement déterminé, qui ne peut être appréhendé que
par saisie et perception immédiate, est la vie intérieure et
véritablement réelle en lui.

Or, bien que cette vie véritablement réelle du savoir ne
puisse pas – au regard de sa déterminité particulière –, être
expliquée dans le savoir, on peut néanmoins l'interpréter en
général dans ce savoir ; et il est possible de comprendre et de
89 | voir avec une évidence absolue ce qu'elle est selon son
essence intime et véritable – tel serait notre sixième point. Je
vous conduis à cette vision de la façon suivante : ce que nous
avons développé plus haut, au titre de notre quatrième point, à

l'effort pour élever tous les hommes à cette connaissance sont ce qu'a
présupposé et ce à quoi s'est efforcé de parvenir le christianisme ».

savoir que l'être-là est nécessairement une conscience avec tout ce qui s'y rattache [1], découlait du simple être-là comme tel et de son concept. Or, cet être-là lui-même *est*, reposant et demeurant sur soi – avant tout concept qu'il aurait de lui-même et qui ne peut être dissout dans le concept de lui-même qui est le sien, comme nous venons de le prouver en désignant cet être qui est le sien comme sa *vie* réelle perceptible de manière purement immédiate. Dès lors, d'où lui vient cet être complètement indépendant de tout son être découlant du concept qu'il a de lui-même et qui bien plutôt le précède, et le rend d'abord lui-même possible ? Nous l'avons dit : cet être est l'être-là vivant et vigoureux de l'absolu lui-même, qui seul, en effet, est en mesure d'être et d'être là, et en dehors duquel rien n'*est* ni n'*est là* véritablement. Or l'absolu, de même qu'il ne peut être que par soi-même, ne peut également être là que par soi-même : et puisque c'est lui-même qui doit être là, et rien d'étranger à sa place, dès lors qu'en effet rien d'étranger n'est en mesure d'être et d'être là en dehors de lui, il est là, purement et simplement tel qu'il est en lui-même, tout entier, non divisé, sans rien pour le soutenir, et sans variabilité ni mutation, comme unicité absolue, tel qu'il est aussi intérieurement. La vie réelle du savoir est dès lors, en sa racine, l'être et l'essence intimes de l'absolu lui-même, et rien d'autre ; et il n'y a aucune séparation entre l'absolu, ou Dieu, et le savoir à la racine de sa vie la plus profonde, mais tous deux se révèlent pleinement l'un dans l'autre.

Nous voici donc dès aujourd'hui parvenus à un point qui rend plus claires les affirmations que nous avons énoncées jusqu'ici, et qui illumine le chemin qui nous reste à faire. – On a

1. Cf. *supra*, p. [87] : « la *conscience* de l'être est la seule forme et le seul mode possible de *l'être-là* de l'être ».

pris soin d'empêcher au contraire que le moindre étant-là vivant – mais tout étant-là est, comme nous l'avons vu, nécessairement vie et conscience, et ce qui est mort et privé de conscience n'est pas même là –, se sépare entièrement de Dieu, et c'est là quelque chose de tout bonnement impossible, car c'est seulement par l'être-là de Dieu en lui qu'il est tenu dans l'être-là, et si Dieu pouvait disparaître et le quitter, lui-même disparaîtrait de l'être-là. Seulement, on ne voit cet être-là divin, aux degrés inférieurs de la vie spirituelle, que derrière des voiles opaques et sous l'aspect d'ombres confuses provenant de l'organe du sens spirituel par lequel on se voit et on voit l'être ; mais l'apercevoir clairement et sans voiles, et expressé-
90 ment comme vie et être-là divins, et | s'immerger avec amour et jouissance dans cette vie ainsi conçue, c'est là la vie véritable et ineffablement bienheureuse.

C'est toujours, disions-nous, l'être-là de l'être absolu et divin qui est là en toute vie ; par « toute vie » nous entendons ici la vie universelle selon la loi, comme nous l'appelions au début de cette séance, et qui dans cette mesure ne peut pas du tout être autre que ce qu'elle est précisément. Seulement, aux degrés inférieurs de la vie spirituelle des hommes, cet être divin ne se révèle pas en tant que tel pour la conscience : mais au point fondamental proprement dit de la vie spirituelle, cet être divin se révèle expressément en tant que tel à la conscience, tout comme il vient de le faire pour nous, selon notre présupposition. Mais s'il se révèle comme tel à la conscience, cela ne peut vouloir dire autre chose que le fait qu'il entre dans la forme, qui vient d'être déduite comme nécessaire, de l'être-là et de la conscience, dans une *image* et une *description* ou un *concept* qui ne se donne expressément que comme un concept et aucunement comme la chose même. Immédiatement, avec son être réel, et sans image, il est entré depuis toujours dans la vie effective de l'homme, mais sans être reconnu, et il continue d'y entrer de la sorte, même une fois la reconnaissance acquise, sauf qu'il y est encore reconnu aussi et par-dessus le marché dans l'image. Cette forme imagée, toutefois, est l'essence intime du penser, et le penser que nous considérons ici porte en particulier – en ce qu'il repose sur lui-même et se vérifie par lui-même (ce que nous avons appelé son évidence interne), le caractère de l'absoluité, et il s'éprouve par là comme penser pur, propre et absolu. Et il est dès lors établi de tous côtés que c'est seulement dans le penser pur que notre union avec Dieu peut être reconnue.

On a déjà rappelé, mais il faut encore insister expressément et recommander à votre attention que, tout comme l'être est seulement quelque chose d'un et non de multiple, de même qu'il est, de manière immuable et invariable, d'un seul coup tout entier, et qu'il est ainsi une unité intérieure absolue ; – de même aussi l'être-là ou la conscience, puisque cette conscience n'est en effet que par l'être et n'est que son être-là, est quelque chose d'un et d'unique absolument éternel, immuable et invariable. *Voilà ce qu'il en est* dans le penser pur avec une absolue nécessité, en soi – et *nous nous en tenons là*. Il n'y a absolument rien dans l'être-là en dehors du penser immédiat et vivant : – le *penser*, dis-je, mais en aucune façon *un pensant*, comme un matériau mort auquel le penser serait inhérent ; cette non-pensée, bien sûr, celui qui ne pense pas la fait valoir d'emblée ; – en outre, la vie réelle de ce penser qui est au fond la vie divine : l'un et l'autre, ce penser et cette vie réelle, fusionnent l en une unité organique interne, tout comme, **91** même à l'extérieur, ils sont une unité, une simplicité éternelle et une unicité invariable. Or, à l'encontre de cette dernière unité extérieure, naît toutefois l'apparence d'une multiplicité dans le penser, en partie du fait des différents sujets pensants censés exister, et en partie à cause de la série, elle-même infinie, des objets que le penser de ces sujets doit progressivement parcourir dans toute l'éternité. Cette apparence naît donc pour le penser pur aussi, et pour la vie bienheureuse en lui, et il n'est pas en mesure de supprimer cela, la présence de cette apparence ; mais ce penser ne croit en aucune façon à l'apparence, il ne l'aime pas non plus, ni n'essaie de jouir de soi-même en elle. À l'opposé, la vie inférieure croit, à tous les degrés inférieurs, à quelque apparence issue du multiple et dans le multiple, se disperse et s'éparpille parmi ce multiple, et cherche en lui le repos et la jouissance de soi, qu'elle ne trouvera pourtant jamais sur cette voie. – Puisse cette remarque éclairer, en un premier temps, la description de la vie véritable et de la vie seulement apparente que j'ai faite dans la première leçon. De l'extérieur, ces deux modes opposés de la vie se ressemblent assez ; tous deux gravitent autour des mêmes objets communs, qu'ils perçoivent de la même façon ; mais de l'intérieur, l'un et l'autre sont tout à fait différents. La vraie vie, en effet, ne croit pas du tout à la réalité de ce qui est multiple et changeant, mais elle croit tout entière et uniquement dans le fondement immuable et éternel de cette réalité dans l'essence divine ; avec tout son penser, son amour, son obéissance, la jouissance qu'elle a d'elle-même, elle est passée dans ce fondement et a fusionné immuablement avec lui ; à l'opposé, la vie apparente ne connaît ou ne saisit aucune unité, mais tient ce qui est multiple et périssable lui-même pour l'être vrai, et c'est en tant qu'il est périssable qu'elle s'y complaît. Cette même remarque nous impose, en un deuxième temps, la tâche d'indiquer le fondement propre en vertu duquel ce qui, d'après nous, est en soi radicalement Un et demeure Un dans le penser et la vie véritables, se transforme, dans l'apparition dont nous admettons pourtant pareillement le caractère factuellement indéracinable, en quelque chose de multiple et de changeant. Il s'agit à tout le moins de donner une indication exacte du fondement propre de cette transformation, dis-je, et de le notifier clairement, s'il s'avérait que la claire démonstration de ce fondement était inaccessible à l'exposition populaire. Le contenu de notre prochaine conférence consistera à établir ce fondement de la multiplicité et de la variabilité, en plus de l'application développée davantage de ce qui a été dit aujourd'hui, et c'est à cela que je vous invite très respectueusement.

|QUATRIÈME LEÇON

Honorable Assemblée[1],

Commençons notre considération d'aujourd'hui par un aperçu d'ensemble tant de ce que nous avons proprement en vue que de ce qui a déjà été accompli par nous dans cette intention.

Mon avis est que l'homme n'est pas destiné à la misère, mais qu'il peut au contraire avoir part à la paix, au repos et à la béatitude, – ici-bas déjà, partout et toujours, pour peu qu'il le veuille lui-même ; que toutefois cette béatitude ne peut lui être procurée par aucune puissance extérieure, ni par une action miraculeuse de cette puissance extérieure, mais qu'il doit l'accueillir lui-même de ses propres mains. La raison de toute misère parmi les hommes est leur dispersion dans le multiple

----

1. Séance du 9 février.

et le muable[1]; la condition unique et absolue de la vie bienheureuse est de saisir l'Un et l'Éternel avec jouissance et un fervent amour, alors même que cet Un bien sûr n'est saisi qu'en image, et que ce n'est pas nous, en aucune façon, qui, dans la réalité effective, devenons l'Un, ni ne pouvons nous transformer en lui.

La proposition qui vient d'être énoncée est celle-là même que je voulais, pour commencer, vous faire voir clairement et c'est de sa vérité que je voulais vous convaincre. – Notre intention est ici d'instruire et d'éclairer, car cela seul a une valeur durable, nullement de susciter une émotion fugitive ou d'éveiller pour un instant la fantaisie, cela disparaît en majeure partie sans laisser de traces. Il faut à présent, pour engendrer la connaissance claire que nous visons, les éléments suivants : tout d'abord que l'on conçoive l'être comme étant absolument de et par soi-même; comme Un, et comme immuable et invariable en soi. Or, cette connaissance de l'être n'est nullement une propriété exclusive de l'école, mais tout chrétien, pour peu qu'il ait joui en son enfance d'un enseignement religieux approfondi, a d'emblée reçu notre concept de l'être quand on lui a expliqué l'essence divine. Deuxièmement, il appartenait à cette vision que nous, les êtres intelligents, eu égard à ce que nous sommes en nous-mêmes, connaissons que nous ne sommes en aucune façon cet être absolu, mais que nous sommes néanmoins connectés à lui par la racine la plus intérieure de notre être-là, car autrement il nous serait absolument impossible d'être là. Cette dernière connaissance, particulièrement en ce qui concerne le comment de notre

---

1. Cf. *supra*, p. [64] : « la béatitude est, comme nous l'avons vu, de reposer et persister dans l'Un : la misère, c'est d'être dispersé à travers le multiple et le divers ».

connexion à la divinité, peut alors être plus ou moins | claire. **93**
Nous l'avons établie de la façon suivante, avec la plus grande
clarté qu'il est à notre avis possible d'atteindre lorsqu'on la
rend populaire : – rien n'est véritablement là au sens propre du
terme, en dehors de Dieu, si ce n'est – le *savoir* : et ce savoir est
l'être-là divin lui-même, absolument et immédiatement, et
dans la mesure où Nous sommes le savoir, nous sommes nous-
mêmes dans notre racine la plus profonde l'être-là divin. Tout
le reste, tout ce qui nous apparaît encore comme être-là – les
choses, les corps, les âmes, nous-mêmes en tant que nous nous
attribuons un être autonome et indépendant, – n'est pas du tout
véritablement ni en soi là ; tout cela n'est là au contraire, dans la
conscience et le penser, qu'en tant que conscient et pensé, et
absolument d'aucune autre manière. Telle est, dis-je, l'expression la plus claire par laquelle cette connaissance peut à
mon avis être mise à la portée des hommes de façon populaire.
S'il se trouvait toutefois quelqu'un qui ne puisse pas même
comprendre cela, voire, au cas où par exemple il ne pourrait
rien penser ou concevoir de ce qui concerne le comment de
cette connexion, cela ne signifierait nullement qu'il serait
exclu de la vie bienheureuse ni qu'il serait coupé d'elle. En
revanche, selon ma conviction absolue, la vie bienheureuse
requiert nécessairement ce qui suit : 1. que l'on ait en général
des principes et des hypothèses fermes au sujet de Dieu et de
notre rapport à Lui, qui ne flottent pas simplement dans notre
mémoire, comme l'est quelque chose d'appris par cœur, et
sans que nous y prenions part, mais qu'ils soient au contraire
vrais pour nous-mêmes et vivants et agissants en nous-mêmes.
Car c'est en cela justement que consiste la religion : et celui qui
n'a pas de tels principes et d'une telle façon, celui-là n'a
précisément pas de religion ; et, pour cette raison même, il n'a
pas non plus d'être ni d'être-là, – ni de Soi véritable en lui,

mais, au contact du multiple et du périssable, il ne fait que s'évanouir comme une ombre. 2. La vie bienheureuse requiert que cette religion vivante aille au moins jusqu'au point où l'on est intimement convaincu de son propre être-rien et de son être uniquement en Dieu et par Dieu, que l'on sente du moins constamment et sans interruption cette connexion et que cette dernière, s'il se faisait qu'elle ne soit pensée ni exprimée distinctement, soit néanmoins la source cachée et la raison déterminante secrète de toutes nos pensées, sentiments, élans et mouvements. – Que ceci soit immanquablement exigé en vue d'une vie bienheureuse, voilà notre conviction absolue, dis-je ; et nous exprimons cette conviction pour ceux qui d'ores et déjà présupposent la possibilité d'une vie bienheureuse, qui ont besoin d'elle ou de s'affermir en elle, et qui pour cela désirent entendre une initiation à ce sujet. Et malgré tout cela, nous pouvons non seulement fort bien souffrir que quelqu'un se débrouille sans religion et sans être-là véritable, sans tranquillité intérieure ni béatitude, et nous assure se tirer d'affaire à **94** merveille sans elles, ce qui peut être vrai ; nous sommes | même disposés à reconnaître, à accorder et à laisser à celui-ci tout l'honneur et toute la dignité possibles à laquelle il peut avoir part sans la religion. Nous reconnaissons franchement à chaque occasion que nous ne pouvons contraindre qui que ce soit et lui imposer notre connaissance, ni sous la forme spéculative, ni sous la forme populaire, et que, quand bien même cela serait en notre pouvoir, nous ne le voudrions pas.

Le résultat le plus déterminé de notre leçon précédente, avec lequel nous avons l'intention de renouer aujourd'hui, était le suivant : intérieur et caché en soi, Dieu non seulement Est, mais Il est aussi Là, et s'extériorise ; immédiatement, cependant, son être-là est nécessairement savoir, cette dernière nécessité pouvant être vue dans le savoir lui-même. Dans cet être-là qui est le sien, Il est alors là – comme cela est également nécessaire et doit être vu comme nécessaire – absolument tel qu'Il est en lui-même, sans se transformer d'aucune façon dans le passage de l'être à l'être-là, sans qu'il y ait de fossé ou de séparation ou quoi que ce soit de ce genre. Dieu est intérieurement en lui-même un et non plusieurs ; il est en lui-même identité, sans changement ni mutation ; comme il est Là exactement tel qu'Il Est en Lui-même, Il est aussi là en tant qu'un, sans changement ni mutation ; et comme le savoir – ou Nous – sommes cet être-là divin lui-même, en nous non plus, dans la mesure où nous sommes cet être-là, il ne peut se produire ni changement ou mutation, ni pluralité ou multiplicité, ni aucune séparation, distinction ou scission. – Il faut qu'il en soit ainsi, et il ne peut en être autrement : il en est donc ainsi.

Or, ce multiple, ces séparations, distinctions et scissions de l'être et dans l'être, qui, dans le *penser*, apparaissent avec évidence comme absolument impossibles, se trouvent pourtant dans la *réalité effective*, d'où résulte dès lors la tâche de lever cette contradiction entre la perception de la réalité effective et le penser pur, de montrer comment leurs affirmations en conflit l'une avec l'autre peuvent néanmoins subsister côte à côte et ainsi toutes deux être vraies, et de résoudre ce problème en montrant en particulier par où et en vertu de quel principe cette multiplicité s'introduit dans l'être, simple en soi. –

Tout d'abord et avant toute chose : qui est-ce qui soulève cette question du fondement du multiple ? Qui désire une vision dans ce fondement telle qu'elle lui permette d'apercevoir le multiple qui en procède et obtenir ainsi une vision dans le comment de la métamorphose et du passage ? Ce n'est nullement la croyance inébranlable et ferme. Celle-ci s'appréhende brièvement ainsi : n'est absolument que l'Un, l'immuable et

l'éternel, et rien en dehors de lui ; pour cette raison, rien de ce qui est muable et changeant n'est, c'est absolument certain, et son apparition est d'une façon non moins certaine une appa-
95 rence | vide ; cela, je le sais ; que je puisse ensuite expliquer cette apparence ou que je ne puisse pas l'expliquer, ma certitude n'en est pas plus affermie dans le premier cas qu'elle ne devient plus hésitante dans le second. Cette croyance repose inébranlablement dans le Que de sa vision, sans avoir besoin du Comment. Ainsi, par exemple, le christianisme, dans l'Évangile de Jean, de fait, ne répond pas à cette question ; il ne l'aborde même pas, ni ne s'étonne le moins du monde de la présence du périssable, dans la mesure où il a justement cette croyance ferme et présuppose que seul l'Un est et que le périssable n'est pas du tout. Si dès lors l'un d'entre nous partage cette croyance ferme, il ne soulèvera pas non plus cette question ; il n'aura donc pas davantage besoin de notre réponse et, relativement à la vie bienheureuse, il lui sera finalement indifférent de saisir notre réponse ou pas.

Mais celui qui soulève bien cette question, et à qui il faut une réponse lui permettant de parvenir jusqu'aux visions conditionnant l'engendrement d'une vie bienheureuse, – c'est celui qui a toujours cru seulement dans le multiple et ne s'est jamais encore élevé au pressentiment de l'Un, ou bien qui, ballotté entre les deux façons de voir, ne sait pas sur laquelle il doit solidement poser le pied, ni celle à laquelle, au contraire, il doit renoncer. C'est pour de telles personnes qu'il me faut répondre à la question posée et c'est elles qui ont besoin de saisir la réponse que je vais faire.

Voici la chose : dans la mesure où l'être-là divin est immédiatement son exister-là vivant et vigoureux, – exister-là[1], dis-je, désignant pour ainsi dire un acte de l'être-là, – il est pareil à l'être intérieur et est, pour cette raison, un invariable, immuable Un, tout à fait incapable de multiplicité. Dès lors, j'ai ici la double intention, d'une part, de mettre d'abord à la portée de quelques uns, d'une façon populaire, les connaissances disponibles, et, d'autre part, pour d'autres personnes ici présentes qui ont déjà obtenu ces connaissances ailleurs par la voie scientifique, de rassembler en un seul rayon et un seul point de lumière ce qu'ils ont aperçu autrefois de manière isolée ; c'est pourquoi je m'exprime avec la plus stricte précision – dès lors, voulais-je dire, le principe de la scission ne peut pas tomber immédiatement dans cet *acte* de l'être-là divin, il lui faut au contraire tomber *hors de cet acte*, de telle façon, toutefois, que ce dehors apparaisse avec évidence comme immédiatement rattaché à cet acte vivant et comme résultant nécessairement de lui : mais ce n'est en aucune façon en ce point que le fossé entre nous et la divinité et notre expulsion sans retour loin d'elle se trouvent renforcés. Je vous conduis à la vision de ce principe de la multiplicité comme suit :

| 1. Ce qu'est l'être absolu, ou Dieu, il l'est absolument et **96** immédiatement par soi et de soi : or, entre autres choses, il est aussi là ; il s'extériorise et se révèle : cet être-là – tel est le point qui importe –, cet être-là, il l'est pour cette raison aussi de soi et il ne l'est immédiatement que dans l'être de soi, c'est-à-dire dans la vie et le devenir immédiats. Dans son exister, il est présent avec toute sa force d'exister ; et c'est seulement dans cet exister vigoureux et vivant, qui est le sien, que consiste son

---

1. *Daseien.*

existence immédiate : et à cet égard, elle est tout entière, une, invariable.

2. C'est en cela, donc, que l'être et l'être-là sont complètement absorbés l'un dans l'autre, mélangés et mêlés l'un avec l'autre, car à son être de soi et par soi appartient son être-là, et cet être-là ne saurait avoir d'autre fondement : à l'inverse, tout ce qu'il est intérieurement et par son essence appartient à *son* être-là. Toute la différence, que nous avons exposée durant l'heure précédente, entre l'être et l'être-là, leur déconnexion, se montre ici comme n'étant que pour nous et seulement comme une conséquence de notre limitation : mais nullement comme étant en soi et immédiatement dans l'être-là divin.

3. En outre, je disais dans la leçon précédente : *dans le simple être-là*, l'être ne doit pas être mêlé avec l'être-là, mais il faut au contraire les distinguer l'un de l'autre, pour que l'être ressorte *en tant qu*'être et l'absolu *en tant qu*'absolu. Cette distinction et cet – *En tant que* des deux membres à distinguer sont tout d'abord en eux-mêmes séparation absolue, et le *principe* de toute séparation et toute multiplicité ultérieures, comme vous pourrez vous en rendre compte sous une forme concise de la manière suivante.

a) Tout d'abord, l'*En tant que* de l'un et l'autre ne nous livre pas immédiatement leur être, mais il ne livre que *ce* qu'ils sont, leur description et leur caractéristique : il nous les livre en image – et cette image qu'il en livre est une image mixte des deux, se compénétrant et se déterminant réciproquement ; chacun des deux ne pouvant en effet être conçu et caractérisé que par le second, en disant qu'il n'est pas ce qu'est l'autre, et inversement, que l'autre n'est pas ce qu'est celui-ci. – Avec cette distinction commencent le savoir et la conscience proprement dits – si vous voulez, et cela veut dire la même chose : l'opération de façonner, de décrire et de caractériser, de connaître de façon médiate, et de reconnaître au moyen justement du caractère et de la marque distinctive, et dans cet acte de distinguer réside le principe fondamental propre du savoir. (Il est pure relation ; la relation entre deux termes ne réside cependant ni dans l'un ni dans l'autre, mais entre les deux, et comme un | tiers, lequel indique la nature propre du savoir en tant qu'il est entièrement différent de l'être.) 97

b) Or, cet acte de distinguer survient dans l'être-là lui-même et c'est de lui qu'il vient ; or, comme l'acte de distinguer ne saisit pas immédiatement son objet, mais seulement le Quoi de cet objet et son caractère, de même l'être-là ne se saisit pas non plus immédiatement lui-même dans l'acte de distinguer, c'est-à-dire dans la conscience, mais il ne se saisit que dans l'image, dans le représentant. Il ne se conçoit pas immédiatement tel qu'il est, mais il ne se conçoit qu'à l'intérieur des limites qui résident dans l'essence absolue du concevoir. Exprimé de façon populaire : au tout début, nous ne nous concevons pas nous-mêmes comme nous sommes en soi : et si nous ne concevons pas l'absolu, la raison n'en est pas dans l'absolu, mais dans le concept lui-même, qui ne se conçoit pas non plus lui-même. S'il pouvait seulement se concevoir, il pourrait tout aussi bien concevoir l'absolu, car dans son être au-delà du concept, il est l'absolu lui-même.

c) C'est donc dans la conscience en tant qu'elle est un acte de distinguer que l'essence originaire de l'être et de l'être-là divin – subit une métamorphose. Or quel est le caractère fondamental absolument Un et invariable de cette métamorphose ? –

Songez à ce qui suit : le savoir, en tant qu'il est un acte de distinguer, consiste à caractériser ce qu'il a distingué ; toute caractérisation cependant présuppose par elle-même l'être et la présence fixe et au repos de ce que l'on est en train de caractériser. Ainsi, le concept fait que ce qui est en soi, immédiatement, la vie divine dans la vie, telle que nous l'avons aussi décrite plus haut, devient un être présent et fixe (l'école ajouterait : quelque chose d'objectif, mais qui lui-même fait suite au premier, et non pas l'inverse). Dès lors, *ce qui* est métamorphosé là, c'est la vie vivante ; et la *figure* qu'elle prend dans cette métamorphose est un être fixe et au repos, ou encore : la métamorphose de la vie immédiate en un être fixe et mort, est le caractère fondamental que nous recherchons pour cette métamorphose que le concept opère avec l'être-là. – Cette présence fixe est le caractère de ce que nous appelons le monde ; le concept, au moyen de la métamorphose, résultant de son caractère interne, de la vie divine en un être stable, est donc le véritable créateur du monde, et il n'y a un monde que pour le concept et dans le concept, en tant que l'apparition nécessaire de la vie dans le concept ; mais par-delà le concept, c'est-à-dire véritablement et en soi, il n'y a rien et il n'y aura rien, de toute éternité, que le Dieu vivant dans sa vitalité.

98 | d) Le monde s'est montré dans son caractère fondamental comme procédant du concept, lequel concept, à son tour, n'est rien que l'En tant que corrélatif à l'être et à l'être-là divins. Ce monde ne va-t-il pas alors prendre encore une forme nouvelle dans le concept, et le concept ne va-t-il pas prendre une autre forme en lui ? – cela s'entend avec nécessité, et de telle façon que la nécessité apparaît avec évidence.

Pour répondre à cette question, réfléchissez avec moi à la chose suivante : l'être-là se saisit lui-même, disais-je plus haut, dans l'image et avec un caractère qui le distingue de l'être. Cela, il le fait absolument de et par soi-même, et par sa propre force ; de plus, cette force apparaît à l'ordinaire observation de soi chaque fois que nous nous rassemblons en nous-mêmes, que nous faisons attention et dirigeons nos pensées sur un objet déterminé (l'expression technique pour nommer cette saisie autonome du concept par lui-même est la *réflexion*; et c'est ainsi que nous voulons continuer à la nommer). Si l'être-là et la conscience appliquent ainsi leur force, c'est parce qu'il doit y avoir un « en tant que » de l'être-là : mais ce « doit » lui-même est fondé immédiatement dans l'exister-là vivant de Dieu. Le fondement de l'autonomie et de la liberté de la conscience est évidemment en Dieu; mais précisément parce qu'il est en Dieu, et de ce fait et pour cette raison même, autonomie et liberté sont véritablement là et ne sont en aucune façon une vaine apparence. Par son propre – *être-là*, en conséquence de son essence intime, Dieu expulse son être-là en partie, c'est-à-dire dans la mesure où ce dernier devient conscience de soi, de Lui-même et le place en face de Lui comme véritablement autonome et libre : je ne voulais pas ici passer ce point sous silence puisqu'il résout le malentendu ultime et le plus profond de la spéculation.

L'être-là se saisit avec une force propre et autonome : c'était là la première chose que je voulais vous faire remarquer dans ce passage. Qu'advient-il alors pour lui au cours de cette saisie ? C'est là le second point vers lequel je souhaite orienter votre réflexion. Ne regardant dans un premier temps exclusi-vement que soi, en son être-présent, il lui advient immédiate-ment, dans cette énergique direction sur lui-même, de voir qu'il est ceci et cela, qu'il porte tel et tel caractère; c'est donc – telle est l'expression universelle que je vous prie de bien saisir – c'est donc dans la réflexion sur soi-même que le savoir se scinde par lui-même et par sa propre nature, dans la mesure où il n'est pas seulement évident à soi en général – ce qui ne ferait qu'un, mais où en même temps il est évident aussi en tant qu'il est ceci et cela, ce qui ajoute au premier terme le deuxième, quelque chose qui pour ainsi dire jaillit du premier, si bien que la véritable assise fondamentale de la réflexion se décompose en quelque sorte en deux morceaux. Telle est la loi fondamentale essentielle de la réflexion.

99 | e) Or, l'objet premier et immédiat de la réflexion absolue est l'être-là lui-même, qui, par la forme du savoir que nous avons déjà expliquée plus haut, s'est métamorphosé d'une vie vivante en un être fixe, ou en un monde : ainsi, le premier objet de la réflexion absolue est le monde. Il faut que ce monde, en conséquence de la forme interne de la réflexion telle que nous venons de la déduire, éclate dans cette réflexion et se scinde de telle sorte que le monde ou l'être-là fixe ressorte, globalement et en général, avec un caractère déterminé, et que, dans la réflexion, le monde universel s'engendre comme une *figure* particulière. Cela tient, ainsi qu'il a été dit, à la réflexion comme telle ; mais la réflexion, comme il a été dit également, est en elle-même absolument libre et autonome. Si donc on ne réfléchit pas, comme on peut très bien s'en abstenir en conséquence de la liberté, alors rien n'apparaît ; mais si, de réflexion en réflexion, on réfléchit à l'infini, comme cela peut bien arriver en conséquence de cette même liberté, *il faut* donc qu'à chaque nouvelle réflexion, le monde ressorte sous une figure nouvelle, et il faut que, dans un temps infini, lequel pareillement n'est engendré que par la liberté absolue de la réflexion, il change à l'infini et se figure et s'écoule comme une multiplicité infinie. – De même que le concept en général est apparu comme ce qui engendre le monde, le libre *factum* de la réflexion apparaît ici comme ce qui engendre la multiplicité, et une multiplicité infinie dans le monde, monde qui pourtant, en dépit de cette multiplicité, reste le même, parce que le concept en général reste Un et le même dans son caractère fondamental.

f) Et maintenant, rassemblez ce qui a été dit en un seul regard de la manière suivante : la conscience, ou encore, Nous-mêmes, – est l'être-là divin lui-même et ne fait absolument qu'un avec lui. Elle se saisit dès lors dans cet être et c'est par là qu'elle devient conscience ; et son être propre, ou encore l'être divin véritable, devient pour elle le monde. Qu'y a-t-il donc en cet état dans sa conscience ? Chacun répondra, je pense : le monde, et rien que le monde. Ou bien, est-ce qu'il n'y aurait pas aussi, dans cette conscience, la vie divine immédiate ? Chacun répondra, je pense : non, car la conscience ne peut absolument pas faire autrement que métamorphoser cette vie immédiate en un monde et, dès que la conscience est posée, cette métamorphose est posée en tant qu'accomplie ; et la conscience absolue est bien par elle-même l'accomplissement immédiat, et de ce fait non conscient à son tour, de cette méta-morphose. Mais alors, – où est donc cette vie divine immé-diate, qui, en son immédiateté, doit bien être la conscience ? Où a-t-elle donc disparu, | – puisque, de notre propre aveu, aveu **100** rendu absolument nécessaire par nos propositions, elle a été éliminée sans retour de la conscience du fait de son immédia-teté ? Nous répondons : elle n'a pas disparu ; elle est là au contraire et elle reste là seulement où elle peut être, dans l'être caché, et inaccessible au concept, de la conscience, dans ce qui seul porte la conscience et la maintient dans l'être-là, et la rend possible dans l'être-là. Dans la conscience, la vie divine se métamorphose sans retour en un monde fixe : mais en outre, toute conscience effective est un acte de réflexion ; or, l'acte de réflexion scinde irréversiblement le monde un en une infinité de figures, dont il est impossible de jamais achever la saisie et dont, par conséquent, seule une série finie entre dans la conscience. Je demande : où reste donc le monde un, fermé et achevé en soi, en tant qu'il est la réplique que nous venons précisément de déduire de la vie divine fermée en elle-même ? Je réponds : il reste là et là seulement où il est – non dans une réflexion isolée, mais dans la forme fondamentale absolue et une du concept, et ce n'est jamais dans la conscience immédiate effective que tu peux restituer cette forme, mais bien dans le penser qui s'élève au-dessus d'elle, et c'est pareillement dans ce même penser que tu peux restituer la vie divine restée loin en arrière et cachée plus profondément encore. Or, dans ce courant de la réflexion effective et de la configuration dans laquelle elle façonne le monde, qui s'écoule à travers d'incessantes variations, où reste donc l'être de la conscience, Un, éternel et invariable, absorbé dans l'être-là divin ? Il n'entre pas du tout dans cette alternance, mais ce n'est que son représentant, l'image, qui y entre.

De même que ton œil sensible est déjà un prisme dans lequel l'éther du monde sensible, en soi parfaitement égal à lui-même, pur et incolore, se diffracte sur les surfaces des choses en de multiples couleurs, – et que tu n'iras certes pas pour cela affirmer que l'éther, en et pour soi, est coloré, mais que c'est seulement dans et au contact de ton œil, et dans une action réciproque avec lui, qu'il se diffracte en couleurs : – et de même que tu es tout à fait incapable de voir l'éther sans couleur, et que tu peux fort bien le penser incolore, et qu'après que tu as connu la nature de ton œil et de ta vision (c'est à ce penser seul que tu accordes foi), – il te faut faire de même dans les choses du monde spirituel et avec la façon de voir de ton œil spirituel. Ce que tu vois, tu l'es éternellement toi-même ; mais tu ne l'es pas comme tu le vois, et tu ne le vois comme tu l'es. Tu l'es, immuable, pur, sans couleurs ni figure. Seule la réflexion, que tu es pareillement toi-même et dont tu ne peux pour cette raison jamais te séparer, – seule la réflexion **101** le diffracte pour toi en | figures et rayons infinis. Sache néanmoins que ce n'est pas en soi, mais seulement dans cette réflexion qui est la tienne en tant qu'elle est ton œil spirituel, par lequel seul tu peux voir, et en action réciproque avec cette réflexion, qu'il se trouve diffracté et figuré, et figuré comme un multiple; élève-toi au-dessus de cette apparence, – qu'il est aussi impossible d'éliminer dans la réalité effective que les couleurs dans ton œil sensible –, élève-toi au-dessus de cette apparence jusqu'au penser; laisse-toi saisir par lui, et désormais ce n'est plus qu'à lui que tu accorderas créance.

Tout ce que je viens de dire, voilà ce qu'à mon avis un exposé populaire doit produire pour répondre à la question suivante : puisqu'il faut bien que l'être en soi ne soit absolument qu'un, soit immuable et invariable, et apparaisse évident comme tel au penser, d'où sortent donc la variabilité et la muabilité qui viennent en lui et que la conscience effective y rencontre ? L'être, en tout cas, en soi, est Un, il est l'unique[1] être divin, et ce dernier seul est ce qui est véritablement réel en tout être-là et le reste de toute éternité. Cet être un se trouve scindé en une alternance infinie de figures à travers la réflexion qui, dans la conscience effective, lui est inséparablement unie. Cette scission est, comme il a été dit, absolument originaire et ne peut jamais être supprimée ni remplacée par quelque chose d'autre dans la conscience effective : ainsi, les figures effectives que ce qui est en soi réel a reçues à travers cette scission, on ne peut – les vivre et les éprouver de façon vivante que dans la conscience effective et de telle façon que l'on doive s'abandonner à elle tout en l'observant; mais elles ne se laissent inventer en aucune façon par la pensée ni par une déduction *a priori*. Elles sont expérience pure et absolue, qui n'est rien

---

1. *Einige.* Ici, « unique » renvoie davantage à unité qu'à unicité, et cette unité ne s'entend pas comme unité de la diversité.

qu'expérience, et aucune spéculation se comprenant seulement elle-même ne saurait s'aviser de les supprimer : de fait,
le matériau de cette expérience en chaque chose est ce qui
lui revient à elle seule de manière absolue et la caractérise
individuellement, et ce qui, dans le cours infini des temps, ne
peut jamais revenir ni avoir été là auparavant. Mais ce qui se
laisse fort bien déduire *a priori*, par la recherche des différentes lois de la réflexion, comme nous venons à l'instant d'en
établir l'unique loi fondamentale, – ce sont les propriétés
générales des figures de l'unique réel que la scission a fait
advenir, propriétés au regard desquelles naissent des classes et
des espèces accordées ; et c'est pour une philosophie systématique à la fois un devoir et une nécessité que de le faire d'une
façon absolument exhaustive et complète. Ainsi se laisse
déduire avec une pleine évidence la matière dans l'espace, se
laisse déduire le temps, se laissent déduire les systèmes fermés
des mondes, se laisse déduire la manière dont la substance qui
porte la conscience, qui en soi ne saurait être | qu'un, se scinde
en un système d'individus différents apparaissant même
comme autonomes, – et toutes les choses de cette espèce, on
peut les déduire de la loi de la réflexion. Toutefois, ces déduc-
tions sont davantage requises pour produire une vision
approfondie dans les sciences particulières que pour éveiller
une vie de béatitude en Dieu. Elles relèvent pour cette raison,
en tant que propriété exclusive, de l'exposé scientifique de la
philosophie et ne sont pas susceptibles de popularité ni ne la
requièrent. Par suite, c'est ici, au point que nous venons de
mentionner, que se tient la frontière entre science rigoureuse et
popularité. Nous voici, comme vous le voyez, parvenus à cette
frontière ; et, pour cette raison, l'on peut bien s'attendre à ce
que, désormais, notre considération descende peu à peu vers
ces régions, qui, du moins en ce qui concerne leurs objets, nous

étaient déjà connues auparavant et que nous avons abordées par moments déjà avec notre penser.

En dehors de la scission, aujourd'hui déduite, du monde advenu dans la conscience à partir de la vie divine en un monde variable à l'infini eu égard à sa figuration, moyennant la forme fondamentale de la réflexion, – il y a encore une autre scission du même monde, inséparablement reliée à la première, en une forme non pas infinie, mais quintuple, de la façon possible de le voir. Il nous faut établir aussi et vous faire connaître au moins de façon historique cette deuxième scission, ce qui aura lieu à la prochaine séance. C'est seulement après avoir terminé ces préparatifs que nous serons capables de saisir l'essence intime aussi bien que les apparitions extérieures de la vie véritablement bienheureuse, et, après que nous l'aurons saisie ainsi, nous serons capable de voir qu'elle participe à la béatitude, et de quelle béatitude il s'agit.

| Cinquième Leçon   **103**

Honorable Assemblée [1],

D'après ce que nous avons vu jusqu'ici, la béatitude consiste en l'union avec Dieu en tant que l'Un et l'absolu. Mais dans notre essence indéracinable, nous ne sommes que savoir, image et représentation; et même dans cette coïncidence avec l'Un, cette forme fondamentale qui est la nôtre ne peut disparaître. Même lorsque nous coïncidons avec lui, il ne

---

1. Séance du 16 février.

devient pas notre être le plus propre lui-même, mais il flotte seulement devant nous comme quelque chose d'étranger se trouvant en dehors de nous, auquel nous nous abandonnons tout simplement, en nous serrant contre lui avec un profond amour ; il flotte devant nous, en soi, en tant qu'il est sans figure et sans contenu, ne donnant pour soi aucun concept déterminé ni aucune connaissance de son essence intime, puisque, au contraire, il est seulement ce par quoi nous nous pensons et comprenons nous-mêmes et pensons et comprenons le monde qui est le nôtre. Après que nous avons trouvé abri en Dieu, nous ne perdons pas non plus le monde, il reçoit seulement une autre signification, et devient, d'un être pour soi, autonome (ce pour quoi nous le tenions auparavant), simplement l'apparition et l'extériorisation dans le savoir de l'essence divine en soi cachée. – Rassemblez ceci encore une fois en totalité comme suit. L'être-là divin, – son être-là, dis-je, en conséquence de la distinction que nous avons établie auparavant, son extériori-sation et sa révélation, – est, absolument par soi et de façon absolument nécessaire, *lumière*, c'est-à-dire la lumière intérieure, la lumière spirituelle. Cette lumière, demeurant laissée à elle-même, se disperse et se scinde en rayons multi-ples, en rayons infinis, et devient de cette façon, en chacun de ces rayons, étrangère à elle-même et à sa source originaire. Mais cette même lumière peut également, par elle-même, en sortant de cette dispersion, se rassembler à nouveau, se conce-voir comme une et se comprendre comme ce qu'elle est en soi, en tant qu'être-là et révélation de Dieu ; elle demeure certes aussi dans ce comprendre ce qu'elle est dans sa forme : – lumière, mais dans cet état et moyennant cet état lui-même, elle s'interprète comme n'étant *rien de réel* pour elle-même, mais comme étant seulement l'être-là de Dieu et la présentation qu'Il donne de soi.

Dans les deux dernières leçons, et en particulier dans la toute dernière, voici ce que nous nous efforcions tout particulièrement d'atteindre : regarder la métamorphose de ce qui en soi est le seul être possible, | immuable, en un autre être, et **104** de fait en un être multiple et muable, de sorte que nous soyons introduits au point où cette métamorphose se déroulerait sous nos propres yeux. Voilà ce que nous avons trouvé. Tout d'abord, par le caractère du savoir en général, en tant qu'il est une simple image d'un être présent et existant indépendamment de lui, ce qui est en soi et en Dieu vie et acte purs a été métamorphosé en un être au repos ou en un monde en général. Deuxièmement et en outre, la loi fondamentale de la réflexion, inséparable de tout savoir effectif, en ajoutant des caractères et des figures supplémentaires, a fait du monde, qui, pour le pur savoir, était simple, un monde particulier, un monde infiniment divers et se déversant en un courant à jamais interminable de nouvelles figurations. La vision qu'il s'agissait d'engendrer par là était à notre avis indispensable, non seulement au philosophe, mais aussi à la béatitude en Dieu – s'il est vrai que cette dernière ne réside pas seulement en l'homme à la manière d'un instinct et comme une obscure croyance, mais désire au contraire rendre raison de son propre fondement.

C'est là que nous en étions arrivés à la séance précédente, où nous affirmions pour conclure qu'à cette scission du monde à l'infini se fondant sur l'unique loi fondamentale de toute réflexion était inséparablement liée encore une autre scission, dont nous aurions en ce lieu à fournir, sinon la déduction, du moins une situation et une description historiques claires. Cette nouvelle et seconde scission, je la saisirai ici en général sans considérations plus profondes que ce qui suit. D'abord, elle diffère dans son essence intérieure de la scission que nous avions déduite dans la séance précédente et que nous venons à l'instant de mentionner à nouveau, – en ce que celle-ci, par la forme du savoir en général, scinde et divise immédiatement le monde statique, né de la vie divine ; en revanche, la scission que nous avons maintenant à considérer scinde et divise non pas immédiatement l'objet, mais seulement la réflexion sur l'objet. Celle-là est une scission et une division dans l'objet même ; celle-ci est seulement une scission et une division dans la façon de voir l'objet, donnant, non pas comme celle-là des objets en soi différents, mais seulement différentes manières de regarder intérieurement, de prendre et de comprendre le monde qui demeure un. Deuxièmement, il ne faut pas négliger le fait que ces deux scissions, ne prennent pas la place l'une de l'autre en pouvant se soumettre ainsi à un refoulement réciproque, mais que l'une et l'autre – sont inséparables et sont ainsi d'un coup, comme l'est en général seulement la réflexion, dont elles sont les formes invariables : – qu'ainsi les résultats de l'une et de l'autre s'accompagnent de manière inséparable et progressent l'un à côté de l'autre. – Le résultat de la première scission est, comme nous l'avons montré dans le discours précédent, l'infinité ; le résultat de la seconde est, comme nous **105** | le mentionnions alors, une quintuplicité, de sorte que l'inséparabilité que nous affirmons maintenant des deux scissions doit être comprise de telle sorte que toute l'infinité qui reste et qui ne peut jamais être supprimée, peut être regardée, dans son infinité, d'une quintuple façon, et, qu'à son tour, chacune des cinq façons possibles de voir le monde, scinde pourtant à nouveau le monde un en quelque chose d'infini. Et voilà donc comment vous rassemblez tout ce qui vient d'être dit en une seule vue globale : dans le voir spirituel, ce qui en soi est vie divine devient un *vu*, c'est-à-dire quelque chose de présent, d'achevé, ou encore un monde. Tel serait notre premier point. Or, ce voir est toujours un acte, nommé réflexion et, par cet acte, en partie en tant qu'il va vers son objet, le monde, en partie en tant qu'il va vers lui-même, devient ce monde scindé en un quintuple infini ou, ce qui veut dire la même chose, en une infinité quintuple. Ce qui serait notre deuxième point. Pour en rester tout d'abord à la seconde division comme à l'objet propre de notre considération d'aujourd'hui, faisons à son sujet encore les remarques générales suivantes.

Cette scission, comme on l'a déjà mentionné, ne donne pas une division dans l'objet, mais seulement une division, une diversité et une multiplicité dans la façon de voir l'objet. – La pensée qui semble s'imposer est que cette diversité, non pas de l'objet, mais de la façon de voir l'objet, qui, lui, demeure partout le même, peut reposer seulement dans l'obscurité ou la clarté, la profondeur ou la superficialité, le caractère complet ou incomplet de cette façon de voir le monde, qui, lui, demeure un. C'est ainsi, en tout cas, que les choses se passent : ou, pour me rattacher à quelque chose que j'ai déjà exposé ici et pour mieux faire comprendre le sujet actuel par ce qui précède, tout comme inversement ce qui précède par le sujet actuel, les cinq façons mentionnées de prendre le monde sont la même chose que ce que j'ai appelé, dans la troisième leçon[1], les différents degrés de développement et niveaux possibles de la vie spirituelle intérieure –, quand je disais qu'il en allait en règle générale de la progression de la vie spirituelle consciente et libre qui nous appartient au sens propre comme de la progression de la mort physique, et que la première, comme la dernière, commence par les membres les plus éloignés et ne s'avance, en partant d'eux, que peu à peu jusqu'au point central. Ce que, dans l'image dont je me servais alors, j'ai appelé les ouvrages

1. Cf. *supra*, p. [81].

périphériques de la vie spirituelle sont, dans le présent exposé, les façons les plus basses, les plus obscures et les plus superficielles parmi les cinq façons possibles de prendre le monde, et ce que j'ai nommé les parties nobles de la vie, et son cœur, ce sont les modes élevés et clairs, lui, le cœur, étant le plus élevé et le plus clair de tous.

Certes, aussi bien selon notre analogie d'autrefois que selon notre présent exposé, dans le cours habituel de la vie et 106 en | règle générale, l'homme ne s'élève à un mode supérieur d'interprétation du monde, qu'après s'être reposé quelque temps dans un mode inférieur; cependant, ce n'est pas une raison pour nier d'emblée, c'est au contraire un motif de méditer expressément et de maintenir que cette pluralité de façons de voir le monde est une scission véritable et originaire, au moins dans la faculté qu'a l'homme de prendre le monde. Comprenez-moi bien : ce n'est pas premièrement dans le temps qu'adviennent ces façons supérieures de voir le monde, ni de telle sorte que celles qui leur sont absolument opposées les aient d'abord engendrées et rendues possibles; mais elles sont là de toute éternité dans l'unité de l'être-là divin, comme des déterminations nécessaires de la conscience une, quand bien même aucun homme ne les aurait saisies; et aucun de ceux qui les saisissent ne peut les inventer ni les engendrer par le penser, il ne peut que les trouver et se les approprier. Mais, deuxièmement, cette progression graduelle n'est que le cours habituel et la règle qui, sans nul doute, ne vaut pas sans exception. Comme par miracle, quelques enthousiastes et privilégiés se trouvent, de naissance et par instinct, sans qu'ils le sachent, en un point de vue supérieur de la façon de voir le monde, et ils ne sont pas plus compris par leur entourage que ceux-ci, de leur côté, ne peuvent les comprendre. C'est dans ce cas que se sont trouvés, depuis le commencement du monde, tous les religieux, les sages, les héros, les poètes, et c'est par eux qu'est venu dans le monde tout ce qui s'y trouve de grand et de bon. À l'inverse, d'autres individus et, là où la contagion devient vraiment dangereuse, des âges entiers de l'histoire des hommes, à de rares exceptions près, sont – par ce même instinct que l'on ne peut expliquer davantage – rejetés dans la façon de voir commune et se trouvent enlisés en elle, de telle façon que même l'enseignement le plus clair et le plus évident ne les amène pas à lever, ne fût-ce qu'un seul instant, les yeux du sol et à saisir quoi que ce soit d'autre que ce qui se laisse saisir avec les mains.

Voilà en général pour ce qui concerne la nouvelle division indiquée dans la manière de considérer le monde un : passons à présent à l'établissement des différents membres de cette division !

La première façon de prendre le monde, la plus basse, la plus superficielle et la plus confuse, consiste à tenir pour monde et comme étant effectivement là ce qui tombe sous les sens externes : tenir cela pour ce qu'il y a de suprême, véritable et subsistant pour soi. Cette façon de voir a aussi été décrite abondamment dans nos leçons, en particulier dans la troisième, où elle a été caractérisée, pour autant qu'il m'apparaît, distinctement, et alors déjà, il suffisait d'un signe en direction de la surface des choses, pour montrer assez tout ce qu'elle a de mauvais et de plat. Que ce soit pourtant là la façon de voir de nos philosophes [1] et de l'époque formée à leur école, | cela fut **107** pareillement reconnu : comme il fut aussi montré en même temps que cette façon de voir ne réside aucunement dans leur

---

1. *Weltweisen*. Fichte désigne par ce terme les défenseurs de l'*Aufklärung*, notamment ceux qui s'exprimaient dans la *Neue allgemeine deutsche Bibliothek*.

logique – puisque cette façon de voir porte très généralement la contradiction à la face de toute logique – mais dans leur amour. Je ne peux m'arrêter à cela plus longtemps, car dans ces leçons également il nous faut avancer et pour cela laisser derrière nous certaines choses comme définitivement réglées. Si dès lors quelqu'un persiste dans son idée et continue à dire que ces choses existent pourtant bien avec évidence, qu'elles sont réelles et véritables, car c'est un fait qu'il les entend et qu'il les voit, etc., alors qu'il le sache : nous ne nous laisserons pas induire en erreur par son assurance impudente, ni par la fermeté de sa croyance, mais nous en resterons une fois pour toutes à notre réponse catégorique, nette et qu'il faut prendre entièrement à la lettre : non, ces choses n'existent pas, précisément parce qu'elles sont visibles et audibles, et qu'il sache enfin qu'avec une personne comme lui, en tant qu'absolument inapte à la compréhension et à l'enseignement, il nous est parfaitement impossible de continuer à parler.

La deuxième façon de voir, provenant de la scission originaire de toutes les façons possibles de voir le monde, est celle où l'on saisit celui-ci comme une loi de l'ordre à tenir et du droit égal à respecter dans un système d'êtres raisonnables. Comprenez ce que je dis exactement tel que les mots le disent. Une loi, plus précisément une loi qui établit un ordre et une égalité pour la liberté d'une pluralité d'hommes, est pour cette façon de voir ce qui est proprement réel et qui subsiste pour soi-même, ce par quoi le monde commence et ce en quoi il a sa racine. Si quelqu'un devait ici se demander avec étonnement comment donc une loi qui, pour reprendre l'expression dont une personne de ce genre se servirait, est un simple rapport et seulement un concept d'abstraction, peut être tenue pour quelque chose d'autonome, son étonnement lui viendrait uniquement de ce qu'il ne peut rien saisir comme réel, sinon la matière visible et sensible, et il ferait alors partie de ceux avec qui nous ne parlons pas. Une loi, dis-je, est, pour cette façon de voir le monde, la première chose qui seule *est* véritablement là et par laquelle seulement toute autre chose qui *est* là est *là*. Pour elle la liberté, un genre humain, ne sont présents que de façon seconde, uniquement parce qu'une loi donnée à la liberté pose nécessairement une liberté et des êtres libres, et l'unique raison et preuve de l'autonomie de l'homme est, dans ce système, la loi morale se révélant dans son intériorité. Un monde sensible, enfin, vient pour elle en troisième lieu ; celui-ci n'est que la sphère de l'agir libre des hommes ; il est présent du fait qu'un agir libre pose nécessairement les objets de cet agir. En ce qui concerne les sciences procédant de cette façon de voir, en fait partie non seulement la doctrine du droit, en tant qu'elle établit les rapports juridiques entre les hommes, mais aussi la doctrine commune des mœurs qui vise seulement à ce que personne ne commette d'injustice à l'égard d'autrui et à ce que chacun s'abstienne de faire ce qui est contraire au devoir, que cela | soit **108** ou non interdit par une loi expresse de l'État. Si l'on puise à la façon habituelle de voir la vie, il n'est pas possible de produire d'exemples de cette façon de voir le monde, parce que celle-ci, enracinée qu'elle est dans la matière, ne s'élève même pas jusqu'à elle ; mais, dans la littérature philosophique, c'est *Kant* qui est, si l'on ne suit pas son parcours philosophique au-delà de la *Critique de la raison pratique*, l'exemple le plus pertinent et le plus conséquent de cette façon de voir ; – le caractère propre de cette façon de penser, que nous exprimions plus haut en disant que la réalité et l'autonomie de l'homme n'est prouvée que par la loi morale qui commande en lui et que c'est

seulement par là qu'il devient une sorte d'en soi, Kant
l'exprime par les mêmes mots[1]. – Pour notre part, dans notre
traitement de la doctrine du droit et de la doctrine des mœurs,
nous avons aussi indiqué, développé et exprimé, pour autant
que nous sachions, non sans énergie, cette façon de voir le
monde, jamais certes comme la façon de voir suprême, mais
comme le point de vue fondant ces deux disciplines : à ceux
qui, à notre époque, s'intéressent de plus près à ce qui a été dit,
les cas exemplaires de la deuxième façon de voir le monde
ainsi décrite ne peuvent donc manquer. Au reste, il n'y a pas
lieu de parler ici, où nous avons seulement affaire aux objets,
de la disposition intérieure purement morale selon laquelle on
n'agit que pour la loi, disposition qui a lieu même dans la
sphère de la moralité inférieure et dont l'injonction n'a été
oubliée ni par Kant ni par nous.

Je veux ajouter tout de suite, et là où elle peut être faite avec
le plus de clarté, une remarque générale qui vaut également
pour tous les points de vue suivants. En effet, pour avoir en
général un point de vue solide dans sa façon de voir le monde, il
faut que l'on pose ce qui est réel, ce qui est autonome et est la
racine du monde dans – un unique point fondamental, déterminé et immuable, à partir duquel on déduit le reste seulement
109 en tant qu'il | participe à la réalité du premier et seulement
en tant que posé de façon médiate, au moyen de ce premier
point fondamental : c'est exactement comme cela que nous
avions déduit plus haut, au nom de la deuxième façon de voir
le monde, le genre humain comme le deuxième élément et
le monde sensible comme le troisième, à partir de la loi

1. *Cf.* I. Kant, *Critique de la raison pratique*, Riga, Hartknoch, 1788, p. 5
et p. 126.

ordonnatrice constituant le premier terme[1]. Mais il ne convient nullement de mélanger et d'amalgamer les réalités et, par exemple, de vouloir attribuer au monde sensible la sienne, sans pour autant contester du même coup au monde moral sa réalité, comme ceux qui sont tout à fait confus cherchent parfois à régler ces questions. De tels hommes n'ont rien de fixe dans le regard et n'ont aucune direction précise pour leur œil spirituel, mais ils louchent constamment vers le multiple. Bien plus excellent qu'eux est celui qui s'en tient résolument au monde sensible et qui nie tout le reste au-dehors, car, bien qu'il soit aussi court de vue qu'eux, il est pourtant, encore au-delà de ça, tout aussi lâche et sans courage. – En somme : une façon supérieure de voir le monde ne tolère pas que continue à subsister à côté d'elle la façon de voir inférieure, mais toute façon de voir supérieure détruit celle qui lui est inférieure, – en tant que façon de voir absolue et point de vue, et elle se la subordonne.

La troisième façon de voir le monde est celle issue du point de vue de l'éthicité vraie et supérieure. Il est nécessaire de rendre compte de manière très précise de ce point de vue presque entièrement caché à notre époque. – Pour lui aussi, comme pour le deuxième point de vue qui maintenant a fait l'objet d'une description, une loi pour le monde des esprits est ce qu'il y a de plus haut, de premier et d'absolument réel, et sur ce point les deux façons de voir s'accordent. Mais la loi du troisième point de vue n'est pas uniquement, comme celle du deuxième, une loi qui *ordonne* ce qui est présent, mais bien plutôt une loi qui *crée*, dans ce qui est présent, le nouveau et

1. On trouvera démontrée la nécessité de ces points de vue dans la *Wissenschaftlehre nova methodo 1796-1797* aux paragraphes § 13, 18 et 19 (cf. *Gesamtausgabe, op. cit.*, 1978, Bd. IV, 2, p. 145sq et p. 241*sq.*)

l'absolument non présent. Celle-là est seulement négative, elle ne fait que supprimer le conflit entre les différentes forces libres et instaure équilibre et repos ; celle-ci désire armer à nouveau d'une vie nouvelle la force ainsi mise au repos. Elle s'efforce, pourrait-on dire, non pas simplement comme celle-là, vers la *forme* de l'idée, mais vers l'idée *qualitative* et *réale* elle-même. Son but peut être indiqué brièvement comme suit : en celui qui est saisi par elle et, à travers lui, dans d'autres, elle veut faire de l'humanité, dans la réalité effective, ce qu'elle est selon sa destination, à savoir la copie, la reproduction fidèle et la révélation de l'essence intérieure de Dieu. – Les étapes de la déduction propre à cette troisième façon de voir le monde sont par conséquent, eu égard à la réalité, les suivantes : ce qui est véritablement réel et autonome est pour elle le sacré, le bien, le beau ; la deuxième étape est, pour elle, l'humanité en tant qu'elle est destinée à présenter tout cela en soi ; la loi ordonnatrice en celle-ci, prise comme la troisième étape, est pour elle seulement le moyen de la mettre au repos intérieur et extérieur en vue de sa vraie destination ; enfin le monde sensible, comme quatrième étape, est pour elle purement et simplement la sphère pour la liberté et la moralité extérieures et intérieures, inférieures et supérieures : – purement et simplement la sphère pour la liberté, dis-je, ce qu'elle est et demeure à 110 tous les | points de vue supérieurs, sans jamais pouvoir acquérir une autre réalité.

Des cas exemplaires de cette façon de voir se trouvent dans l'histoire des hommes, – mais à vrai dire seulement pour celui qui a l'œil pour les découvrir. C'est par la moralité supérieure seulement et par ceux qu'elle a saisis que la religion, et en particulier la religion chrétienne, que sagesse et science, législation et culture, – que l'art, que tout ce que nous possédons de bon et de digne de considération, sont venus dans le monde. En littérature, on ne trouve, excepté chez les poètes, que peu de traces, et dispersées, de cette façon de voir le monde : parmi les philosophes anciens, Platon peut en avoir eu un pressentiment ; parmi les modernes, Jacobi effleure parfois cette région [1].

La quatrième façon de voir le monde est issue du point de vue de la religion ; si cette façon de voir procède de la troisième qui vient d'être décrite et si elle lui est unie, il faudrait la décrire comme la claire connaissance que ce sacré, ce bon et ce beau, ne sont en aucun cas produits par nous, ni par un esprit, une lumière ou un penser, qui ne sont en soi qu'insignifiants – mais qu'ils sont immédiatement l'apparition de l'essence intime de Dieu en Nous en tant que nous sommes la lumière, – ils sont son expression et son image, entièrement et absolument, sans qu'on n'ait rien enlevé, de la façon même dont son essence intérieure peut apparaître dans une image. Cette façon de voir, la façon de voir religieuse, est précisément cette vision à l'engendrement de laquelle nous avons travaillé dans les leçons précédentes et que nous pouvons exprimer, dans la connexion de ses propositions fondamentales, avec plus de force et de précision, de la façon suivante : 1) Dieu seul est, et il n'est rien en dehors de lui : proposition facile à comprendre, me semble-t-il, et qui est la condition exclusive de toute façon de voir religieuse. 2) En nous exprimant de cette manière : Dieu est, nous avons un concept parfaitement vide ne délivrant absolument aucune explication sur l'essence intime de Dieu. Que voulez-vous que nous répondions avec ce concept à la question : *qu'*est-ce donc que Dieu ? – Le seul ajout possible, à

1. *Cf.* la lettre du 8 mai 1806 par laquelle Fichte envoie un exemplaire de l'*Anweisung* au philosophe de Pempelfort (*Gesamtausgabe*, *op. cit.*, Bd. III, 5, p. 355).

savoir qu'Il est absolu, de soi, par soi, en soi, n'est lui-même
que la forme fondamentale de notre entendement, présentée en
lui, et n'énonce rien de plus que notre manière de le penser; en
outre, elle ne le fait que de façon négative et comme nous ne
devons pas le penser, c'est-à-dire que nous ne devons pas
le déduire d'une autre chose, comme lorsque, contraints
111 par l'essence de notre entendement, | nous procédons avec
d'autres objets de notre penser. *Ce* concept de Dieu est par
conséquent une ombre de concept dépourvue de contenu, et en
disant : Dieu est, Il n'est précisément pour nous intérieurement
rien et Il devient justement, par ce dire même, rien. 3. Mais,
comme je me suis empressé de le montrer dans la discussion
qui précède, hors de cette ombre de concept vide, dans sa vie
effective, vraie et immédiate, Dieu entre en nous, ou, exprimé
plus rigoureusement, nous-mêmes sommes cette vie immédiate qui est la sienne. – De cette vie divine immédiate, nous ne
savons certes rien, et comme, toujours selon notre affirmation,
nous ne pouvons saisir dans la conscience que l'être-là que
nous avons en propre et qui nous appartient, cet être qui est le
nôtre *en Dieu* peut bien, à sa racine, toujours être le nôtre, il
nous reste néanmoins éternellement – étranger, et ainsi, en
effet et en vérité, *pour nous-mêmes*, ce n'est pas notre être :
grâce à cette vision nous ne sommes en rien devenus meilleurs
et de Dieu nous restons aussi éloignés que jamais. – Nous ne
savons rien de cette vie divine immédiate, disais-je, car, dès le
premier battement de la conscience, elle se métamorphose en
un monde mort, qui se divise en outre en cinq points de vue de
la façon possible de le voir. Ce peut bien être toujours Dieu
Lui-même qui vit derrière toutes ces figures, nous ne le voyons
pas, nous ne voyons jamais que son enveloppe; nous le voyons
en tant que pierre, herbe, animal, – nous le voyons, si nous nous
élançons plus haut, comme loi de la nature, comme loi morale,

et pourtant tout cela n'est toujours pas Lui. Toujours, pour nous, la forme enveloppe l'essence ; toujours, notre voir lui-même nous couvre l'objet, et notre œil lui-même fait obstacle à notre œil. – À toi qui te plains, je dis : élève-toi seulement au point de vue de la religion et toutes les enveloppes disparaîtront ; le monde passera pour toi en même temps que son principe mort, et la divinité même entrera à nouveau en toi, dans sa forme première et originaire, en tant que vie, en tant que ta propre vie, celle que tu dois vivre et celle que tu vivras. Il ne reste plus en toi que la forme une, impossible à éliminer, de la réflexion, l'infinité de cette vie divine, alors qu'en Dieu bien sûr elle est seulement une ; mais cette forme ne t'opprime pas, car tu la désires et tu l'aimes, elle ne t'égare pas, car tu peux l'expliquer. Dans ce que fait le saint, dans ce qu'il vit et dans ce qu'il aime, Dieu n'apparaît plus dans l'ombre ou recouvert d'une enveloppe, mais dans sa vie propre, immédiate et vigoureuse ; et la question : *Qu'*est-ce que Dieu, à laquelle il était impossible de répondre à partir de l'ombre du concept vide de Dieu, trouve ici la réponse suivante : il *est* ce que *fait* l'homme qui se voue à Lui et qui est enthousiasmé par Lui[1]. Veux-tu regarder Dieu | face à face tel qu'Il est en lui-même ? Ne le **112** cherche pas au-delà des nuages ; tu peux le trouver partout où tu es. Regarde la vie de ceux qui se vouent à Lui et tu Le regarderas ; toi-même, voue-toi à Lui et tu Le trouveras en ton sein.

Telle est, honorable assemblée, la façon de voir le monde et l'être, du point de vue de la religion.

---

1. Cf. *Über das Wesen des Gelehrten* (1806), *Gesamtausgabe*, *op. cit.*, 1991, Bd. I, 8, *Werke 1801-1806*, p. 77 : « ce que fait l'homme divin est lui-même quelque chose de divin ».

La cinquième et dernière façon de voir le monde est celle qui est issue du point de vue de la science. Je dis, de *la* science, une, absolue et achevée en elle-même. La science saisit tous ces points de la métamorphose de l'Un en quelque chose de multiple et celle de l'absolu en quelque chose de relatif, complètement dans leur ordre et dans les rapports qu'ils ont entre eux ; elle a le pouvoir partout, et en se plaçant à chaque point de vue, de reconduire selon la loi chaque multiple à l'unité, ou de déduire, à partir de l'unité, chaque multiple : c'est ainsi que nous avons développé sous vos yeux les traits fondamentaux de cette science dans cette leçon et dans les deux dernières. La science va au-delà de la vision, accordée déjà par la religion, selon laquelle absolument tout multiple est fondé dans l'Un et doit y être reconduit, et elle va jusqu'à la vision du Comment de cette connexion : et ce qui pour la religion n'est qu'un *factum* absolu trouve par elle une genèse. La religion, privée de science, est au fond une simple croyance, ce qui ne l'empêche pas par ailleurs d'être inébranlable : la science supprime toute croyance et la métamorphose en un regarder. – C'est seulement par souci d'exhaustivité que nous indiquons ce point de vue scientifique, nullement parce qu'il serait nécessaire à notre but proprement dit : c'est pourquoi il nous suffira d'ajouter ce qui suit à son sujet. La vie bienheureuse et bienheureuse en Dieu n'est certes aucunement conditionnée par ce point de vue ; néanmoins, l'exigence de réaliser cette science en nous et dans les autres, relève du domaine de la moralité supérieure. L'homme véritable et accompli doit être entièrement clair en lui-même, car la clarté universelle et parfaite appartient à l'image et à la reproduction de Dieu. Mais, de l'autre côté, naturellement, personne ne peut s'imposer cette exigence si elle ne lui a pas d'abord été adressée sans qu'il y soit pour rien et si ce n'est pas de cette façon-là qu'elle lui est elle-même devenue claire et compréhensible.

Il faut encore faire la remarque suivante à propos des cinq points de vue que nous venons de signaler et c'est ainsi que nous pourrons achever l'image du religieux.

Les deux points de vue que nous avons nommés en dernier, le point de vue scientifique aussi bien que le religieux, sont des points de vue où il ne s'agit que de considérer et de contempler, et où il ne s'agit nullement d'être actif et pratique en soi. Ils sont une simple façon de voir fixe et au repos qui demeure intérieure dans le | cœur, mais sans jamais pousser à aucun agir **113** et sans jamais se manifester en lui. Le troisième point de vue, en revanche, celui de la moralité supérieure, est pratique et pousse à un agir. J'ajoute maintenant : la religion véritable, bien qu'elle élève à sa sphère l'œil de celui dont elle s'est emparé, maintient néanmoins sa vie dans le domaine de l'agir, et de l'agir authentiquement moral. Une religiosité effective et vraie ne se contente pas seulement de considérer et de contempler, elle ne se contente pas de ruminer des pensées dévotes, elle est au contraire nécessairement active. Elle consiste, comme nous l'avons vu, en la conscience profonde que Dieu, en nous, vit effectivement, est actif et parachève son œuvre. Si dès lors il n'y a en nous en général aucune vie effective, s'il ne sort de nous aucune activité et si aucune œuvre n'apparaît comme venant de nous, alors Dieu n'est pas non plus actif en nous. Notre conscience d'être unis à Dieu est alors trompeuse et vaine ; elle est une ombre vide d'un état qui n'est pas le nôtre ; peut-être est-ce la vision générale mais morte qu'un tel état est possible et qu'elle est peut-être effective chez d'autres, mais nous n'y avons pas la plus petite part. Nous sommes séparés du domaine de la réalité et nous retrouvons bannis dans celui de l'ombre du concept vide. Ce dernier domaine est celui de l'exaltation et de la rêverie parce qu'aucune réalité ne leur correspond, et cette exaltation est l'une des tares du mysticisme évoqué auparavant et que nous avions opposé à la vraie religion[1]; c'est l'activité vivante qui distingue la vraie religiosité de cette exaltation. La religion n'est pas un simple rêve dévot, disais-je : la religion n'est absolument pas une affaire existant pour elle-même, à laquelle on pourrait se consacrer à part des autres affaires, par exemple certains jours à certaines heures; elle est au contraire l'esprit intérieur qui pénètre, anime et absorbe en elle tout notre penser et tout notre agir, qui, quant à eux, vont leur chemin sans s'interrompre. – On ne peut séparer de la religion le fait que la puissance et la vie divines vivent effectivement en nous, disais-je. Mais, contrairement à ce qui pourrait paraître si l'on s'en tenait à ce qui a été dit concernant le troisième point de vue, ce n'est pas du tout la sphère dans laquelle on agit qui importe. Celui que sa connaissance élève vers les objets de la moralité supérieure, celui-là, si la religion s'empare de lui, vivra et agira dans cette sphère, parce que telle est sa vocation propre. Celui qui a une vocation inférieure verra cette vocation même sanctifiée par la religion, et si elle ne lui donne pas ce qui est matériel dans la moralité supérieure, il en recevra néanmoins la forme, laquelle moralité

114 n'exige rien de plus que de reconnaître et d'aimer | notre affaire en tant qu'elle est la volonté que Dieu a en nous et pour nous. De sorte que si quelqu'un cultive son champ avec cette foi ou pratique avec fidélité le travail manuel le plus humble, un tel homme est plus heureux et plus élevé que quiconque sans cette foi, à supposer que ce fût possible, qui ferait le bonheur de l'humanité pendant des milliers d'années.

1. Cf. *supra*, p. [75] *sq.*

Telle est donc l'image et l'esprit intérieur du véritable religieux : – il ne saisit pas son monde, l'objet de son amour et de son effort, en tant qu'il serait une jouissance comme une autre : non que la mélancolie ou une crainte superstitieuse lui fassent penser que la jouissance et la joie soient une sorte de péché, mais parce qu'il sait qu'aucune jouissance ne peut lui accorder une joie effective. Il saisit son monde comme un *faire*, et lui seul le vit, précisément parce que ce faire est son monde, et c'est seulement en lui qu'il peut vivre et qu'il trouve toute jouissance de lui-même. Ce faire, inversement, ce n'est pas pour que son succès devienne effectif dans le monde sensible, qu'il le veut ; et, de fait, ce n'est pas du tout le succès ou l'insuccès qui le préoccupe, au contraire il vit seulement dans le faire purement comme faire : mais il le veut parce que c'est la volonté de Dieu en lui et c'est sa part, personnelle et propre, dans l'être. Ainsi s'écoule sa vie, toute pure et simple, ne connaissant, ne voulant ou ne désirant rien d'autre, jamais elle ne s'écarte de ce centre en planant dans les hauteurs, et rien de ce qui est extérieur à lui ne la touche ou ne l'attriste.

C'est ainsi qu'est sa vie. Nous examinerons un autre jour la question de savoir si ce n'est pas là nécessairement la béatitude la plus pure et la plus parfaite.

Sixième leçon

115 |Honorable Assemblée[1],

Notre doctrine dans son ensemble, comme fondement de tout ce que nous pourrons encore dire ici, et en général de tout ce que nous pourrons jamais dire, est à présent établi de façon claire et déterminée, et on peut l'apercevoir d'un seul coup d'œil. – Il n'y a absolument aucun être ni aucune vie en dehors de la vie divine immédiate. Cet être se trouve enveloppé et troublé de multiples façons dans la conscience, selon les lois propres, impossibles à éliminer et fondées dans son essence même, de la conscience ; mais quand il est libéré de ces enveloppes et n'est plus modifié que par la forme de l'infinité, il refait surface dans la vie et l'agir de l'homme voué à Dieu. Dans cet agir, ce n'est pas l'homme qui agit, mais c'est Dieu Lui-même, dans son être et son essence intimes originaires, qui agit en lui et œuvre à son ouvrage à travers l'homme.

Je le disais dans l'une des premières leçons d'introduction : cette doctrine, quelque neuve et inouïe qu'elle puisse apparaître à l'époque, est néanmoins vieille comme le monde, et elle est en particulier la doctrine du christianisme, telle qu'elle se trouve sous nos yeux jusqu'à cet instant même dans son document le plus authentique et le plus pur, l'Évangile de Jean ; ajoutons que cette doctrine s'y trouve là exposée avec les images et les expressions mêmes dont nous aussi nous nous servons. Ce pourrait être, à bien des égards, une bonne chose que de corroborer cette affirmation, et nous voulons consacrer la séance d'aujourd'hui à cette affaire. – Il est bien entendu,

---

1. Séance du 23 février.

même sans rappel exprès de notre part, qu'en faisant voir cette concordance de notre doctrine avec le christianisme, nous n'avons à aucun moment à l'esprit de prouver la vérité de notre doctrine ou de la soutenir en lui trouvant un appui extérieur. Il faut qu'elle se soit déjà prouvée elle-même dans ce qui précède et manifestée comme absolument évidente, et elle n'a besoin d'aucun soutien supplémentaire. Et il faut également que le christianisme se prouve lui-même, en tant qu'il s'accorde justement avec la raison et qu'il en est l'expression pure et achevée, en dehors de laquelle il n'y a aucune vérité, s'il veut prétendre à une quelconque validité. Vous n'attendez pas du philosophe qu'il reconduise dans les chaînes de l'autorité aveugle.

| Si j'ai en particulier fait valoir que l'évangéliste Jean est **116** le seul à avoir enseigné le christianisme authentique, j'en ai donné en détail la raison dans les leçons de l'hiver dernier[1], à savoir que l'apôtre Paul et son parti, en tant que fondateurs du système chrétien opposé, sont restés à moitié juifs et qu'ils n'ont pas touché à l'erreur fondamentale du judaïsme aussi bien que du paganisme, erreur qu'il nous faudra aborder un peu plus loin. Pour l'instant, les remarques suivantes pourront suffire. – C'est seulement avec Jean que le philosophe peut s'entendre, car lui seul a du respect pour la raison et en appelle à la seule preuve que le philosophe reconnaît comme valable, la preuve intérieure[2]. « Si quelqu'un veut faire la volonté de

---

1. *Die Grundzüge des gegenwärtigen Zeitalters, Gesamtausgabe, op. cit.*, 1991, Bd. I, 8, *Werke 1801-1806*, p. 270; *Le caractère de l'époque actuelle, op. cit.*, Septième leçon, p. 110 et Bd. I, 8, p. 275 : l'Évangile de Jean est « le christianisme dans sa figure originaire ».

2. Cf. *Die Grundzüge ...*, p. 269; *Le caractère ...*, p. 109 : « le Jésus johannique ne connaît pas d'autre Dieu que le vrai, en lequel nous sommes tous, en lequel nous tous vivons et pouvons être bienheureux, et hors duquel il n'y a que

celui qui m'a envoyé, il s'apercevra que cette doctrine est de Dieu »[1]. Mais cette volonté de Dieu est, selon Jean, que l'on connaisse vraiment Dieu ainsi que celui qu'Il a envoyé, Jésus Christ[2]. Les autres annonciateurs du christianisme, quant à eux, construisent sur la base de la démonstration extérieure par les miracles, qui, pour nous du moins, ne prouve rien. En outre, Jean est le seul de tous les évangélistes à renfermer ce que nous voulons et recherchons, une doctrine de la religion, tandis qu'on ne trouvera dans le meilleur de ce que donnent les autres guère plus qu'une morale si on ne le complète pas et si on ne l'interprète pas en passant par Jean, cette morale n'ayant chez nous qu'une valeur tout à fait subordonnée. – Nous ne voulons pas examiner ici ce qu'il en est de l'affirmation selon laquelle Jean aurait eu devant lui les autres Évangiles et aurait voulu seulement consigner ultérieurement ce que les autres avaient passé sous silence : le meilleur serait donc, à notre avis, le rajout, et les prédécesseurs, pour le coup, n'auraient rien dit de ce qui importe vraiment.

En ce qui concerne le principe dont je me sers pour interpréter cet auteur chrétien, comme pour tous les autres, il est le suivant : les comprendre en faisant comme s'ils avaient effectivement voulu dire quelque chose et, autant que leurs

mort et non-être ; et, avec cette vérité, il ne s'adresse pas au raisonnement, méthode d'ailleurs également parfaitement correcte, mais au sens de vérité demeurant au fond de l'homme et qu'il faut développer pratiquement, - car il ne connaît pas d'autre preuve que cette preuve interne. "Or donc, si quelqu'un veut accomplir la volonté de Celui qui m'a envoyé, il saura si cet enseignement vient de Dieu" ».

1. *Jn* 7, 17 : « or donc, si quelqu'un veut accomplir la volonté de Celui qui m'a envoyé, il saura si cet enseignement vient de Dieu ou si je parle de mon propre chef ».

2. *Jn* 17, 3 : « la vie éternelle, c'est qu'ils te connaissent, toi, le seul vrai Dieu, et celui que tu as envoyé, Jésus Christ ».

paroles le permettent, comme s'ils avaient dit ce qui est juste et vrai, un tel principe semble conforme à l'équité. Nous sommes en revanche franchement hostile au principe herméneutique d'un certain parti en vertu duquel ils tiennent les expressions les plus sérieuses et les moins contournées de ces écrivains pour de simples images et métaphores, et dont ils sollicitent le sens aussi longtemps qu'il le faut pour le faire redescendre au niveau de platitude et de trivialité qui aurait été le leur si ces interprètes avaient pu produire et inventer ces textes eux-mêmes[1]. À ces auteurs, et tout particulièrement à Jean, ne me semblent pas s'appliquer d'autres moyens d'explication que ceux que l'on trouve chez ces auteurs eux-mêmes. Là où, comme chez les scribes profanes classiques, plusieurs contemporains peuvent être comparés entre eux et ceux-ci à nouveau avec un public savant qui les précède et qui les suit, ces ressources extérieures | trouvent à s'appliquer. Mais le **117** christianisme, et tout particulièrement Jean, se tiennent là, isolés, comme une merveilleuse et énigmatique apparition dans le temps, sans précédent et sans suite véritable.

Dans le contenu de la doctrine johannique qu'il nous reste à établir, il faudra distinguer soigneusement ce qui, en elle, est vrai, valable, en soi, absolument et pour tous les temps, de ce qui n'a été vrai que pour Jean et le point de vue établi par lui sur Jésus, pour son époque et sa façon de voir. Ce dernier point aussi, nous l'établirons fidèlement, car un autre mode d'explication est malhonnête et est en outre susceptible d'égarer.

Ce qui, dans l'Évangile de Jean, doit en tout premier lieu attirer notre attention, c'est son commencement dogmatique

---

1. Référence à Schleiermacher, inventeur d'une méthode herméneutique susceptible de s'appliquer aussi bien aux Écritures qu'à tout autre texte.

dans la moitié du premier chapitre, autant dire le prologue. Ne tenez surtout pas ce prologue pour un philosophème arbitraire propre à l'auteur, en quelque sorte pour une fioriture ratiocinante ajoutée à son récit historique, dont on pourrait, en s'en tenant purement aux faits, selon l'intention propre de l'auteur, penser ce que l'on veut, ainsi que certains semblent regarder ce commencement. Il faut bien plutôt penser ce commencement en relation à l'Évangile tout entier, et le concevoir seulement en connexion avec lui. Tout au long de l'Évangile, l'auteur introduit Jésus comme parlant de soi d'une certaine manière que nous indiquerons plus bas; et c'est sans aucun doute la conviction de Jean que Jésus a parlé de cette façon et pas autrement, et qu'il l'a entendu parler ainsi, et son sérieux et sa volonté est que nous devions le croire sur ce point. Or ce qu'explique le prologue, c'est comment il est possible que Jésus ait pu penser et parler de lui comme il parle de lui : Jean présuppose donc que ce n'est pas lui, ce Jean précisément, pour sa personne et selon son humble opinion, qui a voulu regarder et s'expliquer à lui-même Jésus de cette façon, mais que c'est Jésus lui-même qui s'est regardé et pensé lui-même d'une façon identique à celle dont il le décrit. Le prologue doit être considéré comme l'abrégé et le point de vue général de toutes les paroles de Jésus : il a, selon l'intention de l'auteur, la même autorité que lorsque Jésus parle immédiatement. Le prologue est même, selon la façon de voir de Jean, non l'enseignement de Jean, mais l'enseignement de Jésus, c'est même l'esprit et la racine la plus intime de l'enseignement tout entier de Jésus.

Après avoir mis au net ce point qui n'est pas sans importance, il nous faut encore faire un rappel préliminaire avant de passer à la chose même.

C'est par méconnaissance de la doctrine établie par nous jusqu'à maintenant que naît l'hypothèse d'une création, en tant qu'il s'agit de l'erreur fondamentale absolue de toute fausse métaphysique et | de toute fausse doctrine de la religion, et en **118** particulier du principe originaire du judaïsme et du paganisme. Obligés de reconnaître l'unité et l'invariabilité absolues de l'essence divine en elle-même, – ne voulant pas, inversement, renoncer à l'être-là autonome et véritable des choses finies, ils firent sortir ces dernières du premier par un acte d'arbitraire absolu, ce qui eut immédiatement pour résultat de gâter en son fond le concept qu'ils avaient de la divinité et de lui adjoindre un arbitraire qui a traversé la totalité de leur système religieux : la raison fut dès lors renversée pour toujours et le penser métamorphosé en fantaisie rêveuse, – car on ne peut décemment penser une création – ce que l'on appelle réellement penser – et jamais quiconque ne l'a encore pensée ainsi. Relativement à la doctrine de la religion en particulier, l'acte de poser une création est le premier critère de la fausseté, nier au contraire une telle création, à supposer qu'une telle négation dût être posée par une doctrine antérieure de la religion, serait le premier critère de vérité pour cette doctrine. Le christianisme, et en particulier Jean, dont nous parlons ici, qui l'a connu si profondément, se trouvait dans le dernier cas : la religion juive de l'époque avait posé une telle création. Au commencement – Dieu créa : ainsi commencent les livres sacrés de cette religion ; non, dit Jean, en contradiction directe et en commençant avec ce même mot, et, au lieu du deuxième, qui est faux, en mettant au même endroit celui qui est vrai pour faire ressortir la contradiction, – non, dit Jean : au commencement, dans ce même commencement dont il est aussi question, c'est-à-dire à l'origine et avant tout temps, Dieu ne créa pas, et il n'était nul besoin de création, – au contraire, Il – était déjà : Il était le Verbe – et ce n'est que par Lui que toutes les choses ont été faites.

Au commencement était le *Verbe*, le *Logos*, dans le texte originaire. On aurait pu aussi le traduire par la raison ou, puisque c'est presque le même concept qui est désigné dans le Livre de la Sagesse, par la Sagesse ; mais ce que l'on traduit par l'expression : Verbe, que l'on trouve aussi dans la plus ancienne traduction latine, sans aucun doute à la suite d'une tradition des disciples de Jean, est, à notre avis, la traduction la plus pertinente. Qu'est donc maintenant, selon l'intention de l'écrivain, ce Logos ou ce Verbe ? Ne nous perdons surtout pas dans des arguties au sujet de l'expression, mais regardons plutôt sans prévention ce que Jean énonce de ce *Verbe* : – les prédicats attribués au sujet, surtout lorsqu'ils lui sont associés de manière exclusive, ont bien coutume de déterminer le sujet lui-même. Il était au commencement, dit-il ; il était auprès de Dieu ; il était Dieu lui-même ; il était au commencement auprès
119 de Dieu. | Peut-on exprimer plus clairement la même chose que ce que nous disions plus tôt ? Si, au-delà et au dehors de l'être intérieur et caché en soi de Dieu, que nous sommes en mesure de penser, Dieu, après-coup et dans une étape encore supplé-mentaire, *est là*, chose que nous ne pouvons saisir que de manière factuelle, il est donc nécessaire qu'il soit là par son essence intérieure et absolue et son être-là, que nous seuls distinguons de son être, n'en est en soi et en lui pas distinct ; au contraire, cet être-là est originaire, avant tout temps et en l'absence de tout temps, auprès de l'être, inséparable de l'être, et lui-même l'être : Le Verbe au commencement, – le Verbe auprès de Dieu, – le Verbe au commencement auprès de Dieu, – Dieu Lui-même le Verbe et le Verbe lui-même Dieu. Le fondement de cette affirmation pouvait-il être indiqué d'une manière plus tranchante et éclatante : en Dieu, à partir de Dieu, rien ne devient, rien n'advient ; en lui, éternellement, n'est que le *Est*, et ce qui doit être là, il faut originairement qu'il soit

auprès de lui, il faut qu'il soit lui-même ? Fuyez, fantasmes qui nous égarez – aurait pu ajouter l'Évangéliste, s'il avait voulu faire de grands discours, – qu'il fuie, ce fantasme d'un devenir à partir de Dieu, de ce qui n'est pas en Lui et n'était pas éternel ni nécessaire, ce fantasme d'une émanation auprès de laquelle Il n'est pas là, mais quitte son ouvrage, d'une expulsion et d'une séparation loin de lui, qui nous jette dans le néant désolé, et en fait un souverain qui règne sur nous de manière arbitraire et hostile.

Cet être auprès de Dieu, donc, selon notre expression, cet être-là, est caractérisé en outre comme Logos ou comme Verbe. Comment pourrait-on exprimer plus clairement qu'il est la révélation et la manifestation de Dieu, pour soi-même claire et compréhensible, son expression spirituelle, – ou, selon les termes que nous avons employés pour dire la même chose, que l'être-là immédiat de Dieu est nécessairement *conscience*, pour partie de soi-même, pour partie de Dieu, ce pour quoi nous avons conduit la démonstration la plus rigoureuse ?

Or si ce point est enfin clair, il n'y a alors plus la moindre obscurité dans l'affirmation du verset 3 : « toutes choses sont faites par le Verbe et rien de ce qui est fait n'est fait sans lui » – et cette proposition est tout à fait équivalente à celle que nous avons établie, disant que le monde et toute chose sont là purement et simplement dans le concept, dans les *paroles* de Jean, et qu'elles sont là en tant que conçues, en tant que conscientes, en tant que l'acte par lequel Dieu s'exprime Lui-même ; et que le concept, ou le Verbe, est à lui tout seul le créateur du monde en général et, à travers les scissions qui se produisent dans son essence, le créateur des choses multiples et infinies dans le monde.

En somme, j'exprimerais ces trois versets dans ma langue de la manière suivante : aussi originaire que l'être intime de **120** Dieu est son être-là, et ce dernier est | inséparable du premier, et il est lui-même tout à fait pareil au premier, et cet être-là divin est, dans sa matière propre, nécessairement savoir, et c'est dans ce savoir seul qu'un monde est devenu effectif, ainsi que toutes les choses qui se trouvent dans le monde.

Les deux versets suivants deviennent à présent tout aussi clairs. En lui, en cet être-là divin immédiat, la vie était le fondement le plus profond de tout être-là vivant, substantiel, mais restant éternellement caché au regard ; et cette vie devint, dans l'homme effectif, lumière, réflexion consciente ; cette lumière originaire, une et éternelle, brillait éternellement et toujours dans les ténèbres des degrés inférieurs et obscurs de la vie spirituelle, elle portait ceux-ci, inaperçue, et les maintenait dans l'être-là, sans que les ténèbres la comprennent.

L'explication que nous venons de donner du prologue de l'Évangile johannique nous donne la mesure de ce qu'il a d'absolument vrai et d'éternellement valable. À partir de là commence ce qui vaut seulement pour l'époque de Jésus et de la fondation du christianisme, ainsi que pour le point de vue nécessaire de Jésus et de ses apôtres, à savoir la proposition historique et nullement métaphysique selon laquelle l'être-là absolument immédiat de Dieu, qui est le savoir éternel ou Verbe, pur et sans mélange, comme il est en soi-même, sans que s'immisce la moindre obscurité ou ténèbre, et sans aucune limitation individuelle, dans lequel Jésus de Nazareth, qui est apparu et a enseigné à telle et telle époque déterminée en terre juive, et dont les déclarations les plus remarquables sont ici consignées, s'est présenté dans un être-là sensible et humain, personnel, et c'est en lui, comme s'exprime excellemment l'Évangéliste, que le Verbe s'est fait chair[1]. Quant à la divergence aussi bien qu'à la convergence de ces deux perspectives, celle qui est absolument et éternellement vraie et celle qui ne l'est que du point de vue temporel de Jésus et de ses apôtres, voici ce qu'il en est. Dans la première perspective, en tous les temps, en tout homme sans exception qui a une vision vivante de son unité avec Dieu et qui abandonne, effectivement et en acte, sa vie individuelle tout entière à la vie divine en lui, le Verbe éternel, de la même manière qu'en Jésus Christ, se fait chair, sans restriction ni réserve, et devient un être-là sensible et humain, personnel. – Or cette vérité ainsi exprimée, qui parle là uniquement de la *possibilité* de l'être sans aucune relation avec le *moyen* du devenir effectif, Jean ne la nie pas, ni Jésus dans les paroles que Jean rapporte ; ils l'accentuent bien plutôt, comme nous le verrons plus bas, en insistant partout de la manière la plus expresse. La perspective exclusivement propre au christianisme et qui ne vaut que pour ses disciples, porte sur le moyen du devenir, et enseigne à ce sujet la chose suivante : Jésus de Nazareth est justement tout à fait de soi et par soi, par son | simple être-là, sa nature, son instinct, sans art **121** élaboré, sans initiation, la parfaite présentation sensible du Verbe éternel, comme absolument personne ne l'a été avant lui ; mais tous ceux qui sont devenus ses disciples ne le sont pas devenus seulement parce qu'ils avaient besoin de lui, mais c'est par lui d'abord qu'ils devaient le devenir. – Ce que nous venons à l'instant d'énoncer clairement est le dogme caractéristique du christianisme, en tant qu'apparition dans le temps d'une organisation temporelle destinée à la formation

---

1. Toute la *Beilage* de cette sixième séance explicitera ce point (*cf.* p. [188]*sq.*).

religieuse des hommes, et sans le moindre doute Jésus et ses apôtres ont cru en ce dogme : ce dogme apparaît pur et sans mélange et d'une signification élevée dans l'Évangile de Jean, Jean pour qui Jésus de Nazareth est bien sûr aussi le Christ, celui que l'on avait annoncé comme devant faire le bonheur de l'humanité, sauf que, pour lui, ce Christ a de nouveau la valeur du Verbe fait chair ; il est mêlé, chez Paul et les autres, aux rêves juifs d'un fils de David et de quelqu'un qui supprime une ancienne alliance et en noue une nouvelle. Partout, et tout particulièrement chez Jean, Jésus est le Premier-né, et le Fils unique immédiatement né du Père, nullement en tant qu'émanation ou quelque chose de ce genre – ces rêves contraires à la raison sont apparus seulement plus tard – mais, dans le sens indiqué plus haut, dans une éternelle unité, une éternelle égalité de l'essence ; et tous les autres, c'est seulement en Lui et par la métamorphose dans son essence qu'ils peuvent devenir médiatement des enfants de Dieu. Avant toutes choses, laissez-nous reconnaître ce point, sans quoi, d'une part, notre interprétation ne serait pas honnête, d'autre part, nous ne comprendrions pas du tout le christianisme, mais il nous plongerait en pleine confusion. Mais ensuite, à supposer même que nous voulions ne faire aucun usage de cette façon de voir pour notre personne, latitude qu'il faut laisser à tout un chacun, laissez-nous au moins l'adopter et la juger correctement. Et je rappelle à cet égard : 1) La vision de l'unité absolue de l'être-là humain avec l'être-là divin est assurément la connaissance la plus profonde que l'homme puisse atteindre. Elle n'a jamais été présente avant Jésus : elle a même été, depuis son époque, on pourrait dire jusqu'à ce jour, au moins dans la connaissance profane, à nouveau, comme éradiquée et perdue. Mais Jésus, à l'évidence, l'a eue ; comme nous le découvrirons de manière incontestable, ne serait-ce que dans l'Évangile de Jean – pour peu que cette vision, nous l'ayons nous-mêmes. – Comment Jésus en est-il alors venu à cette vision ? Que quelqu'un, une fois que la vérité a déjà été découverte, la redécouvre après coup, n'est pas un si grand miracle ; mais comment le premier, séparé des millénaires avant lui et des millénaires après lui par le fait qu'il est le seul à posséder cette vision, a pu parvenir à elle, cela est un miracle inouï. Ainsi donc, par le fait, est vrai ce qu'affirme la première partie du | dogme chrétien, à savoir que **122** Jésus de Nazareth est, – d'une façon tout à fait insigne qui ne convient à aucun autre individu que lui, – le fils unique, premier-né de Dieu, et il faudra que toutes les époques qui sont seulement capables de le comprendre le reconnaissent pour tel. 2) Bien qu'il soit vrai dès lors que chacun puisse aujourd'hui retrouver cette doctrine dans les écrits de ses apôtres et puisse la reconnaître comme vraie pour soi-même et par une conviction propre, bien qu'il soit vrai, comme nous l'affirmons en outre, que le philosophe – dans la mesure où il sait – trouve tout à fait indépendamment du christianisme ces mêmes vérités et les embrasse d'un seul regard, dans une conséquence et une clarté universelle qui manquent aux vérités transmises, tout au moins à nous, à partir du christianisme ; il n'en reste pas moins éternellement vrai que nous sommes installés avec toute notre époque et toutes nos investigations philosophiques sur le sol du christianisme, et que c'est de lui que nous sommes partis ; que ce christianisme est intervenu de la manière la plus variée dans toute notre culture, et que dans l'ensemble nous ne serions absolument rien de tout ce que nous sommes, si ce puissant principe ne nous avait précédés dans le temps. Nous ne pouvons abolir aucune des parties de l'être que les événements antérieurs nous ont transmis par héritage, et aucun homme intelligent ne s'occupera de rechercher ce qui serait là si ce qui est là n'était pas. Et ainsi, la seconde partie du dogme chrétien, selon laquelle tous ceux qui, depuis Jésus, sont parvenus à l'union avec Dieu y sont parvenus seulement par lui et par sa médiation, demeure aussi pareillement vraie et sans contestation possible. Et ainsi se confirme donc de toutes les façons que jusqu'à la fin des jours tous les hommes intelligents s'inclineront profondément devant ce Jésus de Nazareth, et que tous, plus ils se contenteront d'être eux-mêmes, plus humblement ils reconnaîtront la gloire surabondante de cette grande apparition.

Voilà qui suffira à protéger cette façon de voir le christianisme, valable pour son époque, là où elle se trouve de manière naturelle, contre un jugement incorrect et inéquitable; mais il ne s'agit en aucune façon d'imposer cette façon de voir à celui qui n'aurait pas du tout dirigé son attention vers ce côté historique ou, quand bien même il l'aurait fait, n'aurait, de fait, pas pu y découvrir ce que nous croyons y trouver. En effet, par ce que nous avons dit, nous n'avons aucunement voulu nous rallier au parti de ces chrétiens pour lesquels la chose ne semble avoir de valeur qu'en fonction du nom qu'il reçoit. Seul le métaphysique rend bienheureux, en aucun cas ce qui est historique; ce dernier n'est bon qu'à rendre intelligent. Si quelqu'un est véritablement uni à Dieu et a trouvé demeure en Lui, il est tout à fait indifférent de savoir par quel chemin il y est parvenu; et ce serait une occupation très inutile et très 123 mauvaise | que de se contenter toujours de ressasser le cheminement au lieu de vivre dans la chose. Si Jésus pouvait revenir dans le monde, on pourrait s'attendre à ce qu'il suffise à son parfait contentement de trouver que le christianisme règne effectivement dans le cœur des hommes, peu importe qu'on y loue Son mérite ou qu'on le passe sous silence; et c'est en effet la moindre des choses à attendre d'un homme qui, déjà du temps où il vivait, ne cherchait pas son honneur, mais l'honneur de celui qui l'avait envoyé.

Avec la distinction des deux points de vue décrits, nous avons désormais la clé qui donne accès à toutes les déclarations du Jésus johannique et le sûr moyen pour reconduire ce qui a été énoncé dans une forme temporelle à une vérité pure et absolue; résumons donc le contenu de ces déclarations en répondant à ces deux questions : en tout premier lieu, que dit Jésus de lui-même lorsqu'il prend en vue son rapport avec la divinité ? Que dit-il ensuite de ses auditeurs et de ses disciples quand il prend en vue le rapport qu'ils ont d'abord à lui, puis, par sa médiation, à la divinité ?

Chapitre 1, 18 : « Nul n'a jamais vu Dieu ; le Fils unique qui est dans le sein du Père, lui, l'a annoncé ».

– Comme nous l'avons dit : en soi l'essence divine est cachée, c'est seulement dans la forme du savoir qu'elle se manifeste, et elle se manifeste entièrement comme elle est en soi.

Chapitre 5, 19 : « Le Fils ne peut faire de lui-même rien qu'il ne voie faire au Père, car ce que fait Celui-ci le Fils le fait également ».

Son autonomie s'est évanouie dans la vie de Dieu, comme nous nous sommes exprimés.

Chapitre 10, 28 : « Je donne à mes brebis la vie éternelle, et nul ne les arrachera de ma main » et v. 29 : « le Père qui me les a données est plus grand que tous et personne ne peut les arracher de la main de mon Père ». – Qui donc alors est celui qui les tient et les porte : Jésus ou le Père ? La réponse est donnée au v. 30 : « moi et le Père sommes un ». – C'est une seule et même chose qui est dite en deux propositions identiques. – Sa vie est la mienne, la mienne est la sienne, mon œuvre est son œuvre, et inversement. C'est exactement la manière dont nous nous sommes exprimés lors de la séance précédente.

Voilà pour les passages les plus clairs et les plus convaincants. De cette manière, tout l'Évangile nous donne sur ce point un enseignement unanime et concordant. Jésus ne parle jamais autrement de lui-même.

124 | En outre, comment parle-t-il de ses disciples et des rapports qu'ils ont avec lui ? Le présupposé constant est que ceux-ci, dans l'état qui est le leur à ce moment-là, n'avaient pas du tout le juste être-là, mais, comme il s'exprime au chapitre 3 face à Nicodème, il leur fallait recevoir un être-là complètement autre et opposé à l'être-là qu'ils avaient jusqu'alors, comme si naissait à leur place un homme tout à fait nouveau, – ou, là où il s'exprime avec le plus d'insistance, qu'à proprement parler, ils n'existaient ni ne vivaient pas du tout, mais se trouvaient dans la mort et le tombeau et que c'est d'abord Lui qui devait leur donner la vie en partage [1].

A ce sujet, veuillez entendre les passages décisifs suivants :

Chapitre 6, 53 : « si vous ne mangez pas ma chair et ne buvez pas mon sang (cette expression sera expliquée plus bas), vous n'aurez pas de vie en vous ». C'est seulement en mangeant ma chair et en buvant mon sang qu'elle vient en vous ; et sans cela il n'y en a point.

Chapitre 5, 24 : « celui qui entend ma parole *a* la vie éternelle et *est* passé de la mort à la vie » et v. 25 : « l'heure vient, et nous y sommes, où les morts entendront la voix du fils

---

1. *Jn* 3, 3-8 : « "personne, à moins de naître d'en haut, ne peut voir le royaume de Dieu". Nicodème lui dit : "comment un homme peut-il naître quand il est vieux ? Peut-il entrer une seconde fois dans le ventre de sa mère et renaître ? " Jésus répondit : "en vérité, en vérité, je te le dis : personne, à moins de naître de l'eau et de l'Esprit, ne peut entrer dans le royaume de Dieu" ».

de Dieu, et ceux qui l'auront entendue vivront ». – Les morts !
Qui sont ces morts ? Ceux qui, au dernier jour, reposeront dans
les tombeaux ? Voici une interprétation d'une sensualité crue :
– en termes bibliques, une interprétation selon la chair, non
selon l'esprit. C'était l'heure déjà à ce moment-là. Ces morts
étaient ceux qui n'avaient pas entendu sa voix et qui justement
pour cela étaient morts.

Et quel genre de vie Jésus promet-il de donner aux siens ?

Chapitre 8, 51 : « si quelqu'un garde ma parole, de toute
Éternité, il ne verra pas la mort ». – Ce n'est nullement comme
certains interprètes dépourvus d'esprit le prennent : il mourra
bien un jour, seulement ce ne sera pas pour l'éternité, il sera
réveillé au dernier jour ; au contraire, c'est dès maintenant qu'il
ne mourra jamais : car c'est aussi comme cela que les Juifs
l'ont effectivement compris lorsqu'ils voulurent réfuter Jésus
en invoquant le fait qu'Abraham lui aussi est mort, et Jésus
approuve leur interprétation en suggérant qu'Abraham, qui,
ayant vu le jour de Jésus, a été initié à sa doctrine sans doute par
Melchisédech, n'est pas non plus réellement mort.

Ou de manière plus évidente encore : chapitre 11, 23 : « ton
frère ressuscitera ». Marthe, qui avait elle aussi la tête remplie
de fantaisies juives, disait : je sais bien | qu'il ressuscitera **125**
à la résurrection, au dernier jour. – Non, dit Jésus : « je suis la
résurrection et la vie, qui croit en moi, fût-il mort, vivra et
quiconque vit et croit en moi, ne mourra jamais ». L'union avec
moi donne l'union avec le Dieu éternel, avec sa vie, et elle
donne la certitude de cette union avec Dieu, si bien qu'à
chaque moment, on a et on possède entièrement l'éternité tout
entière, et l'on n'accorde absolument aucune foi aux phéno-
mènes illusoires d'une naissance et d'une mort dans le temps,
et c'est pourquoi on n'a plus besoin d'aucune résurrection en
tant qu'elle sauverait d'une mort à laquelle on ne croit pas.

Mais d'où vient cette force qu'a Jésus de vivifier pour l'éternité ses disciples ? De son identité absolue avec Dieu – Chapitre 5, 26 : « comme le Père a la vie en lui-même, ainsi a-t-il donné au Fils d'avoir la vie en lui-même ».

En outre, de quelle manière les disciples de Jésus ont-ils part à cette identité de leur vie avec la vie divine ? Jésus le dit dans les tournures les plus variées, dont je ne citerai ici que la plus claire et la plus forte et qui, en raison même de son absolue clarté, est la moins compréhensible et la plus choquante de toutes pour les contemporains aussi bien que pour ceux qui sont venus après jusqu'à ce jour. – Chap. 6, 53-55 : « si vous ne mangez la chair du Fils de l'homme et ne buvez son sang, vous n'aurez pas la vie en vous. Qui mange ma chair et boit mon sang a la vie éternelle. Ma chair est la véritable nourriture, et mon sang la véritable boisson »[1]. – Que veut dire cela ? – Il l'explique lui-même au v. 56 : « qui mange ma chair et boit mon sang demeure en moi et moi en lui », et, inversement, celui qui demeure en moi et moi en lui, celui-là a mangé ma chair, etc. Manger sa chair et boire son sang veut dire : devenir lui-même entièrement et de part en part et se métamorphoser en sa personne, sans restriction ni réserve – ne rien faire d'autre que le répéter dans sa personnalité – être transsubstantié avec lui – de même qu'Il est le Verbe éternel devenu chair et sang, devenir pareillement Sa chair et Son sang, et, ce qui en est la conséquence et revient au même, devenir le Verbe éternel

---

1. La fin du verset 54 manque, car elle ne va manifestement pas dans le sens de la présente argumentation. Cf. *Jn* 6, 54 : « qui mange ma chair et boit mon sang a la vie éternelle, et je le ressusciterai au dernier jour ». *Cf.* le commentaire étonnant de ce même verset dans les *Vorarbeiten zur Anweisung zum seligen Leben* : « Boire, manger, c'est là le génétique (*das essen, u. trinken ist das genetische*) » (*Gesamtausgabe, op. cit.*, 1993, Bd. II, 9, *Nachgelassene Schriften 1805-1807*, p. 319).

devenu chair et sang : penser, entièrement et de part en part comme lui, et comme si c'était lui-même qui pensait et non pas nous ; vivre, entièrement et de part en part, comme lui et comme si c'était lui-même qui vivait à notre place. Vous n'allez certainement pas, honorable assemblée, rabaisser à présent mes propres paroles et les ramener au sens trivial et borné selon lequel on ne devrait imiter Jésus, étant un modèle inaccessible, que partiellement et de loin, dans la mesure où la faiblesse humaine le permet ; mais vous prendrez | mes paroles **126** telles que je les ai formulées, à savoir qu'il nous faut devenir entièrement Lui-même : il vous apparaîtra alors clairement que Jésus ne pouvait trouver d'expression plus légitime et qu'il a parlé d'excellente façon. Jésus était très loin de se poser en idéal inaccessible et ce n'est que l'indigence des temps qui ont suivi qui l'a réduit à cela ; ses apôtres non plus ne l'ont pas pris de cette façon : entre autres, pas non plus Paul qui dit : ce n'est plus moi qui vis, mais c'est Jésus Christ qui vit en moi[1]. Au contraire, Jésus voulait que ses disciples le répètent entièrement et sans partage dans son caractère, tel qu'il était lui-même ; et cette formule absolue : « si vous ne mangez pas ma chair, etc., vous ne recevrez absolument aucune vie en vous, mais vous resterez dans les tombeaux où je vous ai trouvés »[2], il l'exigeait comme condition indispensable.

C'est cette unique condition qu'il exigeait, ni plus, ni moins. Il n'entendait aucunement se contenter de la simple croyance historique selon laquelle il est le Verbe éternel fait chair et le Christ pour lequel il s'est fait passer. Il exige en tout cas, même chez Jean, comme condition provisoire, – uniquement pour qu'on l'écoute et que l'on prête attention à

1. *Ga* 2, 20.
2. *Jn* 6, 53.

ses paroles, la *foi*, c'est-à-dire que l'on présuppose un instant la possibilité qu'il puisse bien être ce Christ, et il ne dédaigne nullement renforcer et faciliter cette supposition en accomplissant des actes frappants et miraculeux. Mais la preuve finale et décisive qui doit être rendue possible par le seul moyen de cette présupposition provisoire, ou encore la foi, est celle-ci : qu'il suffise que quelqu'un fasse effectivement la volonté de celui qui a envoyé Jésus, c'est-à-dire, au sens que nous avons expliqué, qu'il mange sa chair et boive son sang, pour qu'il s'aperçoive alors que cet enseignement est de Dieu et que sa parole ne vient pas de lui-même. Cette parole vient tout aussi peu d'une croyance en un mérite qui tiendrait lieu de foi. Jésus, chez Jean, est bien un agneau de Dieu, qui enlève le péché du monde, mais en aucune façon un agneau qui verserait son sang en expiation du péché pour un Dieu de colère. Il l'enlève : d'après son enseignement, en dehors de Dieu et de lui, l'homme n'existe pas du tout, au contraire, il est mort et enterré ; il n'entre pas du tout dans le royaume spirituel de Dieu : comment donc l'homme qui est pauvre, qui n'est pas, pourrait-il déranger quoi que ce soit dans ce royaume et perturber les desseins divins ? Mais celui qui se métamorphose en Jésus et, à travers lui, en Dieu, désormais ne vit plus du tout, c'est Dieu qui vit en lui : mais, comment Dieu pourrait-Il pécher contre lui-même ? Tout ce délire, par conséquent, de péché et d'effroi devant une divinité qui pourrait se trouver insultée par les hommes, c'est cela qu'il a enlevé et effacé. Admettons pour finir que quelqu'un répète de cette manière le 127 caractère de Jésus dans le sien : quelles en seront donc | les suites d'après son enseignement ? Ainsi, – Jésus, en présence de ses disciples, s'exclame face à son Père ! Chapitres 17, 20 : « je ne prie pas seulement pour eux, mais pour ceux-là aussi qui grâce à leur parole croiront en moi. Que tous soient un. Comme toi, Père, tu es en moi et moi en toi, qu'eux aussi soient un en nous », – en nous – qu'ils soient un. Maintenant, après l'achèvement, toute différence est abolie ; la communauté entière, le Premier Né, en même temps que ceux, les premiers d'abord, les suivants ensuite, qui sont nés après lui, coïncident à nouveau dans l'unique source de la vie commune à tous, la divinité. Ainsi le christianisme coïncide à nouveau, comme nous l'affirmions plus haut, posant sa fin comme atteinte, avec la vérité absolue, et il affirme même que tout homme peut et doit parvenir à l'unité avec Dieu et devenir dans sa personnalité l'être-là même de Dieu, c'est-à-dire le Verbe éternel.

On a donc maintenant montré que la doctrine du christianisme s'accorde exactement, même dans le système d'images de la vie et de la mort et de tout ce qui en découle, avec notre doctrine telle que nous vous l'avons exposée dans ces discours et résumée, au commencement de celle d'aujourd'hui, en un unique aperçu.

Veuillez entendre encore une fois pour conclure les paroles par lesquelles je finissais ma leçon précédente, qui sont les paroles de ce même Jean.

Il rassemble dans le ch. 1 de sa première Épître, sans aucun doute en référence à son Évangile, ce qui en est le résultat pratique : « ce qui était dès le commencement, ce que nous avons entendu, ce que nous avons vu de nos yeux, ce que nous avons contemplé, et ce que nos mains ont touché du Verbe de vie ». – Remarquez combien il a à cœur d'apparaître dans son Évangile, non pas comme exposant ses propres pensées, mais en tant que simple témoin des perceptions qu'il a eues ! – « Voilà ce que nous vous annonçons, afin que *vous* aussi » – tout à fait dans l'esprit, et sur la base des paroles de Jésus rapportées en dernier – « ayez communion avec *nous*, quant à notre (la nôtre, celle des apôtres, tout comme la vôtre, celle des

nouveaux convertis) communion, elle est avec le Père, et avec
son Fils, Jésus Christ. – Ainsi, quand nous *disons* que nous
avons communion avec lui et *marchons* dans la ténèbre (tout
comme quand nous croyons être unis à Dieu sans que l'agir
divin ne fasse irruption dans notre vie), nous mentons (et ne
sommes que des esprits extravagants et exaltés). Mais quand
nous marchons dans la lumière, comme Lui est dans la
lumière, nous avons communion entre nous et le sang de Jésus
128 Christ, du Fils de Dieu (pas du tout | son sang versé en
expiation de nos péchés, au sens métaphysique, mais son sang
et son cœur qui habitent en nous, sa vie en nous), nous rend
purs de tout péché »[1] et nous élève loin au-dessus de la
possibilité de pécher.

SEPTIÈME LEÇON

129　　| Honorable Assemblée[2],

Notre théorie sur l'être et la vie se trouve à présent
complètement exposée. On a montré, non point du tout pour
prouver cette théorie, mais comme une remarque marginale,
que la théorie du christianisme sur ces objets est tout à fait la
même. Quant à cette dernière relation, tout ce que je demande
encore ici, c'est la permission de continuer à me servir de
la démonstration que j'ai conduite en rappelant de temps à
autre une expression ou une image tirées des textes chrétiens,
dans lesquels se trouvent des images hautement expressives

---

1. 1 *Jn* 1, 1-10. Les parenthèses, bien sûr, sont de Fichte.
2. Séance du 2 mars.

et éminemment significatives. Je n'abuserai pas de cette permission. Je n'ignore pas qu'à notre époque, on ne peut faire un pas dans un cercle un tant soit peu nombreux des classes cultivées, sans rencontrer des gens chez qui l'évocation de Jésus et l'usage d'expressions bibliques ne provoquent des sensations désagréables et le soupçon que celui qui parle ainsi est forcément, de deux choses l'une, soit un hypocrite soit une tête bornée. Il est tout à fait contraire à mes principes de vouloir en faire grief à qui que ce soit ; qui peut savoir à quel point des zélateurs importuns ont pu les tourmenter avec ces objets et quelles choses contraires à la raison ont pu leur être imposées en guise de doctrine biblique ? Mais, d'un autre côté, je sais qu'en toute société cultivée, et nommément dans celle qui est rassemblée ici, il se trouve d'autres individus qui aiment retourner à ces souvenirs et, avec eux, dans le même temps, aux sentiments passés de leur jeunesse. Que ces deux classes d'individus veuillent bien trouver ici de quoi se rejoindre mutuellement. Je dirai tout ce que j'ai à dire d'abord dans la langue courante des livres : que ceux qui sont heurtés par l'image biblique s'en tiennent seulement à la première expression et restent sourds à la seconde.

La possession vivante de la théorie que nous avons établie, mais en aucun cas son savoir sec et mort, purement historique, est dès lors, selon notre affirmation, la béatitude suprême et la seule possible. Notre affaire, à partir d'aujourd'hui, est de le montrer et cela constitue à proprement parler la deuxième partie principale de l'ensemble de ces leçons, que la recherche épisodique menée à la séance précédente devait aussi, entre autres choses, séparer de la première.

| On gagne toujours en clarté par l'opposition. Puisque **130** nous sommes sur le point de saisir en profondeur la façon de penser droite et qui rend bienheureux et de la dépeindre

d'après la vie, il sera bon de caractériser également la manière d'être là, plate et malheureuse, qui lui est opposée et qu'à l'instar du christianisme, nous nommons une manière de ne pas exister, d'être mort et enterré de son vivant, et de le faire de façon plus profonde et intuitive encore que cela pouvait se produire dans la première séance où nous l'avons en tous les cas déjà décrite. Nous y avons caractérisé la façon de penser incorrecte par opposition à la façon de penser correcte comme consistant à se disperser dans le multiple, au contraire de celle qui se retire vers l'Un et se concentre sur lui[1], et cela est et demeure son trait fondamental essentiel. Mais, au lieu de regarder, comme nous le faisions cette fois-là, plutôt les multiples objets extérieurs à travers lesquels elle se disperse, considérons aujourd'hui comment celle-ci, sans tenir encore le moindre compte de l'objet, est en elle-même quelque chose d'étendu, de large, de plat et que l'on aurait pour ainsi dire vidé et répandu.

Toute énergie spirituelle intérieure apparaît, dans la conscience immédiate de celle-ci, comme un acte par lequel son esprit, par ailleurs dispersé, se rassemble, se saisit et se contracte en un unique point et comme un acte de se maintenir dans ce point d'unité contre la tendance naturelle qui fait constamment effort pour abandonner cette contraction et s'étendre à nouveau. C'est ainsi, dis-je, qu'apparaît absolument toute énergie intérieure, et c'est seulement dans cet acte de se rassembler que l'homme est autonome et se sent autonome. En dehors de cet état de contraction de soi, il se liquéfie et se dissout, et certes en aucun cas de la façon qu'il veut et dont il se fait (car se faire soi-même, c'est toujours pour lui le

---

1. Cf. *supra*, p. [64] *sq.*

contraire de la dissolution, c'est-à-dire la contraction), mais tel que le lui donne le hasard inconcevable et sans loi. Il n'a par conséquent dans ce dernier état aucune autonomie, il n'existe absolument pas comme quelque chose de réel subsistant pour soi, mais simplement comme un événement fugitif de la nature. Bref, l'image originaire de l'autonomie spirituelle est dans la conscience un point géométrique qui se fait éternellement et se tient de la façon la plus vivante : l'image non moins originaire de l'absence d'autonomie et du non-être spirituel est une surface qui se répand de manière indéterminée. C'est une pointe que l'autonomie tourne vers le monde, et l'absence d'autonomie une surface étendue sans aspérité.

C'est dans le premier état seulement qu'il y a force et sentiment de soi de la force ; par conséquent c'est en lui seulement qu'il est possible d'appréhender et de pénétrer le monde de manière vigoureuse et énergique. Il n'y a aucune force dans le second état : l'esprit, quand il appréhende le monde, n'y est pas du tout et n'est pas chez lui, mais, comme | Baal, dans un vieux récit, il est parti aux champs, ou bien il fait **131** de la poésie, ou bien il dort[1] : comment pourrait-il se sentir dans l'objet et se séparer de lui ? Il se dissout pour soi-même avec lui et, de la sorte, son monde pâlit pour lui et ce qu'il obtient, au lieu de l'essence vivante, dans laquelle il lui faudrait poser sa propre vie et à laquelle il devrait opposer

1. 1 *Rois* 18, 25 : « ils prirent le taureau et le préparèrent, puis ils invoquèrent le nom de Baal depuis le matin jusqu'à midi, en disant : "O Baal, réponds-nous !" Mais pas de voix, pas de réponse ! Et ils dansaient à cloche-pied près de l'autel qu'ils avaient fait. Quand il fut midi, Élie se moqua d'eux et dit : "criez à pleine voix, car c'est un dieu. Il est occupé, ou à l'écart, ou en voyage ; peut-être il dort et se réveillera !" ». Luther traduit : « *ruft laut ! denn er ist ein Gott ; er dichtet oder hat zu schaffen oder ist über Feld oder schläft vielleicht, daß er aufwache* ».

celle-ci, ce n'est qu'une ombre grise et une forme nébuleuse. À ces hommes s'applique ce qu'un prophète ancien dit des idoles des païens : ils ont des yeux et ne voient pas, ils ont des oreilles et n'entendent pas[1]. – Ils ne voient pas en fait avec des yeux qui voient, car saisir dans l'œil et dans le cœur la figure visible dans sa limitation déterminée, de telle sorte que l'on puisse à partir de là la porter à nouveau devant l'œil intérieur à chaque instant avec une absolue liberté, exactement telle qu'on l'a vue – c'est bien à cette seule condition que quelqu'un peut dire qu'il a vu –, est tout autre chose que de seulement laisser flotter devant soi une apparition chancelante et sans forme jusqu'à ce qu'elle disparaisse sans laisser pour nous la moindre trace de son être-là. Que celui qui n'a même pas eu encore la force d'appréhender avec cette vigueur-là les objets du sens externe, soit sûr d'une chose, c'est que la vie intérieure infiniment plus élevée n'est pas prête de venir en lui.

Dans cet être spirituel, long, large et divers, coexistent alors paisiblement et sans heurts une foule d'opposés et de contraires. En lui, rien n'est tranché ni séparé, mais tout se tient sur le même plan, enchevêtré avec lui. Ils ne tiennent rien pour vrai, et rien pour faux ; ils n'aiment rien ni ne haïssent rien. La toute première raison de l'un comme de l'autre, c'est que pour la reconnaissance, appelée à rester pour toujours, pour l'amour, pour la haine, et pour tout autre affect, il est justement nécessaire de se rassembler énergiquement en soi-même, ce dont ils sont incapables ; la raison suivante est qu'en vue de tout cela, il est nécessaire qu'on prélève et mette à part dans le multiple de quoi choisir l'unique objet de sa reconnaissance et de son affect. Mais comment ces gens-là pourraient-ils fixer

1. *Ps.* 115, 56 ; *Mc.* 8, 18.

quoi que ce soit en tant que vérité puisqu'alors il leur faudrait rejeter et abandonner comme faux tout autre objet possible opposé à celui-ci, ce à quoi leur tendre attachement, y compris à ce dernier objet, ne les laissera jamais parvenir? Comment pourraient-ils aimer quoi que ce soit de toute leur âme, puisqu'il leur faudrait alors haïr le contraire, ce que ne leur permettra jamais leur placidité et leur amour universel? Ils n'aiment rien, disais-je, ni ne s'intéressent à rien, pas même à leur propre personne. Si jamais ils se posaient la question : ai-je bien raison ou ai-je tort, suis-je donc dans mon droit ou pas, que va-t-il bien encore advenir de moi et suis-je bien sur le chemin du bonheur ou sur celui de la misère? Voilà la réponse | qu'il leur faudrait se donner : que m'importe, tout ce que je **132** dois faire, c'est voir ce qu'il adviendra de moi et consommer mes forces au fur et à mesure de ce que je deviendrai. On verra bien. C'est ainsi qu'ils sont dédaignés, délaissés et abandonnés par eux-mêmes, et leur plus immédiat propriétaire, eux-mêmes, n'a pas envie de s'occuper d'eux. Qui d'autre mettra en eux plus de valeur qu'ils n'en mettent eux-mêmes? Ils se sont eux-mêmes livrés au hasard aveugle et sans loi, pour qu'il fasse d'eux ce qu'il voudra.

De même que la droite façon de penser est en elle-même droite et bonne et n'a en soi et pour soi nul besoin, pour élever sa valeur, de bonnes œuvres, qui de toutes façons ne manqueront pas, de même la façon de sentir que nous décrivons est en soi indigne et condamnable, et il n'est aucunement nécessaire que s'y ajoute encore une méchanceté particulière pour qu'elle devienne condamnable; aussi personne n'a le droit de se consoler en se disant qu'en tout cela, il ne fait pourtant rien de mal, et peut-être même fait-il le bien à sa manière, comme il le dit. Tel est précisément le véritable péché d'orgueil dans cette façon de sentir : ils pensent qu'ils pourraient même pécher si

tel était leur bon plaisir, et l'on devrait encore leur en savoir gré
au cas où ils s'abstiendraient. Ils se trompent; *ils* ne peuvent
rien faire car ils ne sont pas du tout *là* et il n'y a même aucun
« ils », contrairement à ce qu'il leur semble; mais à leur place,
vit et agit le hasard aveugle et sans loi : et celui-ci se diffracte
au gré des rencontres, ici en une apparition méchante, là en une
apparition extérieurement irréprochable, sans que pour autant
l'apparition, simple ombre et empreinte de la force agissant
aveuglément, mérite dans le premier cas le blâme, dans le
second la louange. S'agira-t-il d'apparitions méchantes ou de
bon aloi, il nous faut attendre pour le savoir, et cela n'a aucune
importance ici. Qu'il s'agisse dans tous les cas d'apparitions
dépourvues de vie spirituelle intérieure, confuses et auxquelles
on ne peut se fier, nous le savons avec certitude, car ce qui
règne en elles, c'est la force aveugle de la nature et elle ne peut
avoir aucun autre effet, ni cet arbre porter d'autres fruits.

Ce qui rend cet état incurable et le ferme à tout ce qui
lui serait communiqué du dehors et le stimulerait vers un
mieux est l'impuissance presque totale qui lui est liée de
prendre de façon ne serait-ce qu'historique en son vrai sens
quelque chose qui outrepasserait les limites de sa façon de
penser. Ils croiraient aller contre tout amour de l'humanité
et infliger à un honnête homme la plus cruelle injustice s'ils
admettaient que, quelque étonnante que soit sa façon de
s'exprimer, il ne peut ni ne veut avoir autre chose à l'esprit que
ce qu'eux-mêmes justement disent et ont à l'esprit, et s'ils
présupposaient, quand on leur communique quelque chose,
qu'on puisse avoir une autre fin que de leur faire entendre, eu
égard à la vieille leçon bien connue, qu'on l'a bien apprise par
cœur. Qu'on s'en défende comme l'on voudra par les opposi-
tions les plus tranchantes, que l'on épuise tous les mystères du
langage, afin de choisir l'expression la plus forte, la plus

frappante, celle | qui saute le plus aux yeux, dès qu'elle 133
parvient à leurs oreilles, elle perd sa nature et se change en la
vieille trivialité, et leur art de tout interpréter dans un sens
vulgaire et de tout tirer vers le bas dépasse démesurément tout
autre art. C'est pourquoi ils ont la plus extrême aversion pour
toute expression vigoureuse, énergique, qui veut en particulier
les forcer à comprendre par des images, et, d'après leur règle, il
faudrait partout choisir la désignation la plus générale, la plus
timorée et la plus abstraite, et justement pour cela la plus terne,
la plus faible, sous peine d'apparaître comme indélicate et
importune. Ainsi, lorsque Jésus parlait de manger sa chair et de
boire son sang, ses disciples trouvèrent que c'était là une
parole dure[1], et lorsqu'il évoquait la possibilité de s'unir avec
Dieu, les Juifs ramassèrent des pierres pour les jeter sur lui[2].
Quelle que soit l'époque, ils ont raison : puisqu'il est entendu
qu'on ne peut ni ne doit dire absolument rien d'autre que ce
qu'ils disent dans leur langue de telle ou telle façon, à quoi bon
cet étonnant effort pour dire cette chose unique autrement, car
tout ce que l'on fait, ce n'est que leur imposer la peine
superflue de le retraduire dans leur langue ?

Cette peinture de la non-existence spirituelle ou, pour
reprendre l'image du christianisme, du fait d'être mort et
enterré de son vivant a été faite ici d'une part pour présenter
plus clairement la vie spirituelle dans son opposition à cette
non-existence, mais, d'autre part et en second lieu, elle est
elle-même une partie constitutive nécessaire à la description
de l'homme, du point de vue de son rapport au bien-être :
cette description, nous aurons à la fournir prochainement.

---

1. *Jn* 6, 56-61.
2. *Jn* 10, 31. Dans l'Évangile de Jean, ces deux épisodes ne sont pas reliés.

Pour constituer son fil conducteur, nous possédons et nous nous servons des cinq points de vue établis plus haut dans la cinquième leçon[1], ou encore, puisque le point de vue de la science doit être exclu des exposés populaires, nous nous appuierons sur les quatre points de vue qui restent pour la façon de voir le monde, comme autant de points de vue pour jouir du monde et de soi-même. L'état de non-existence spirituelle que nous décrivons maintenant n'appartient même pas à leur connexion ; celui-ci n'est absolument pas un quelque chose de possible, de positif, mais il est un pur rien, et ainsi il est même négatif pour nous relativement à la jouissance et au bien-être. Il n'y a pas d'amour en lui, or toute jouissance se fonde sur l'amour. Du coup, même la jouissance est tout à fait impossible pour cet état, et à cet égard il fallait que cette description soit placée en premier comme description de l'absolue absence de jouissance ou de béatitude, par opposition aux manières particulières, que nous avons maintenant à établir une à une, de jouir effectivement du monde ou de soi-même.

Mais toute jouissance se fonde sur l'amour, disais-je. Qu'est-ce donc que l'amour ? Je dis : l'amour est l'*affect de* **134** *l'être*. C'est ainsi en effet, honorable assemblée, que | vous allez argumenter avec moi. L'être repose sur lui-même, se

1. Le jeune Bakounine, un des grands lecteurs de l'*Anweisung* et son premier traducteur en russe (il avait traduit les *Conférences sur la destination du savant* peu auparavant), cite avec ferveur ce passage dans la lettre à ses sœurs du 28 février 1836 : « Fichte dit bien, dans l'*Initiation à la vie bienheureuse*, que l'on "se possède soi-même dans le sentiment de douleur", et que cela donne "une inexprimable félicité" ». Il poursuit : « qui n'a pas souffert n'a pas vécu », « seule la souffrance peut conduire à la prise de conscience de la vie, et si le bonheur est la conscience totale, la souffrance est aussi la condition nécessaire du bonheur ». Suit un résumé de notre livre, centré sur l'idée que toute vie est amour.

suffit à lui-même, est en lui-même achevé et sans avoir besoin d'aucun être hors de lui. Laissez-le donc dès lors, absolument conscient de soi, se sentir : qu'advient-il ? Précisément, à l'évidence, un sentiment de cet acte par lequel on *se tient ensemble* et on *se porte*, précisément donc le sentiment d'un *amour* pour soi-même, et comme je disais, un affect, un être affecté par l'être, précisément donc un sentiment de l'être en tant qu'être. Posez en outre qu'à l'être fini, c'est-à-dire tel que nous l'avons décrit plus haut, conçu constamment en devenir, se joigne une image originaire de l'être vrai qui est le sien et lui correspond, alors c'est cette image originaire qu'il aime, et quand son être effectif, dont il peut avoir un sentiment, s'accorde avec cette image originaire, alors son amour est satisfait et il se sent bien : si, en revanche, son être effectif ne s'accorde pas avec cette image originaire pourtant devenue vivante, bien qu'elle soit ineffaçable et éternellement aimée, alors il ne se sent pas bien, car il lui manque ce qu'il ne peut s'empêcher d'aimer pourtant par-dessus tout, il le désire continuellement et continuellement s'inquiète de lui. Le bien-être est union avec l'aimé ; la douleur est séparation d'avec l'aimé. – C'est uniquement par l'amour que l'on s'abandonne à l'influence du bien-être, de même qu'à celle de la douleur ; celui qui n'aime pas est prémuni de la même façon contre l'un et l'autre. – Que personne cependant n'aille croire qu'il faille préférer l'état décrit au début, pâle et semblable à la mort et qui, comme il est sans amour, est certes aussi sans douleur, à la vie dans l'amour, accessible à la douleur et susceptible d'être blessée par elle. Tout d'abord parce que l'on se sent au moins soi-même et que l'on est à soi et que l'on se possède, même dans le sentiment de la douleur, et cela seul, par soi-même, rend déjà bienheureux et d'une manière indicible comparé à ce manque absolu de sentiment de soi ; ensuite, cette douleur est l'aiguillon salutaire qui doit nous pousser et nous poussera même tôt ou tard à l'union avec l'aimé et à la béatitude en lui. Heureux donc est l'homme s'il est seulement capable d'éprouver de la tristesse et de ressentir du désir !

Du premier point de vue de la façon de voir le monde, où c'est seulement à l'objet du sens externe qu'est attribué de la réalité, ce qui domine, relativement à la jouissance de soi-même et du monde, c'est la jouissance sensible. Celle-ci aussi (cela dit dans une intention scientifique et en vue d'éclaircir le principe qui a d'abord été posé pour l'ensemble de cette matière), celle-ci aussi se fonde sur l'affect de l'être, en tant qu'il est ici une vie sensible organisée, et sur l'amour pour cet être et pour les moyens, que l'on sent immédiatement (et non que l'on aperçoit par un raisonnement occulte, comme certains se le sont figurés), qu'a cet être de promouvoir et de développer les choses. Une nourriture plaît à notre goût et une fleur est agréable à notre odorat, cela parce qu'elle élève et anime notre existence organique ; et le goût comme l'odeur agréables ne sont rien d'autre que le sentiment immédiat de cette élévation et de cette animation. Ne nous attardons pas davantage sur cette jouissance qui fait partie en effet du système de la vie dans son ensemble et que l'on ne doit pas pour cela mépriser de manière prétentieuse ; c'est seulement qu'elle ne mérite pas beaucoup d'être considérée ni qu'on s'en soucie sérieuse-
135 ment ! – | quoiqu'en toute franchise je reconnaisse, relativement et par comparaison, qu'à mon avis celui qui est seulement capable de se jeter tout entier et avec tout son sens dans une jouissance sensible vaut bien plus aux yeux du philosophe conséquent que celui qui par simple platitude, par dispersion et manque de consistance, n'est pas même capable de bien goûter ou bien sentir là où ce qui seul compte est de goûter et de sentir.

Dans l'état de société interviennent, entre cet appétit simplement sensuel et les points de vue plus élevés, les affects suscités par la fantaisie, lesquels se rapportent cependant toujours en dernière instance à une jouissance sensible et en proviennent. Ainsi, par exemple, l'avare se soumet-il en effet volontairement au manque présent pour lequel il n'a immédiatement pas le moindre appétit, mais cela seulement par crainte du manque à venir, pour lequel il a encore moins d'appétit, et parce qu'il a effectivement fait prendre à sa fantaisie des habitudes si étranges que la faim à venir qu'il s'est représentée en elle le ronge bien davantage que la faim réelle qu'il sent effectivement au moment présent. – Ne nous attardons pas non plus davantage sur ces affects qui, même en comparaison de la jouissance sensible immédiate, apparaissent comme infondés, superficiels et fantasques : tout ce qui tombe dans cette région est également superficiel et fantasque !

Le deuxième point de vue de la façon de voir le monde était celui de la légalité, à partir duquel on accorde de la réalité exclusivement à une loi spirituelle ordonnant ce qui est présent. Quel est l'affect correspondant à ce point de vue et quel est, par conséquent, son rapport au bien-être ? À ceux qui ont des connaissances philosophiques, je veux apporter en passant, en quelques remarques très brèves et selon une conséquence précise, un nouvel éclairage sur cette matière déjà fort bien traitée par Kant.

Selon ce point de vue, l'homme, dans la racine la plus profonde de son être, est lui-même la loi. Cette loi est l'être d'un tel homme, un être qui repose sur soi-même, se porte, n'a besoin de rien d'autre que de lui-même, ni ne peut même en admettre un autre. Loi absolument en vertu de la loi et dédaignant toute autre fin en dehors d'elle-même.

Tout d'abord, ainsi enraciné dans la loi, l'homme peut en effet être, penser et agir. Le philosophe, pour peu qu'il ne soit pas totalement superficiel, le démontre *a priori*, l'homme aussi, pour peu qu'il ne soit pas totalement grossier et confus, le sent éternellement en lui-même et se le démontre à lui-même à travers toute sa vie et sa pensée. Quant à cet axiome célèbre qui, après que la proposition qui vient d'être énoncée a été
136 ranimée à notre époque par Kant | et d'autres, a été avancée et répétée jusqu'à l'écœurement par la très large majorité des théologiens, philosophes et beaux esprits du temps, axiome selon lequel il est tout à fait impossible que l'homme veuille sans une fin extérieure à ce qu'il veut, ou bien agisse sans une intention extérieure à son agir –, cet axiome, nous n'avons pas le moins du monde à le prendre en considération, mais il faut lui opposer purement et simplement un mépris qui le rejette froidement. D'où savent-ils donc ce qu'ils affirment si catégo-riquement, et comment songent-ils donc à démontrer leur axiome ? C'est seulement de la connaissance qu'ils ont d'eux-mêmes qu'ils le savent, tout comme d'ailleurs ils n'attendent pas autre chose de leur adversaire que de le voir sonder son propre cœur et se trouver comme ils sont. *Eux* ne le peuvent pas et c'est pourquoi ils affirment : aucun homme ne le peut. Encore une fois : *de quoi* sont-ils incapables ? De vouloir et d'agir sans une quelconque intention en plus de l'agir. Qu'y a-t-il donc qui, hors du vouloir et de l'agir, et hors de l'autonomie de l'esprit, reposerait en soi-même ? Absolument rien d'autre que le bien-être sensible, car celui-ci est l'unique opposé du premier : bien-être sensible, dis-je, quelque étonnante que soit l'expression qu'on peut bien en donner et quand bien même on en déplacerait le moment et le lieu au-delà du tombeau. Qu'ont-ils donc confessé d'eux-mêmes dans cet aveu ? Réponse : qu'ils ne pourraient en aucun cas penser, ni

bouger ou se mouvoir, s'ils n'avaient quelque perspective
d'obtenir par là un bien-être ; ils ne pourraient absolument
pas se considérer eux-mêmes autrement que comme moyen et
instrument d'une jouissance sensible et, selon leur conviction
indéracinable, le spirituel en eux n'est là purement et simplement que pour nourrir l'animal et en prendre soin. Qui voudrait
donc leur contester la connaissance qu'ils ont d'eux-mêmes et
les contredire à propos de ce qu'ils doivent savoir eux-mêmes
le mieux et qu'en effet ils sont les seuls à pouvoir savoir ?

Du deuxième point de vue de la façon de voir le monde,
l'homme est lui-même la loi, disions-nous ; je veux dire : une
loi vivante, se sentant, affectée par elle-même, ou encore un
affect de la loi. Mais l'*affect* de la loi, en tant que loi et sous
cette forme, comme je vous invite à le voir vous-mêmes avec
moi, est un commandement absolu, un *Doit* inconditionné, un
impératif catégorique, qui, précisément par ce qu'il y a de catégorique dans sa forme, repousse complètement tout amour et
toute inclination pour ce qui est commandé. Cela doit être,
c'est tout : simplement cela doit. Si tu le voulais, il n'y aurait
pas à devoir, et le *Doit* viendrait trop tard et serait congédié :
inversement, | aussi certainement que, pour ta part, tu dois et tu **137**
peux devoir, tu ne veux pas, tu es dispensé du vouloir, et
l'inclination et l'amour sont expressément repoussés.

Si l'homme, avec sa vie entière, pouvait s'absorber dans
cet affect de la loi, on en resterait alors à ce *Doit* froid et sévère,
et, en ce qui concerne la façon qu'il a de se voir lui-même et le
monde, on en resterait au jugement absolument désintéressé,
excluant totalement toute sympathie et tout ce qui ressemble à
de l'agrément ou à du désagrément, selon lequel quelque chose
est ou n'est pas conforme à la loi, tout comme là où l'homme
s'absorbe dans cet affect, on en reste effectivement là, et un
tel homme, avec la connaissance très exacte qu'il a de la loi,

déclare, assurément sans éprouver de repentir ou de déplaisir sur soi-même, qu'il n'agit cependant pas selon la loi ou ne veut pas agir conformément à elle, et il le dit aussi froidement qu'il reconnaîtrait que, mille ans avant sa naissance, dans une partie éloignée du monde, quelqu'un n'a pas fait ce qu'il devait. Mais, en règle générale, l'intérêt pour nous-mêmes et notre personne se joint à cet affect, intérêt qui revêt alors la nature du premier affect et s'en trouve par là modifié, de telle sorte que la façon que nous avons de nous voir nous-mêmes demeure certes un simple jugement, ce qu'elle doit nécessairement être en vertu du premier affect, mais n'est pas un jugement totalement désintéressé ; il nous faut nous mépriser si nous ne nous réglons pas selon la loi, et nous sommes délivrés de ce mépris de soi, si nous sommes en accord avec elle ; nous préférons cependant de loin nous trouver dans ce dernier cas plutôt que dans le premier.

L'intérêt de l'homme pour lui-même, disions-nous, est absorbé dans cet affect de la loi. L'homme veut seulement ne pas être forcé de se mépriser lui-même face à la loi. Ne pas se mépriser, dis-je négativement, mais en aucun cas il ne peut vouloir, positivement, se respecter. Partout où l'on parle de respect positif de soi, on entend seulement et on ne peut qu'entendre l'absence de mépris de soi. Car le jugement dont il est ici question se fonde sur la loi, laquelle est de part en part déterminée et sollicite entièrement l'homme. On peut uniquement ou bien ne pas lui correspondre, auquel cas on doit nécessairement se mépriser, ou bien lui correspondre, et alors on n'a seulement rien à se reprocher ; mais on ne peut en aucune façon, quand on obéit à la loi, aller au-delà de son exigence ni faire une chose qui dépasse son commandement, laquelle serait alors pour cette raison même faite sans commandement, et, partant, serait un faire dépourvu de loi ; on ne peut pour cela jamais positivement se respecter ni s'honorer comme quelque chose d'excellent.

L'intérêt de l'homme pour lui-même est absorbé dans l'affect de la loi ; mais cet affect anéantit toute inclination, tout amour et tout besoin. L'homme veut seulement ne pas avoir à se mépriser, mais il ne veut rien de plus, n'a besoin | de rien, **138** et ne peut trouver usage à rien. Mais, dans ce besoin unique qui est le sien, il dépend strictement de lui-même, car une loi absolue, dans laquelle l'homme s'absorbe, l'établit nécessairement comme tout à fait libre. Par cette façon de penser, il est alors emporté au-dessus de tout amour, inclination et besoin, et, ainsi, au-dessus de tout ce qui est extérieur à lui et ne dépend pas de lui. Il n'a besoin pour soi d'aucune chose que de lui-même, et ainsi, en éliminant ce qui en lui est dépendant, il devient véritablement indépendant, élevé au-dessus de tout, et pareil aux dieux bienheureux. – Seul le besoin insatisfait rend malheureux ; n'aie besoin de rien que ce que tu peux te procurer par toi-même ; – mais tout ce que tu peux te procurer, c'est seulement le fait de n'avoir rien à te reprocher, – et tu es éternellement inaccessible au malheur. Tu n'as besoin de rien à part toi, pas même d'un dieu ; toi-même tu es ton dieu, ton sauveur et ton rédempteur.

Il ne peut avoir échappé à quiconque, pour peu qu'il ait les connaissances historiques que l'on peut présupposer chez toute personne cultivée, que je viens à l'instant de formuler la façon de penser et le système, célèbre chez les Anciens, du stoïcisme. On trouve une image qui fait honneur à cette façon de penser dans la présentation que donne un poète ancien du Prométhée mythique, lequel, conscient de la rectitude et de la bonté de son acte, se moque de celui qui tonne au-dessus des nuages et de toutes les souffrances qu'il accumule sur sa tête, et, d'un courage intact, il voit sans effroi les ruines du monde s'effondrer sur lui ; c'est ainsi, chez l'un de nos poètes, qu'il adresse la parole à Zeus :

C'est ici que j'ai mon siège, – forme des hommes
A mon image,
Une race qui me ressemble,
Pour souffrir, pour pleurer,
Pour jouir et se réjouir,
Et ne pas se soucier de toi,
Comme moi [1].

Vous en avez assez entendu, honorable assemblée, pour savoir que, pour nous, cette façon de penser ne se trouve qu'au deuxième degré de la façon possible de voir le monde, et ne constitue que le premier niveau, le plus bas, de la vie spirituelle supérieure. Il a déjà été fait allusion pour vous, dans le discours précédent, à une vie bien plus intime et plus parfaite, et c'est ce que nous devons maintenant développer dans les discours à venir. Il n'entre pourtant pas dans notre intention de livrer au 139 mépris d'une spiritualité décatie cette façon de penser | qui mérite certes tous les honneurs, ni de laisser le moindre recoin ouvert à cette décomposition de la pensée. J'ajoute, à cet égard, la chose suivante.

1. *Cf.* JW. Goethe, *Prometheus, Goethe's Werke nach den vorzüglichsten Quellen*, F. Strehlke (hrsg), Berlin, Hempel, 1879, Bd. VIII, p. 275-300 ; *Prométhée*, trad. fr., B. Briod, « Bibliothèque de la Pléiade », Paris, Gallimard, 1988, *Théâtre complet*, p. 189-208). Le *Prométhée* est un ensemble de fragments qui fut, contre l'intention de son auteur, la source immédiate de la Querelle du panthéisme. Jacobi lui ayant demandé ce que les poètes pensaient du dieu des philosophes, Goethe fit parvenir cette ode à son ami. Jacobi publia le présent extrait en 1785 dans les *Lettres à Moses Mendelssohn sur la doctrine de Spinoza* (*cf.* PH. Tavoillot, *Le crépuscule des Lumières*, Paris, Cerf, 1995, p. 56-57).

Il est incontestablement vrai que cette façon de penser ne peut en venir à admettre un dieu que par inconséquence et que partout où elle est cohérente, même s'il ne s'agit que de fournir une explication théorique de la nature, elle n'a jamais besoin d'un dieu, et sûrement pas pour ce qu'exige sa pratique, à tout le moins pour son cœur elle n'a besoin d'aucun dieu, elle n'en respecte aucun et est à elle-même son dieu. Mais quelle sorte de dieu est-ce là pour qu'elle le laisse tomber ? Il n'est autre, et ne peut être autre, parce que, pour ce point de vue, aucun autre n'est possible que le dispensateur arbitraire, que nous avons décrit plus haut, du bien-être sensible, dont il faut d'abord s'attirer les faveurs par n'importe quel moyen, quand bien même ce moyen serait le comportement conforme à la loi. Ce dieu ainsi façonné, elle le laisse dès lors tomber de plein droit, il doit tomber, car il n'est point Dieu ; et même la façon de voir supérieure ne retrouve pas Dieu sous cette figure, ainsi que nous le verrons clairement en son lieu. Le stoïcisme ne rejette pas le vrai, mais seulement le mensonge ; il n'arrive absolument pas à la vérité, mais reste par rapport à celle-ci seulement négatif ; voilà sa faute.

Ainsi la croyance d'un certain système, qui va jusqu'à se nommer chrétien, pour qui le désir sensible se trouve sanctifié par le christianisme, pour qui c'est un dieu qui est chargé de le satisfaire, et qui découvre le secret selon lequel, en s'abandonnant justement à ce désir, on sert en même temps ce dieu, reste une erreur. Ce qui sépare irrémédiablement la félicité que recherche l'homme sensible de la béatitude que la religion non pas promet mais donne immédiatement en partage, c'est le fossé qu'engendre la soumission à une loi sacrée, devant laquelle toute inclination se tait ; elles ne sont pas différentes simplement par le degré, mais d'après l'essence intérieure.

Ainsi, ceux qui formulent la même chose en tant que philosophes et cherchent à nous faire entendre, par les exclamations les plus enthousiastes, que, par nos exigences, nous voulons déraciner le trait fondamental de la nature humaine et leur arracher le cœur de la poitrine, se rendent par-dessus le marché, en raison du caractère méprisable qu'ils s'attribuent à eux-mêmes, par-dessus le marché ridicules. De même, les beaux esprits qui se plaignent que le stoïcisme ait éradiqué l'amour – comme ils n'entendent en aucune façon sous cet amour la flamme de l'amour divin, dont nous parlerons plus tard, mais seulement l'inclination et l'amour terrestre, – et qui croient que, parce qu'un enfant qui tend innocemment son 140 petit bras vers la friandise | qu'on lui offre, est un spectacle qui nous touche et nous attendrit, et par là-même nous plaît, de même l'adulte qui se comporterait de la même façon serait en droit d'exiger l'approbation morale de celui qui porte un jugement sérieux, et tout ce qui est susceptible d'offrir au public un spectacle esthétique amusant, est même, pour cette raison, en soi noble et bon, – ceux-là, dis-je, se trouvent dans la plus curieuse confusion de tous les concepts.

Voilà ce que j'avais à dire, relativement au bien-être, sur le deuxième point de vue de la façon de voir le monde, lequel, dans cette relation, est seulement négatif et pure apathie, et je voulais mettre ce point en évidence de façon nette et précise, afin de séparer le vulgaire du sacré en me servant de cette apathie comme moyen terme et afin d'établir un mur de séparation infranchissable entre les deux. Où réside la limite de cette apathie et comment, pour cette raison, elle pousse au développement d'une vie supérieure dans l'amour divin, c'est ce que nous verrons dans le discours suivant !

Huitième Leçon

| Honorable Assemblée [1],   **141**

On pourrait indiquer brièvement toute la fin et tout le contenu de l'ensemble de ces leçons en disant qu'elles contiennent une description de la vie vraie et authentique, et précisément par là bienheureuse. Mais toute bonne description doit être génétique et il lui faut laisser advenir progressivement sous les yeux du spectateur ce qu'il s'agit de décrire. Il se trouve que la vie spirituelle authentique est tout à fait réceptive à une telle description génétique, car elle se développe, comme nous le disions déjà il y a quelque temps, d'une manière qui a paru imagée, mais est devenue par après le plus sérieusement du monde très littérale – elle se développe, cette vie, en règle générale seulement de façon progressive et pas à pas, en marquant ses stations de façon déterminée. Au titre de ces stations de la vie spirituelle, nous avons rencontré cinq points de vue principaux de la façon possible de voir le monde et en passant par ceux-là nous avons fait l'ascension de la vie, en la voyant au départ de façon seulement froide et désintéressée ; mais, lors de la séance précédente, nous avons pourvu cette façon de voir nue de son affect, de son amour, et de la jouissance qu'elle a d'elle-même, et c'est par là enfin que nous avons achevé la forme de la vie. Cette vie ainsi déterminée, nous lui avons fait parcourir dans le discours précédent l'état de la nullité, celui de la simple jouissance sensible, celui de la stricte légalité et conformité à la loi.

1. Séance du 9 mars.

À mesure qu'une telle description de la vie spirituelle s'élève à des degrés supérieurs, elle devient, c'est concevable, pour la majorité d'une époque qui a sombré, plus obscure et plus difficile à comprendre, car elle accède alors à des régions qui lui sont étrangères, qu'elle ne connaît ni par une expérience spirituelle propre ni par ouï-dire. Ceci impose à celui qui a entrepris de parler de tels objets, le devoir, au cas où il lui faudrait renoncer à l'espoir d'être positivement compris par tous, de se garder au moins de tout malentendu qu'il occasionnerait lui-même, et, quand bien même il ne pourrait apporter le vrai à tous, qu'il fasse cependant en sorte que personne par sa faute ne soit confronté à quelque chose de faux, et qu'il fournisse au moins à ceux qui auraient la faculté de le saisir entièrement l'équipement qui leur permettrait à nouveau, dans leurs cercles, de délivrer eux-mêmes discours et réponses, et de corriger d'autres interprétations. Cela m'a conduit à la 142 décision | de consacrer une partie de cette séance à épuiser dans toute sa profondeur la matière à traiter ici, que nous avions laissée en suspens à la dernière séance à son point culminant.

Parmi les personnes qui sont ici, celles qui ont déjà été initiées à la spéculation, devront en cette affaire être ramenées au point d'unité organique de toute spéculation, d'une manière qui, à ma connaissance, ne s'est jamais trouvée en aucun lieu ni en aucun temps. Quant aux autres, ceux qui ne peuvent pas philosopher avec nous ou bien ne le veulent pas, ils pourront du moins saisir l'occasion d'en voir d'autres philosopher sous leurs yeux, pour se procurer un concept général de la chose et pour voir que, si seulement on s'y prend bien, ce n'est ni aussi étrange ni aussi artificiel que ce que l'on a l'habitude de croire, mais qu'au contraire cela se fait très simplement et naturellement et qu'il n'y faut pas davantage que la faculté d'une attention soutenue. Cependant il sera nécessaire que ceux qui appartiennent à la dernière catégorie saisissent ce que j'ai à dire du moins historiquement, parce qu'avant la fin de cette séance quelque chose viendra que tous désirent comprendre, mais que personne ne comprendra si l'on n'a pas même saisi de manière historique ce qui précède et si on ne l'a pas posé comme une hypothèse possible.

Nous l'avons vu : l'être *est* – absolument, et il n'est jamais devenu, et rien n'est devenu en lui. En outre, comme on peut seulement le trouver, mais nullement le saisir génétiquement, cet être est aussi, extérieurement, là et une fois qu'il est trouvé comme étant là, on peut dès lors bien concevoir que cet être-là non plus n'est pas devenu, mais qu'il est fondé dans la nécessité intérieure à l'être et posé absolument par celle-ci. Moyennant cet exister-là et dans cet être-là, l'être, ainsi que tout cela se laisse voir comme découlant nécessairement de l'être-là, devient une conscience et une conscience scindée de multiple façon.

Tout ce qui *à même* l'être résulte de l'*être-là*, en résumé, nous voulons simplement, pour ne pas répéter toujours la même suite de mots, l'appeler la *forme* : or, ce mot signifie exactement tout ce qu'il nous a fallu voir comme découlant de l'être-là. (Il en va ainsi – je le rappelle pour ceux qui ne sont pas avec nous dans cet acte de philosopher – de toute terminologie philosophique ; leurs expressions sont seulement des abréviations du discours, pour rappeler brièvement quelque chose qu'on a déjà aperçu dans une intuition immédiate, et celui qui n'a pas eu de part à cette intuition, pour lui, mais aussi pour lui seul, ce sont des formules vides et qui n'ont pas de sens).

Nous avons donc les deux éléments : – l'être, tel qu'il est intérieurement et en soi, et la forme, que le premier revêt du fait qu'il est là. – De quelle manière nous sommes-nous exprimés ? Qu'est-ce qui revêt une forme ? Réponse : l'être tel **143** qu'il est en lui-même, sans la moindre variation de son essence intérieure, – c'est précisément le point qui m'importe. Qu'y a-t-il donc – dans l'être-là ? Réponse : absolument rien d'autre que l'être un, éternel et invariable, en dehors duquel absolument rien ne peut être. Encore une fois, cet être éternel peut-il donc être là, ailleurs précisément que dans cette *forme* ? Comment cela serait-il donc possible puisque cette forme n'est rien d'autre que l'être-là lui-même ; ainsi, l'affirmation selon laquelle l'être peut être là aussi dans une autre forme signifierait : l'être peut être là sans pourtant être là. Appelez l'être A, et la forme, je veux dire la forme entière pensée dans son unité, B, alors l'être-là effectif est A×B et B×A. A déterminé par B et réciproquement. – Déterminé, dis-je en mettant l'accent de façon à vous empêcher de faire partir votre pensée d'un des points extrêmes, mais du point central, et que vous compreniez que tous deux sont en réalité enchevêtrés et qu'ils se pénètrent réciproquement l'un l'autre, de telle sorte que, dans la réalité effective, et sans que l'effectivité de l'être-là soit anéantie, ils ne puissent pas à nouveau être séparés. – Voilà tout ce qui importe pour moi, voilà le point d'unité organique de toute spéculation, et celui qui y entre, pour lui, l'ultime lumière s'est levée.

Pour renforcer encore cela – Dieu Lui-même, c'est-à-dire l'essence intérieure de l'absolu, que seule notre limitation distingue de son être-là extérieur, ne peut supprimer cette fusion absolue de l'essence avec la forme ; car son être-là lui-même, qui n'apparaît comme factuel et contingent qu'au premier regard lui-même simplement factuel, n'est, pour le véritable penser, qui seul décide, en aucune façon contingent, mais, puisqu'il est et puisqu'il ne pourrait être autre chose, *il faut nécessairement qu'il résulte de l'essence intérieure.* À la suite de l'essence intérieure de Dieu par conséquent, cette essence intérieure est inséparablement liée à la forme et elle est entrée par elle-même dans la forme, voilà qui, pour ceux qui sont capables de le comprendre, résout facilement la difficulté suprême qui, depuis le début du monde et jusqu'à aujourd'hui, dominait la spéculation, et cela renforce le commentaire des paroles johanniques que nous avons fourni dernièrement : au commencement, tout à fait indépendamment de toute possibilité du contraire, de tout arbitraire, de tout hasard et pour cette raison de tout temps, fondée dans la nécessité interne de l'essence divine elle-même, il y avait la forme, et celle-ci était auprès de Dieu, juste déposée et fondée dans – et son être-là découlant de – la déterminité interne de l'essence divine, et la forme elle-même était Dieu, et Dieu s'avançait en elle de la même manière qu'Il est en Lui-même.

Par exemple : une partie de la forme était | la caractérisation 144 et le façonnement continué à l'infini de l'être restant en soi éternellement égal à soi = A. Je vous pose la question suivante afin que vous y exerciez vos forces : dans cette action infinie de façonner et de caractériser, qu'est-ce donc qui, *realiter* et en acte, est cela même qui façonne et qui caractérise ? Est-ce par hasard la forme ? Mais celle-ci en soi n'est parfaitement rien. Non, c'est l'absolument réel = A qui – se façonne, qui se façonne lui-même, dis-je, comme il est intérieurement, – selon la loi d'une infinité. Ce n'est pas rien qui se façonne, c'est l'essence divine intérieure qui se façonne.

Faites sortir de cette infinité, où vous voulez, le contenu de n'importe quel moment déterminé. Ce contenu est, cela va de soi, de part en part déterminé ; il est celui qu'il est et en aucune façon un autre. Je demande : pourquoi est-il celui qu'il est et par quoi est-il déterminé de cette façon ? Vous ne pouvez répondre autrement que comme suit : ce sont deux facteurs qui le déterminent, d'abord le fait que l'absolu est comme il est,

dans son essence intérieure, ensuite le fait que cet absolu se
façonne à l'infini : une fois retranché ce qui, du contenu,
résulte de l'essence intérieure, ce qui reste dans ce moment,
c'est-à-dire ce qui en lui est pur et simple façonnement, c'est ce
qu'il reste du façonnement infini pour ce moment-là.

Cette infinité de la scission est l'une des parties de la
forme, avons-nous dit ; et cette partie, nous la faisions servir
d'exemple pour rendre plus clair en elle notre principe. Pour
notre fin présente, c'est la deuxième partie de la forme qui
importe, c'est sur elle que nous voulons appliquer en le
déterminant le principe que nous avons établi et qui est
maintenant vu, nous l'espérons, ce pourquoi je sollicite à
nouveau votre attention.

Cette deuxième partie de la forme est une scission en
cinq points de vue sur la réalité qui coexistent et qui, en tant
que points de vue dominants, s'excluent mutuellement.
Coexistants, en tant que dominants s'excluant mutuellement,
voilà ce qu'il importe de bien garder ici en vue. On l'a
d'ailleurs déjà prouvé plus haut ; cela est évident de façon
immédiate et au premier regard. Encore une fois : qu'est-ce qui
se scinde dans cette nouvelle scission ? Évidemment, l'absolu
tel qu'il est en lui-même, le même absolu, qui, dans la même
indivision et unité de la forme, se scinde aussi à l'infini. Cela
ne fait pas de doute. Mais comment ces points sont-ils posés :
sont-ils posés comme effectifs, comme l'infinité entière qui se
déroule dans le temps ? Non, car ils s'excluent réciproquement, en tant que dominants, dans un seul et même moment du
temps : c'est pourquoi dans leur ensemble, et, relativement à ce
qui remplit, par l'un d'entre eux, tous les moments du temps,
ils sont seulement posés comme également possibles et, quand
l'être apparaît relativement à chacun pris à part, ce n'est pas
145 | comme à prendre nécessairement ainsi qu'il apparaît, ou

comme pris effectivement de cette façon, mais il apparaît seulement comme devant être pris possiblement ainsi. Plus spécialement : l'Un, bien sûr scindé maintenant de façon irrémédiable en un temps infini, survient-il sur le mode de 1 – ou sur le mode de 2, etc. ? Absolument pas, mais cet être est en soi et par soi complètement indéterminé et complètement indifférent à l'égard de ce pour quoi on le prend. Le réel, dans cette relation, va seulement jusqu'à la possibilité, et pas plus loin. Il pose donc par son être-là une liberté et une autonomie de son être-pris pour ceci ou cela, en complète indépendance vis-à-vis de lui, dans son essence intérieure, ou encore une liberté et une autonomie de la manière dont on le réfléchit ; et pour l'exprimer de façon encore plus nette : l'être absolu s'installe lui-même dans cet être-là qui est le sien en tant que cette autonomie et liberté absolue de se prendre lui-même et comme cette indépendance à l'égard de tout son propre être intérieur : ce n'est pas qu'il crée une liberté en dehors de lui, mais c'est lui-même qui, dans cette partie de la forme, est sa propre liberté en dehors de lui-même, et il se sépare à cet égard assurément – dans son être-là – de soi –, dans son être, et il s'expulse de lui-même pour rentrer, vivant, à nouveau en lui-même. Dès lors, la forme universelle de la réflexion est Moi : en conséquence, c'est un Moi autonome et libre qui le pose, ou aussi : un Moi et ce qui seul donne un Moi, un Moi autonome et libre, appartient à la forme absolue = B, et c'est le point d'unité organique propre à la forme absolue de l'essence absolue, puisque la scission à l'infini mise de côté en son temps comme seconde partie de la forme se fonde, selon notre déduction personnelle, sur l'autonomie de la forme réflexive, et elle est, selon la remarque que nous avons faite plus haut, inséparable de la nécessité intérieure de l'essence divine, de sorte que Dieu même ne peut la supprimer. –

Il est facile de noter au passage les propositions suivantes. – 1. La liberté est là de façon certaine et véritable et elle est elle-même la racine de l'être-là : pourtant elle n'est pas immédiatement réelle, car en elle la réalité ne va que jusqu'à la possibilité. Le paradoxe de cette proposition supplémentaire se dissipera de lui-même à mesure que notre recherche progressera. 2. La liberté, à l'intérieur du temps, de remplir le temps en le déterminant de manière autonome, n'est qu'en relation aux cinq points de vue indiqués de la vie spirituelle et pour autant qu'elle en est la suite ; mais elle n'est en aucune façon au-delà de cette scission en cinq points de vue, car ce qui est là, c'est seulement l'essence absolue intérieurement déterminée, dans la forme, déterminée de façon tout aussi inflexible, de l'infinité, et dans la forme du temps immédiatement rempli par la réalité elle-même ; elle n'est pas non plus en deçà de cette scission, et le Moi n'est pas posé au repos dans l'un de ces points de vue, mais ce qui est là encore une fois, c'est une nécessité stricte et une conséquence à partir du principe.

146 | Ceci est dit au passage, à cause de l'importance que cela prend par ailleurs, mais aussi parce que cela ne semble pas particulièrement bien connu. Ce n'est plus maintenant en passant, mais parce que cela relève immédiatement de notre fin que nous disons la chose suivante, pour laquelle je sollicite à nouveau votre attention. 1. Comme cette autonomie et cette liberté du Moi appartiennent à son être, mais comme tout être a son affect dans la conscience immédiate, alors, dans la mesure où advient une telle conscience immédiate de sa propre liberté, il y a nécessairement aussi un affect pour cette autonomie, l'amour pour elle, et la foi en elle qui en résulte. – Dans la mesure où une telle conscience immédiate de sa propre liberté advient, disais-je, car 2., c'est cela que je vous prie de bien saisir comme étant l'affaire principale de cette recherche entière et le but propre de tout ce qui précède – car cette liberté et cette autonomie ne sont rien de plus que la simple possibilité des points de vue de la vie, mais cette possibilité est de fait limitée en nombre aux cinq modes que nous avons indiqués ; si donc quelqu'un achève, selon ce schéma, le processus d'appréhension, il a par là-même achevé la possibilité et l'a élevée à la réalité effective ; il a épuisé sa faculté et consommé la mesure de sa liberté, il ne reste plus pour lui aucune liberté à la racine de son être-là ; mais, avec l'être, disparaissent nécessairement aussi l'affect, l'amour, la foi, sans aucun doute pour faire place à un amour bien plus sacré et à une foi nous donnant une bien plus grande béatitude. Aussi longtemps que le Moi a encore à travailler, par son autoactivité originaire, à la production spontanée de lui-même jusqu'à la forme achevée de la réalité, certes la pulsion à l'autoactivité, pulsion insatisfaite, reste en lui en tant qu'aiguillon salutaire qui le presse continuellement et en tant que conscience intime de soi de la liberté, qui, dans cet état de choses, est absolument vraie et non trompeuse ; mais, aussitôt que cette pulsion est parvenue à son achèvement, cette conscience qui dès lors assurément serait fallacieuse, s'évanouit, et la réalité suit désormais pour lui paisiblement son cours, dans l'unique forme qui lui reste, celle, ineffaçable, de l'infinité.

Ce que j'établis donc comme résultat compréhensible par tous et non pas simplement par ceux qui, parmi vous, ont la faculté spéculative – la présence d'un affect, d'un amour et d'une foi en sa propre autonomie, d'une part, et l'absence de ce même affect, d'autre part, constituent les points fondamentaux des deux façons complètement opposées de voir le monde et d'en jouir – puisque c'est ainsi que je résume à présent plus nettement la quintuplicité évoquée jusqu'ici.

En ce qui concerne tout d'abord l'état dans lequel on se trouve quand l'affect pour sa propre autonomie est présent, celui-ci à nouveau a deux formes différentes, comme vous pouvez le remarquer, c'est là une subdivision dans la première partie de la division générale que nous venons d'établir, – quant à la première, et la plus basse, de ses formes, je vais la 147 rendre claire à vos yeux de la manière suivante. | Le Moi, vous le savez, en tant que sujet de l'autonomie, est la réflexion. Celle-ci, comme vous le savez également, en sa fonction première, – façonne le monde, le détermine davantage, le caractérise. Or, à l'intérieur de ces figures et de cet acte de configurer, le Moi particulier que nous avons à décrire, est un être propre et autonome, et pour cette raison cet être déterminé qui est le sien, il l'embrasse avec amour, ce qui fait naître pulsion et besoin de cet être ainsi déterminé. Encore une fois : quelle sorte d'être était-ce là ? Un être dans une configuration déterminée de sa vie. D'où est venu le besoin de cette configuration ? De l'amour qu'il a pour lui-même en ce point de vue de sa liberté. Si le besoin était satisfait, qu'est-ce que cela donnerait ? De la jouissance. D'où viendrait cette jouissance ? D'une certaine configuration de sa vie façonnée par le monde lui-même configuré, c'est-à-dire objectif, divisé et multiple. Ici se trouve le point fondamental du désir sensible de l'homme, et c'est lui qui est le créateur authentique du monde sensible. Ainsi adviennent désir et besoin pour une certaine figure déterminée –, tout dépend de cela, voilà le trait fondamental et caractéristique – et c'est ce que je vous prie de remarquer – de notre vie. Une pulsion vers la félicité dans des objets déterminés à travers des objets déterminés. Je veux dire que la détermination objective de cette pulsion vers la félicité ne se fonde pas sur rien, mais sur la réalité désormais arrêtée à cette forme de l'autonomie ; et de même pour ce qui suit : comme en cette forme de la configuration continuée du monde se produit un changement ininterrompu, le moi aussi se métamorphose en permanence et c'est pourquoi ce en quoi il est obligé de poser sa félicité se transforme peu à peu également, et, au cours de sa progression, les premiers objets du désir se trouvent dédaignés et d'autres viennent prendre leur place. Or, dans cette incertitude absolue concernant l'objet qui rend authentiquement heureux, on érige en fin de compte un concept complètement vide à cet égard et indéterminé, mais qui conserve néanmoins *le* caractère fondamental qui consiste en ce que la félicité doit venir d'un quelconque objet déterminé : – le concept d'une vie dans laquelle tous nos besoins sans exception et quels qu'ils soient sont satisfaits sur-le-champ, d'une vie d'où toute douleur, toute peine, tout travail seraient absents, – les îles des bienheureux, les champs élyséens des Grecs, le sein d'Abraham des Juifs [1], le ciel des Chrétiens ordinaires. À ce stade, la liberté et l'autonomie sont matérielles. Le deuxième mode de présence de l'affect pour sa propre liberté et sa propre autonomie est celui où cette liberté n'est sentie et aimée qu'en général et, pour cette raison même, de façon pure, vide et formelle, sans que l'on pose par soi ou que l'on aspire à un quelconque état déterminé. C'est ce qui nous donne le point de vue, décrit à la leçon précédente, de la conformité à la loi | et **148** que nous avons aussi nommé le point de vue du stoïcisme pour rappeler quelque chose de connu. Ce dernier se tient en général pour libre, car il suppose qu'il peut aussi ne pas obéir à la loi ; il se sépare donc et s'oppose, comme une puissance qui subsiste pour soi, à la loi ou à tout ce qui peut lui apparaître comme loi. Il ne peut pas, disais-je, se saisir et se considérer autrement que

---

1. Il s'agit du lieu de séjour provisoire pour les croyants après la mort dans le judaïsme de l'époque du Second Temple, cf. *Lc* 16, 22.

comme un homme qui peut fort bien aussi ne pas obéir à la loi. Toutefois, d'après sa façon de voir tout aussi nécessaire, son devoir est d'obéir à la loi, et non pas à son inclination ; en tous les cas, pour lui, ce qui s'effondre par là-même, c'est sa justification vis-à-vis du bonheur et, pour peu que la façon de voir exprimée soit en lui effectivement vivante, alors c'est aussi le besoin de bonheur et d'un dieu donnant la félicité qui disparaît[1]. Mais c'est en présupposant d'abord son pouvoir aussi de ne pas obéir qu'advient pour lui en général une loi, car sa liberté, dépouillée de l'inclination, est dès lors vide et privée de toute direction. Il lui faut la lier de nouveau, et « lien pour la liberté » ou « loi », c'est tout à fait la même chose. C'est donc seulement par la foi en la liberté, conservée alors même qu'on a renoncé à toute inclination, qu'il rend possible pour lui une loi et qu'il donne la forme d'une loi à ce qui est véritablement réel pour sa façon de voir.

Saisissez cela dans la profondeur et par là dans la plénitude de sa clarté. 1. Dans les points de vue s'excluant réciproquement de la liberté, l'essence divine ne s'avance pas tout entière et sans division, mais elle ne présente en eux qu'un seul côté : au-delà de ces points de vue, en revanche, elle s'avance telle qu'elle est en elle-même sans que la recouvre aucun voile

1. Cf. *Appellation an das Publikum* (1799), *Gesamtausgabe, op. cit.*, Bd. I, 5 *Werke 1798-1799*, p. 219, *La querelle de l'athéisme*, trad. fr., J.-C. Goddard, Paris, Vrin, 1993, p. 61 : « le système en lequel le bonheur est attendu d'un être démesurément puissant est le système de l'idolâtrie et du culte des faux dieux, qui est aussi vieux que la corruption humaine, et a, avec le temps, seulement changé de forme extérieure. Que cet être démesurément puissant soit un os, une plume d'oiseau, ou bien qu'il soit un créateur du ciel et de la terre, tout-puissant, omniprésent et suprêmement intelligent, dès lors qu'on attend de lui le bonheur, c'est une idole. La différence entre les deux systèmes réside simplement dans l'usage d'expressions plus choisies. La nature de l'erreur est dans les deux systèmes la même, et dans les deux cas le cœur demeure également perverti ».

ayant sa raison d'être dans ces points de vue et sans cesser de se configurer à l'infini, sous cette forme de la vie qui s'écoule éternellement, inséparable de sa vie intérieure, en soi simple. Ce flux éternellement continué de la vie divine est alors proprement la racine la plus intérieure et la plus profonde de *l'être-là*, – de l'union absolument indissoluble, que nous avons nommée plus haut, de l'essence avec la forme. Manifestement, dès lors, comme tout être, cet être de l'être-là implique avec soi son affect ; c'est là la *volonté* arrêtée, éternelle et invariable de la réalité absolue que de continuer à se développer comme il lui faut nécessairement se développer. 2. Mais, aussi longtemps que quelque Moi se tient encore en quelque point de la liberté, il a encore un être *propre*, qui est un être-là défectueux et unilatéral de l'être-là divin, et ainsi au sens propre une néga-tion de l'être, et un tel Moi a aussi un affect de cet être et une volonté dès lors arrêtée et invariable d'affirmer cet être qui est le sien. Sa volonté qui ne cesse d'être présente ne se confond donc pas du tout avec la volonté et l'affect arrêtés de l'être-là divin achevé. 3. Si un Moi relevant de ce point de vue devait pourtant avoir la faculté de vouloir en conformité avec cette volonté éternelle, cela ne pourrait absolument pas avoir lieu du fait de sa volonté | toujours présente, mais il faudrait que ce **149** moi, à travers un troisième vouloir apparaissant entre-temps, s'interposant entre les deux, que l'on nomme une résolution de la volonté, il faudrait donc que ce Moi se fasse cette volonté. – C'est très exactement dans ce cas que se trouve l'homme de la loi, et par le fait même qu'il se trouve dans ce cas, il devient un homme de la loi. Puisqu'il confesse – voilà la racine propre de sa façon de penser, par laquelle nous devons le saisir – puisqu'il confesse qu'il pourrait aussi ne pas obéir – comme nous ne parlons pas ici de la faculté physique, dont nous présupposons qu'elle dépend du vouloir, cela signifie manifestement tout autant qu'il pourrait aussi bien vouloir ne pas obéir : à cette assurance, en tant que formulation immédiate de la conscience qu'il a de lui-même, il faut sans aucun doute aussi accorder foi. Ne reconnaît-il pas de fait qu'obéir n'est pas sa volonté dominante et toujours prête, car qui pourrait donc agir contre sa volonté et qui pourrait dépasser en pensée les limites de sa volonté constamment disponible et toujours empressée ? Non point qu'il ait une aversion pour l'obéissance, car alors il faudrait que règne en lui une autre inclination et même une inclination sensible, ce qui est contraire au présupposé, puisqu'alors, il ne serait pas moral, mais il faudrait qu'il soit tenu dans la discipline et l'ordre par des moyens extérieurs de contrainte. C'est seulement qu'il n'a pas non plus d'inclination pour l'obéissance, au contraire il adopte en général à son égard une attitude indifférente. Cette indifférence de sa propre volonté arrêtée est maintenant la cause que cette volonté lui devient une volonté étrangère, qu'il érige pour soi en tant que loi pour sa volonté, laquelle, naturellement, ne veut pas cela ; et pour agir selon la loi, il lui faut d'abord une résolution du vouloir qui produise la volonté qui lui manque naturellement. Et c'est ainsi que l'indifférence persistante à l'égard de la volonté éternelle est, une fois qu'a été accomplie la renonciation à la volonté sensible, la source d'un impératif catégorique dans le cœur, et il en va de même, ajoutons-le, de la foi conservée en notre autonomie au moins formelle qui est la source de cette indifférence.

Même lorsque, par l'acte suprême de la liberté et par son achèvement, cette foi s'évanouit, le Moi passé tombe en plein cœur du pur être-là divin, on ne peut même pas dire en toute rigueur que l'affect, l'amour et la volonté de cet être-là divin sont devenus les siens, parce qu'il n'y a en général plus du tout deux mais un, non plus deux volontés, mais une seule et même volonté, qui est tout en tout. Aussi longtemps que l'homme désire d'être lui-même encore quelque chose, Dieu ne vient pas à lui, car nul homme ne peut devenir Dieu. Mais dès qu'il s'anéantit purement, tout entier et jusqu'à la racine, Dieu seul demeure et Il est tout en tous. L'homme ne peut s'engendrer un Dieu, mais lui-même, en tant qu'il est la véritable négation, peut s'anéantir, et il s'abîme alors en Dieu.

Cet anéantissement de soi est l'entrée dans la vie supérieure absolument | opposée à la vie inférieure déterminée **150** par l'être-là d'un soi, et, selon la manière de compter qui était la nôtre au départ, c'est la prise de possession du troisième point de vue de la façon de voir le monde, le point de vue de la moralité pure et supérieure.

L'essence intime propre à cette disposition et la béatitude qui habite le centre de ce monde, voilà ce que nous voulons décrire au cours de la prochaine leçon. Pour l'instant, nous voulons seulement indiquer encore la relation qu'elle a avec le monde inférieur et sensible. – J'espère avoir posé le fondement à un niveau suffisamment profond pour pouvoir réussir dans l'autre objectif que je m'étais fixé, qui était d'ôter toute excuse à la confusion générale concernant la béatitude et la félicité. La façon de penser qui se plaît beaucoup à un clair-obscur bienfaisant et à une certaine indétermination des concepts, s'il arrive qu'elle tombe sous le regard de quelqu'un de sérieux, regrette toujours d'avoir dit ce qu'elle continue pourtant à dire ; mais à nous il est bien plus profitable de placer les concepts en pleine lumière et de nous séparer de cette façon de voir avec la détermination la plus tranchante. Ces gens-là aimeraient volontiers s'accorder avec nous, nous le savons bien : ils préféreraient ne pas mépriser entièrement l'esprit, – et nous ne sommes pas assez injustes pour les en accuser ; – seulement ils ne veulent renoncer à rien de tout ce qui est charnel. Mais nous, nous n'avons pas la volonté ni le pouvoir de faire des compromis, car il y a là deux choses qui sont absolument inconciliables, et qui veut l'un doit nécessairement laisser l'autre.

La façon de se voir soi-même en tant que personne qui subsiste pour soi et vit dans un monde sensible demeure toujours bien sûr pour celui qui se trouve au niveau du troisième point de vue, puisque celle-ci réside dans la forme invariable ; seulement, ce n'est plus là que tombent son amour et son affect. Mais que deviennent pour lui cette personne et toute l'autoactivité sensible ? À l'évidence, seulement un moyen pour la fin qui consiste à faire ce que lui-même veut et aime par-dessus tout, la volonté de Dieu qui se révèle en lui. – De la même façon, cette personnalité, pour le stoïcien aussi, est seulement le moyen pour obéir à la loi, et l'un et l'autre sont ici tout à fait identiques et pour nous ne valent que pour un. Pour l'homme sensible au contraire, son existence sensible, personnelle, est la fin ultime et véritable, et tout le reste, tout ce qu'il fait par ailleurs ou qu'il croit est pour lui le moyen en vue de cette fin.

Il est radicalement impossible et c'est une contradiction absolue que quelqu'un aime deux choses ou qu'il ait deux fins. L'amour de Dieu que nous avons décrit efface définitivement l'amour de soi personnel. Car c'est seulement en anéantissant l'amour de soi que l'on parvient à l'amour de Dieu. Encore une fois, là où est l'amour de soi personnel, là n'est pas l'amour de Dieu, car ce dernier ne tolère aucun autre amour à côté de lui.

Tel est, comme on l'a déjà rappelé plus haut, le caractère fondamental de l'amour de soi sensible, qui est d'être une vie 151 façonnée d'une certaine manière et de désirer sa félicité | en la demandant à tel ou tel objet ; l'amour de Dieu considère au contraire toute figure de la vie et tous les objets seulement comme moyen et il sait que tout ce qui est donné sans exception est le moyen adéquat et nécessaire, c'est pourquoi, sans exception et absolument, il ne veut aucun objet et ne se soucie pas de la façon dont il est déterminé, mais il les prend tous comme ils viennent.

Que ferait maintenant l'homme sensible qui a besoin d'une jouissance objective, à supposer qu'il soit viril et conséquent? On devrait croire qu'en s'appuyant sur lui-même, il emploierait toutes ses forces pour se procurer les objets de sa jouissance, qu'il jouirait de ce qu'il a et se passerait de ce dont il doit se passer. Mais que va-t-il lui arriver s'il se trouve qu'il est par ailleurs un enfant superstitieux? Il se laissera dire que les objets de sa jouissance sont à la garde d'un Dieu qui va bien sûr les lui accorder, mais qui désire en même temps quelque chose pour son service; il se laisse persuader qu'un contrat, sur ce point, a été conclu avec lui, et il se laisse présenter une collection d'écrits attestant de ce prétendu contrat[1].

Or s'il entre dans cette représentation, quelle est alors sa situation? C'est toujours la jouissance qui demeure sa fin véritable et l'obéissance envers son dieu imaginaire n'est que le moyen en vue de cette fin. C'est ce qu'il faut admettre et il n'y a ici aucune échappatoire. Il ne suffit pas de dire ce que l'on a coutume de dire: je veux la volonté de Dieu pour elle-même et le bonheur, je ne le veux qu'accessoirement. Faisant abstraction pour un instant de ce que tu appelles un accessoire,

---

1. Allusion à Saint Paul présenté comme celui qui réintroduit dans le christianisme l'idée d'une loi et d'un pacte. Cf. *Die Grundzüge des gegenwärtigen Zeitalters*, *Gesamtausgabe*, *op. cit.*, 1991, Bd. I, 8, p. 275; trad. fr., *op. cit.*, p. 115: « le chrétien pur ne connaît ni alliance ni médiation avec Dieu, mais uniquement l'ancien rapport éternel et immuable: que nous vivons et existons en Lui ».

tu reconnais pourtant toujours vouloir la félicité parce qu'elle est la félicité, puisque tu crois que tu te trouveras bien auprès d'elle et que tu aimerais volontiers te trouver bien. Mais alors il est tout à fait sûr que tu ne veux pas la volonté de Dieu pour elle-même, car si c'était vrai, tu ne pourrais pas du tout vouloir la félicité, dans la mesure où la première volonté supprime la seconde et l'anéantit, et qu'il est absolument impossible que ce qui est anéanti subsiste à côté de ce qui l'anéantit. Si dès lors tu veux, comme tu dis, la volonté de Dieu aussi, alors tu ne peux vouloir cette volonté que parce que tu crois par ailleurs ne pas pouvoir parvenir à ce que tu veux véritablement, à la félicité, et parce que cette volonté t'est en fait imposée par la volonté que tu as vraiment ; ainsi ce que tu veux seulement de façon accessoire –, c'est la volonté de Dieu parce que tu y es forcé, mais ce que tu veux de ton propre mouvement et avec une vraie bonne volonté, c'est seulement la félicité. –

Rien ne sert non plus de placer cette félicité bien loin des yeux et de la transporter dans un autre monde au-delà du tombeau, par où l'on croit pouvoir embrouiller les concepts en se donnant moins de mal. Quoi que vous puissiez dire de votre ciel – ou plutôt quelle que soit l'épaisseur de votre silence à ce sujet pour empêcher que votre véritable opinion ne paraisse au grand jour, ce seul fait que vous le | rendiez dépendant du temps et le transportiez dans un autre monde prouve irréfutablement que c'est là un ciel de la jouissance sensible. Ce n'est pas ici qu'est le ciel, dites-vous : mais c'est dans l'au-delà qu'il sera. Je vous en prie : qu'est-ce donc qui, dans l'au-delà, peut bien être autrement qu'il n'est ici ? Il ne peut s'agir évidemment que de la constitution objective du monde en tant qu'il est ce qui environne notre être-là. Il faudrait donc que ce soit la constitution objective du monde actuel, si l'on suit votre opinion, qui le rende inapte à faire fonction de ciel, et il faudrait que ce soit la constitution objective du monde à venir qui le rende propre à cela, et il ne vous est plus du tout possible de continuer à cacher le fait que votre béatitude dépend de l'environnement et est donc une jouissance sensible. Si vous cherchiez la béatitude là seulement où on peut la trouver, purement en Dieu et dans le fait qu'il se manifeste, et absolument pas dans la figure contingente sous laquelle il se manifeste, vous n'auriez nul besoin d'en appeler à une autre vie, car Dieu est dès aujourd'hui tel qu'Il sera de toute éternité. Je vous assure, et vous vous souviendrez de moi un jour, quand cela arrivera, – si dans votre seconde vie, à laquelle il est certain que vous atteindrez, vous faites à nouveau dépendre votre bonheur des choses qui vous entourent, vous vous trouverez aussi mal qu'ici et chercherez alors votre consolation dans une troisième vie, et dans la troisième vous aurez besoin d'une quatrième, et ainsi de suite à l'infini –, car Dieu ne peut pas et ne veut pas vous rendre bienheureux en se servant des choses qui vous entourent, puisque ce qu'Il veut bien plutôt, c'est se donner à nous Lui-même et sans la moindre figure.

En somme : cette façon de penser, mise en forme de prière, se formulerait ainsi : Seigneur ! que seule ma volonté soit faite, et cela dans toute l'éternité, qui, justement par là, sera bienheureuse. En échange, tu verras aussi se réaliser la tienne, dans cet espace de temps bref et pénible – : voilà qui est une évidente immoralité, une folle superstition, de l'irréligiosité et une véritable profanation de la sainte volonté de Dieu qui apporte la béatitude.

Mais voilà comment s'exprime la disposition constante de l'homme véritablement moral et religieux, et c'est cette prière : Seigneur ! que seule ta volonté soit faite, ainsi par là la mienne sera faite aussi, car je n'ai pas d'autre volonté que celle qui veut que ta volonté soit faite. Or, cette volonté divine s'accomplit nécessairement toujours et encore, d'abord dans la vie intérieure de cet homme qui se voue à lui, dont nous parlerons dans la leçon suivante ; ensuite, et c'est ici qu'il faut en parler en premier lieu, dans tout ce qu'il rencontre à l'extérieur. De fait, toutes ces choses qu'il rencontre ne sont rien d'autre que l'apparition extérieure nécessaire et invariable de l'œuvre divine qui s'accomplit dans son intériorité et, dans toutes ces choses, il ne peut vouloir qu'aucune soit autrement qu'elle n'est, sans vouloir que ne soit autrement l'intériorité, qui ne peut apparaître que de cette façon, et sans, par là, séparer sa volonté de la volonté de Dieu ni opposer sa volonté à la 153 sienne. | Il ne peut plus se réserver la possibilité de choisir entre ces choses, mais il doit d'emblée les prendre toutes comme elles viennent, car tout ce qui arrive là est ce que Dieu veut pour lui et, pour cette raison, ce qui pouvait arriver de mieux. À ceux qui aiment Dieu toutes les choses doivent être au service du meilleur, de manière absolue et immédiate.

Ceux-là même en qui la volonté de Dieu ne s'accomplit pas intérieurement, parce qu'il n'y a là aucune intériorité, mais qu'ils ne sont de manière générale que des choses extérieures, voient pourtant s'accomplir au dehors, là où seulement elle peut aller, la volonté de Dieu qui, à première vue, punit sans jamais faire grâce, alors qu'elle est au fond débordante de grâce et d'amour. Ce faisant, ils vont mal et de plus en plus mal, et en s'épuisant dans le vain espoir d'un bien qui flotte toujours devant leurs yeux et qui toujours les fuit, ils se rendent méprisables et ridicules jusqu'à ce qu'ils soient poussés par là à chercher le bonheur là où seul on peut le trouver. À ceux qui n'aiment pas Dieu, toutes les choses doivent servir immédiatement de peine et de tourment, jusqu'à ce que, médiatement, par ce tourment lui-même, elles les conduisent au salut.

Neuvième Leçon

| Honorable Assemblée [1],   **154**

Voici quels étaient les résultats de notre dernière leçon et le point où nous nous sommes arrêtés : aussi longtemps que l'homme veut encore être quelque chose pour lui-même, l'être et la vie véritables ne peuvent se développer en lui et c'est justement pourquoi il demeure incapable d'accéder à la béatitude, car tout être que l'on a en propre n'est que non-être et limitation de l'être vrai ; et c'est pourquoi ou bien, au premier point de vue, celui de la sensibilité qui attend des objets son bonheur, cet être est pur malheur, puisqu'absolument aucun objet ne peut satisfaire l'homme, ou bien, au deuxième point de vue, celui de la conformité seulement formelle à la loi, ce n'est certes pas un malheur, mais pas non plus davantage béatitude, au contraire c'est pure apathie, froideur désintéressée et non-réceptivité absolue à toute jouissance de la vie. En revanche, dès que l'homme, en vertu de la liberté suprême, renonce à sa liberté et à son autonomie propre, et les perd, il a part à l'unique être véritable, qui est l'être divin et à toute la béatitude qui est contenue en lui. Nous avons commencé par indiquer, afin de nous séparer nettement de la façon de penser sensible, opposée à la nôtre, et désormais de la laisser à elle-même, la manière dont celui qui est parvenu à la vraie vie, considère la vie extérieure et sensible ; et sensible et nous avons trouvé qu'il regarde toute son existence personnelle et tous les événements extérieurs qui l'accompagnent comme moyens en vue de l'œuvre divine qui s'accomplit en lui ; je dis bien tous ces

---

1. Séance du 16 mars.

événements, comme ils sont, il les considère comme les moyens nécessairement les meilleurs et les plus conformes à cette fin; de là vient aussi qu'il ne veut avoir ni avis à donner ni choix à effectuer quant à la manière objective dont ces événements se présentent, et il se contente de prendre toute chose comme elle vient. Mais nous avions réservé pour le discours d'aujourd'hui la description de la vie intérieure et authentique d'un tel homme et c'est cette description que nous entamons à présent.

J'ai déjà énoncé précédemment que le troisième point de vue de la vie spirituelle, – qui est d'abord sans aucun doute celui auquel nous sommes parvenus, celui de la moralité supérieure et authentique, se distingue du deuxième, celui de la simple conformité formelle à la loi, en ce qu'il crée un monde complètement nouveau et véritablement suprasensible, et l'élabore comme sa sphère à l'intérieur du monde sensible; la loi du stoïcisme, quant à elle, est simplement la loi d'un ordre dans le monde sensible. C'est cette affirmation qu'il me faut d'abord fonder de manière plus approfondie et à travers cette fondation, je pourrai aussi l'expliquer et la déterminer avec plus de précision.

155 | Le monde sensible tout entier, posé simplement par notre amour et notre affect pour un être-là déterminé au milieu des objets, devient pour ce point de vue purement et simplement un moyen, mais non point sans doute un moyen pour rien, car, en présupposant cela, comme rien ne serait là en dehors de lui, il ne serait pas moyen, mais, étant l'être-là unique et absolu, il resterait perpétuellement fin; au contraire, il devient sans doute moyen pour un être effectif, vrai et réel. De quelle sorte d'être s'agit-il? Nous le savons à partir de ce qui précède. C'est l'être intérieur de Dieu lui-même, tel qu'il est absolument par lui-même et en lui-même, immédiat, pur et de première main,

sans qu'aucune forme se trouvant dans l'autonomie du Moi et, pour cette raison, lui imposant une limite, ne le détermine et par là ne l'enveloppe et ne l'obscurcisse, sans qu'il soit non plus brisé dans la forme indestructible de l'infinité. Puisque cet être, comme cela a déjà été très nettement formulé lors de la leçon précédente, est uniquement déterminé par l'essence divine absolument fondée en soi, d'un côté, et par la forme de l'infinité qui ne peut jamais être terminée ou dissoute dans l'être-là effectif, de l'autre, il est clair qu'on ne peut absolument pas voir de manière médiate et à partir d'un autre, et ainsi *a priori*, quelle allure aura cet être; mais on ne peut que le saisir et le vivre de manière immédiate et s'emparer de lui seulement dans l'acte de son jaillissement vivant quand il sort de l'être et entre dans l'être-là, de sorte que la connaissance proprement dite de ce monde nouveau et suprasensible ne peut être apportée par une description et une caractérisation à ceux qui ne vivent pas en lui. Celui que Dieu enthousiasme nous révèlera comment est ce monde et il est comme il nous le révèle, précisément parce qu'Il le révèle; mais sans révélation intérieure personne ne peut en parler.

On peut toutefois très bien caractériser ce monde divin, de façon générale, par une marque extérieure et seulement négative, de la manière suivante. Tout être a avec lui son affect et son amour; il en va de même pour l'être divin immédiat se manifestant dans la forme de l'infinité. Or celui-ci est, comme il est, non par quoi que ce soit d'autre ni pour quoi que ce soit d'autre, mais par lui-même et pour lui-même, et quand il se manifeste et est aimé, c'est nécessairement pour lui-même, de façon pure et simple, qu'il est aimé, et c'est par lui-même qu'il plaît, mais en aucune façon pour un autre, comme s'il n'était que moyen pour cet autre, qui serait sa fin. Et de cette façon, nous aurions trouvé le critère extérieur que nous cherchons pour le monde divin, par quoi celui-ci est complètement séparé du monde sensible. Ce qui plaît absolument par soi-même et au degré suprême, qui dépasse infiniment tout autre degré de plaisir, est apparition de l'essence divine immédiate dans la réalité effective. – En tant qu'il s'agit à chaque moment déterminé et dans les | conditions temporelles données de la plus grande perfection, il est possible également de la décrire ; – à condition toutefois de ne pas penser alors à la perfection posée par un concept logique, laquelle ne contient pas plus que l'ordre et la totalité des éléments du multiple, mais au contraire à une perfection posée par un affect immédiat tournée vers un être déterminé.

Ici s'arrête la possibilité de caractériser le nouveau monde que la moralité supérieure a à créer à l'intérieur du monde sensible. Si vous me demandiez, honorable assemblée, de franchir ce point pour obtenir une clarté plus grande, ce n'est pas du tout une caractérisation plus précise que vous exigeriez, puisqu'on ne peut plus rien ajouter à celle que je viens de vous donner, ce sont seulement des exemples que vous demanderiez. Puisque je me trouve dans ces régions qui échappent au regard ordinaire, j'accepte volontiers de satisfaire également ce désir, en soulignant cependant que ce que je vais vous proposer, ce ne sont que des exemples individuels, incapables d'épuiser par eux-mêmes ce qui ne peut l'être que par une caractérisation, telle que nous l'avons effectivement accomplie, et ce n'est qu'au moyen de la caractérisation que ces exemples eux-mêmes pourront être saisis.

Je dis : l'essence intime et absolue de Dieu se manifeste comme beauté, elle se manifeste comme domination achevée de l'homme sur l'ensemble de la nature, elle se manifeste comme l'État parfait et comme rapport entre États, elle se manifeste comme science ; bref, elle se manifeste dans ce que je nomme les idées au sens propre et rigoureux, et au sujet desquelles j'ai fourni de nombreuses preuves, aussi bien dans les leçons que j'ai tenues ici l'hiver précédent que dans d'autres qui ont paru il y a quelques temps. Pour éclaircir ici ma pensée fondamentale concernant la forme la plus basse de l'idée, sur laquelle on a bien le droit d'espérer en tout premier lieu atteindre quelque clarté, je veux dire la beauté : ils parlent bien d'embellir le monde environnant, ou de beautés naturelles et de choses semblables, comme si – à supposer qu'ils aient eu l'intention de prendre ces mots au sens strict – comme si le beau pouvait jamais se trouver dans ce qui est terrestre et périssable ou comme si la beauté pouvait s'appliquer à ces choses. Mais la source originaire de la beauté est seulement en Dieu et elle se manifeste dans le cœur de ceux qu'Il enthousiasme. Pensez par exemple à une sainte femme qui, élevée dans les nuages, accueillie par les légions célestes, lesquelles, à sa vue, s'abîment dans le ravissement, entourée de tout l'éclat du ciel, dont elle-même devient le délice et la suprême parure – et elle, seule entre tous est incapable de rien remarquer de ce qui se passe autour d'elle, complètement | absorbée et **157** immergée dans cette unique sensation : Je suis la servante du Seigneur, que toujours il me soit fait selon sa volonté[1] ; et figurez-vous cette unique sensation, dans cet environnement, devenue un corps de chair, alors vous avez sans aucun doute la beauté sous une forme déterminée. Qu'est-ce donc qui rend cette figure belle ? S'agit-il de ses membres, s'agit-il de ses parties ? N'est-ce pas bien plutôt seulement cette unique sensation répandue à travers tous ces membres ? La figure s'est surajoutée simplement parce que c'est seulement en elle, et par

1. *Lc.* 1, 38.

son intermédiaire, que la pensée devient visible, et par des traits et des couleurs, la figure est reportée sur la surface, parce que c'est seulement de cette façon que la pensée devient communicable pour d'autres. Cette pensée, peut-être aurait-on pu l'exprimer aussi dans la pierre dure et insensible, ou dans toute autre matière. La pierre serait-elle pour autant devenue belle ? La pierre demeure éternellement pierre, et elle n'est absolument pas susceptible de recevoir un tel prédicat, mais l'âme de l'artiste était belle lorsqu'il a conçu son œuvre, et l'âme de tout spectateur intelligent deviendra belle lorsqu'il concevra l'œuvre après lui, alors que la pierre, tandis que se produit ce développement spirituel interne, reste toujours seulement ce qui limite le regard extérieur.

Cet être idéal en général et son affect créateur se manifestent comme simple phénomène naturel, comme *talent*, pour l'art, pour la politique, pour la science, etc. Il va de soi, et l'expérience personnelle fait suffisamment connaître à quiconque a déjà expérimenté lui-même des choses de ce genre que – comme l'affect naturel pour de telles créations du talent est l'affect fondamental de la vie de ce talent, dans lequel s'absorbe tout le reste de sa vie –, que, dis-je, le réel talent n'a nullement besoin de l'excitation ni du stimulant d'un quelconque impératif catégorique pour montrer son ardeur dans son art ou sa science, mais que toutes ses forces se tournent d'elles-mêmes entièrement vers cet objet qui est le sien, qu'en outre, aussi certainement qu'il a du talent, aussi certainement ses affaires iront bien et les produits de son travail lui feront plaisir, il sera toujours entouré de spectacles aimables et plaisants, tant au-dedans qu'au dehors, qu'enfin il ne cherche et ne veut avoir en échange de cette activité qui est la sienne rien d'autre qu'elle-même, car bien au contraire, pour rien au monde il ne se passerait de faire ce que lui seul sait faire, ou encore il ne ferait pour rien au monde ce qu'il fait autrement que comme il lui semble juste et comme cela lui plaît, et que par suite il ne trouve sa vraie jouissance, celle qui le comble, que dans un tel faire, purement et simplement en tant que faire et pour le plaisir de le faire ; et tout ce que le monde peut encore lui permettre de percevoir, cela ne le comble pas, mais s'il le perçoit, ce n'est que pour revenir, renouvelé et renforcé par lui, à son élément véritable. | Ainsi, le simple talent naturel **158** nous élève loin au-dessus de la pitoyable indigence du sensible comme de l'apathie sans jouissance du stoïcien et transporte celui qui le possède dans une suite ininterrompue de moments suprêmement bienheureux pour lesquels il n'a besoin que de lui-même et qui, tout à fait d'eux-mêmes, sans aucune peine ni laborieux effort, sont la floraison de sa vie. La jouissance d'une seule heure, vécue avec bonheur dans l'art ou dans la science, surpasse de loin toute une vie remplie de jouissances sensibles, et cette seule image de la béatitude suffirait pour que l'homme sensible, s'il était possible de la rapprocher de lui, périsse d'envie et de désir.

Dans la considération que nous venons d'achever, on présuppose toujours un talent naturel comme source et racine propres de la jouissance spirituelle de la vie, comme aussi du dédain pour la jouissance sensible et dans cet exemple particulier de moralité supérieure et de béatitude qui en émane, j'ai seulement voulu d'abord vous conduire jusqu'à l'universel. Ce talent, bien que son objet soit véritablement suprasensible et soit la pure expression de la divinité, comme nous l'avons montré en particulier dans l'exemple du beau, ce talent veut pourtant, et doit vouloir, que cet objet spirituel reçoive une certaine enveloppe et une figure qui le porte dans le monde sensible, le talent veut donc en un certain sens assurément aussi une figure déterminée pour son monde et pour son

environnement, ce que nous avons, lors de la leçon précédente, condamné et rejeté sans appel dans la sensibilité ; si dès lors la jouissance de soi du talent venait à dépendre de la réalisation ou de la non-réalisation contingentes de cet objet extérieur qu'il vise, alors c'en serait fait du repos et de la paix mêmes du talent et la moralité supérieure serait livrée à toute la misère de la sensibilité inférieure. En ce qui concerne le talent en particulier, ce dernier réussit toujours, dès lors qu'il est talent, à exprimer et présenter son idée dans le milieu adéquat, chaque fois avec sûreté ; la figure et l'environnement qu'il désire ne peuvent de ce fait jamais lui faire défaut, mais c'est alors immédiatement l'activité seule par laquelle il produit cette figure qui est le siège propre de sa jouissance et la figure ne lui procure de joie que de façon médiate, parce que l'activité ne fait que paraître en elle : ce qui se révèle particulièrement dans le fait que le talent véritable ne s'attarde jamais longtemps auprès de ce qu'il a réussi, ni ne se complait dans la jouissance voluptueuse de l'objet ou de lui-même en lui, mais se précipite sans trêve vers de nouveaux développements. Mais en général, abstraction faite du talent particulier, et si l'on regarde toute vie possible dans laquelle l'être divin se manifeste purement, j'établis comme principe ce qui suit : aussi longtemps que la joie prise au faire est encore mêlée de désir pour le produit extérieur de ce faire, même l'homme moral supérieur n'est pas encore parfaitement au clair avec lui-même ; et, dans l'écono-
159 mie divine, l'échec extérieur de son | faire est alors le moyen pour le repousser en lui-même et l'élever au point de vue encore supérieur de la religiosité authentique, c'est-à-dire de la compréhension de ce qu'est proprement ce qu'il aime et vers quoi il s'efforce. Comprenez cela dans son ensemble et selon son contexte de la façon suivante :

1. Le Moi libre et un, tel que nous l'avons déduit et décrit avec suffisamment de clarté dans le discours précédent, et qui reste, même en tant que réflexion, éternellement un, en tant qu'objet, c'est-à-dire en tant que substance réfléchissante qui se produit simplement dans l'apparition, est scindé à première vue dans une infinité, mais pour une raison trop profonde pour qu'on l'aborde dans ces leçons, en un système devant être achevé – de Moi ou d'individus. (Cette scission est une partie issue de la scission, que l'on a suffisamment décrite à plusieurs reprises, du monde objectif sous la forme de l'infinité ; elle appartient ainsi à la forme fondamentale absolue de l'être-là que même la divinité ne peut supprimer. Comme l'être s'est brisé en elle dès l'origine, il reste ainsi brisé de toute éternité, ce qui fait qu'aucun individu posé par cette scission, c'est-à-dire aucun individu devenu effectif, ne saurait jamais périr ; ce qu'on rappellera juste en passant à l'encontre de ceux qui parmi nos contemporains, dans une demi-philosophie et une confusion entière, se croient éclairés lorsqu'ils nient que les individus qui, ici, sont réels, continuent à exister dans des sphères supérieures). En eux, dans ces individus fondés dans la forme fondamentale, c'est l'être divin tout entier qui est scindé en un infini développement qui se prolonge à partir d'eux-mêmes dans le temps, et c'est à leur contact qu'il est divisé selon la règle absolue d'une telle partition fondée dans l'essence divine elle-même, de sorte qu'en outre chacun de ces individus, en tant qu'il est une scission du Moi un, déterminé par sa propre forme, porte avec nécessité cette dernière forme entièrement, c'est-à-dire en vertu de notre discours précédent, il est libre et autonome relativement aux cinq points de vue. Chaque individu a par conséquent dans sa libre puissance, que la divinité elle-même ne peut pas supprimer, la possibilité de voir et de jouir, à partir de ces cinq points de vue, de la part qu'il

a dans l'être absolu, part qui le caractérise comme individu réel. Ainsi, chaque individu commence par avoir sa part déterminée de vie sensible, avec l'amour qui lui correspond. Cette vie lui apparaîtra comme absolue et comme fin dernière, aussi longtemps que la liberté que l'on trouve dans l'usage réel qu'on en fait, s'absorbera en elle. Mais s'il s'élève à la moralité supérieure, traversant peut-être de part en part la sphère de la conformité à la loi, cette vie sensible deviendra pour lui un simple moyen, et la part qu'il prend à la vie supérieure, supra-sensible et immédiatement divine, se lèvera pour son amour. Chacun sans exception obtient nécessairement par le seul fait

160 qu'il entre | dans la réalité effective, sa part dans cet être supra-sensible, car sinon il ne serait pas un résultat de la scission, conforme à la loi de l'être absolu, sans lequel il n'est pas de réalité effective, et il ne serait pas du tout devenu effectif ; seulement, cette part que chacun a dans l'être suprasensible peut lui rester cachée, et cela presque sans exception, parce qu'il ne peut pas renoncer à son être sensible et à son auto-nomie objective. Chacun sans exception, dis-je, reçoit une part de l'être suprasensible qui est exclusivement la sienne propre et qui ne revient à aucun autre individu que lui, et cette part ne cesse de se développer en lui dans toute l'éternité, – apparais-sant sous la forme d'un agir continué, une manière de se développer qui ne peut être vue en aucun autre ; – ce que l'on pourrait appeler en bref le caractère individuel de sa desti-nation supérieure. Ce n'est pas que l'essence divine se divise en soi ; en tous sans exception est posée et peut aussi apparaître réellement, pour peu qu'ils se rendent libres, l'essence divine une et immuable, telle qu'elle est en elle-même ; seulement cette essence apparaît en chacun sous une figure différente et qui n'appartient qu'à lui. (Si l'on pose comme ci-dessus l'être = A et la forme = B, alors A, qui est absolument entré en B, se sépare absolument dans l'acte par lequel il entre, non pas selon son essence, mais selon sa figure absolue de réflexion, en [b + b + b8] = un système d'individus : et chaque nb a en soi 1. Le A entier et indivisible, 2. Le B entier et indivisible, 3. son b qui est là égal au reste de toutes les autres configurations de A par [b + b + b8].)

2. Cette part qui lui revient en propre de l'être supra-sensible, personne ne peut l'inventer par la pensée ni la déduire par des raisonnements à partir d'une autre vérité, ni encore en obtenir la connaissance d'un autre individu, car cette part ne peut absolument pas être connue d'un autre individu, il faut au contraire que chacun la trouve immédiatement en lui-même, ce qu'il fera d'ailleurs nécessairement tout à fait de lui-même aussitôt qu'il aura renoncé à toute fin et toute volonté propres, et qu'il se sera purement anéanti. Il est donc clair en tout premier lieu que l'on ne peut pas parler en général de ce qui peut seulement se montrer à chacun en lui-même et qu'il me faut donc ici nécessairement m'interrompre. À quoi servirait-il d'ailleurs d'en parler même si cela était possible ? Celui à qui s'est ainsi réellement montré sa destination supérieure propre, sait de quelle façon elle lui apparaît, et il peut conclure par analogie comment les choses se passent en général pour les autres, quand, pour eux également, leur destination supérieure devient claire. À celui à qui elle ne s'est pas montrée, on ne peut en donner aucune connaissance, et il ne sert à rien de parler des couleurs à l'aveugle.

Se montre-t-elle à lui, alors elle s'empare de lui avec un inexprimable amour et le plaisir le plus pur ; elle, cette destination qui n'appartient qu'à lui, s'empare de lui | totalement et **161** s'approprie sa vie tout entière. Et ainsi le tout premier acte de la moralité supérieure, qu'on ne manquera pas d'accomplir à condition d'avoir renoncé à sa volonté propre, est que l'homme s'empare de cette destination, celle qui lui appartient et qu'il ne veuille être absolument rien d'autre que ce que lui, et seulement lui, peut être, que ce que lui, et seulement lui, en vertu de sa nature supérieure, c'est-à-dire du divin en lui, doit être : bref, qu'il ne veuille absolument rien que ce qu'en vérité et au fond, il veut réellement. Comment un tel homme pourrait-il jamais faire quelque chose avec déplaisir, puisqu'il ne fait jamais rien d'autre que ce qui lui procure le plaisir suprême ? Ce que je disais plus haut du talent naturel vaut encore bien davantage pour la vertu engendrée par une liberté achevée, car cette vertu est la génialité suprême ; elle est immédiatement le règne du génie, c'est-à-dire de la figure que l'essence divine a prise dans notre individualité. Quand on s'efforce au contraire de vouloir être autre chose que ce à quoi l'on est destiné, si sublime et si grande que cette autre chose puisse apparaître, c'est la suprême immoralité, et toutes les contraintes que, ce faisant, l'on s'impose, et tout le déplaisir que l'on endure alors sont eux-mêmes des révoltes contre l'ordre divin qui nous en détourne et des soulèvements de notre volonté contre la sienne. Qu'est-ce donc qui a posé cette fin que notre nature ne nous a pas proposée sinon notre propre volonté, notre propre choix, notre propre sagesse qui s'honore elle-même ? Nous sommes donc bien loin d'avoir renoncé à notre propre volonté. Ces efforts sont même nécessairement la source du plus grand malheur. Dans une telle situation, il nous faut constamment nous contraindre, nous forcer, nous pousser à nous renier nous-mêmes, car nous ne ferons jamais volon-tiers ce qu'au fond nous ne pouvons pas vouloir, et nous ne parviendrons jamais à le réaliser, car nous ne pouvons pas du tout faire ce à quoi notre nature se refuse. C'est là la sainteté par les œuvres, tout droit sortie du choix personnel, contre laquelle le christianisme par exemple nous met en garde. Quelqu'un pourrait déplacer des montagnes et livrer son corps aux flammes, sans que cela ne l'aide le moins du monde, si ce n'est pas son amour, c'est-à-dire si ce n'est pas son être spirituel propre qui implique nécessairement son affect. – Aie la volonté d'être – je veux dire : dans le suprasensible, car dans le sensible il n'y a absolument aucun bonheur – aie la volonté d'être ce que tu dois être, ce que tu peux être, et ce que pour cette raison même tu veux être, – telle est la loi fondamentale aussi bien de la moralité supérieure que de la vie bienheureuse.

3. Cette destination supérieure de l'homme, que celui-ci embrasse, comme nous l'avons dit, avec son amour entier et sans partage, va bien sûr d'abord concerner son propre agir, mais, par son intermédiaire, elle porte en second lieu aussi sur un certain succès dans le monde sensible. Aussi longtemps que l'homme ignore encore la véritable racine et l'unique | point 162 fondamental de son être-là, les deux éléments que nous avons nommés, son être intérieur propre et son succès extérieur, se mélangeront pour lui. S'il échoue en quelque manière et si le succès extérieur auquel il aspire vient à lui manquer, ce qui assurément ne tiendra jamais à lui, car il veut seulement ce qu'il peut, mais aux circonstances extérieures qui échappent à son influence, alors cet échec fera que son amour, qui a encore un objet mêlé, ne sera pas satisfait, et par là même sa béatitude en sera troublée et assombrie. Cela le pousse à rentrer plus profondément en lui-même pour rendre parfaitement clair ce à quoi il aspire vraiment et ce à quoi, au contraire, il n'aspire pas en fait et en vérité, mais qui lui est indifférent. Par cet examen de soi il trouvera la même chose que celle que nous avons exprimée clairement ci-dessus, même si l'on admet qu'il ne le fera pas avec les mêmes mots : c'est au développement de la vie et de l'être divins en lui, que lui, cet individu déterminé, aspire d'abord et véritablement : c'est ici qu'alors tout son être

et son véritable amour lui deviennent parfaitement clairs, et à partir du troisième point de vue, celui de la moralité supérieure, dans lequel nous nous sommes maintenus jusqu'à présent, il s'élèvera au quatrième, celui de la religiosité. Cette vie divine, telle qu'elle peut et doit se développer simplement en lui et dans son individualité, poursuit son développement sans heurt et sans obstacle ; c'est la seule chose qu'il veut vraiment ; sa volonté est donc toujours réalisée et il est absolument impossible que quelque chose de contraire à elle puisse en résulter. Or, cette vie tournée vers l'intérieur, qui est la sienne propre, désire bien sûr encore et toujours se répandre aussi dans les choses qui l'environnent et leur donner la figure qui lui ressemble, et c'est seulement dans cet effort vers l'extérieur qu'il se montre comme véritable vie intérieure, et en aucune façon comme une simple méditation morte ; mais le succès de cet effort tourné vers le dehors ne dépend pas seulement de sa vie individuelle isolée, mais de la liberté commune à tous les autres individus hors de lui : cette liberté, Dieu Lui-même ne peut vouloir l'anéantir ; c'est pourquoi aussi l'homme qui s'est voué à Lui et qui est au clair en ce qui le concerne ne peut vouloir qu'elle soit anéantie. C'est pourquoi il souhaite assurément le succès extérieur et travaille inlassablement et de toutes ses forces, parce qu'il ne peut faire autrement, et parce que c'est là sa vie intérieure la plus propre, à promouvoir celle-ci, mais ce succès, il ne le veut pas de façon absolue et inconditionnelle, et si celui-ci vient à manquer, cela ne trouble pas sa paix ni sa béatitude un seul instant ; son amour et sa béatitude font retour dans sa propre vie, où il n'est pas un seul jour où ils ne soient satisfaits. – Voilà ce qu'on pouvait dire de manière générale. Au demeurant, la matière que nous venons d'aborder réclame une discussion supplémentaire, que nous réservons au prochain discours afin de parvenir encore dans celui d'aujourd'hui à la conclusion qui va répandre sur l'ensemble une clarté générale. – À savoir :

| 4. Tout ce que veut cet homme moral et religieux et qu'il **163** poursuit inlassablement n'a pour lui aucune valeur ni en soi ni pour soi, – en soi, cela n'en a d'ailleurs aucune, et ce n'est pas en soi ce qui est le plus parfait, mais seulement ce qui est à ce moment-là du temps le plus parfait, qui, dans le temps à venir, se verra refoulé par quelque chose d'encore plus parfait –, au contraire cela a pour lui de la valeur parce que c'est l'apparition immédiate de Dieu qu'il prend en lui, en lui cet individu déterminé. Or, Dieu est originairement aussi en chacun des autres individus hors de Lui, et Il l'est pareillement sous une figure qui leur appartient en propre, bien que, chez la plupart, Il reste caché du fait de leur volonté propre et par manque de liberté suprême, et ainsi Il n'apparaît effectivement ni à eux-mêmes, ni aux autres dans leur agir. Dans cette situation, l'homme moralement religieux est – de son côté, bien sûr, entré dans la part qu'il prend dans l'être vrai –, du côté des autres individus, il est coupé et séparé des parties constitutives de l'être qui lui appartiennent, et il demeure en lui une aspiration et un effort douloureux pour s'unir et confluer avec les moitiés qui lui appartiennent, non pas que cette aspiration trouble sa béatitude, car ceci est le sort permanent qui lui échoit du fait de sa finitude et de sa sujétion à Dieu, cette dernière elle-même étant une part de sa béatitude qu'il doit embrasser avec amour.

Par quoi cet être intérieur caché, s'il en venait à se manifester dans l'agir des autres hommes, recevrait-il de la valeur pour l'homme religieux présupposé ici ? À l'évidence pas par lui-même, puisque son essence propre par elle-même n'a pas non plus de valeur pour lui, mais parce qu'il est l'apparition de Dieu dans ces individus. En outre, par quoi

voudra-t-il que cette apparition reçoive de la valeur pour
ces individus eux-mêmes ? À l'évidence seulement du fait que
cet être soit reconnu par eux comme l'apparition de Dieu en
eux. Enfin, par quoi voudra-t-il que ses propres faits et gestes
obtiennent de la valeur pour ces individus ? À l'évidence
seulement du fait qu'ils le reconnaissent pour l'apparition de
Dieu en lui.

Nous avons donc désormais un caractère universel
extérieur de la volonté moralement religieuse, dans la mesure
où cette dernière sort de sa vie intérieure éternellement cachée
en soi et apparaît au-dehors. En premier lieu, l'objet de cette
volonté n'est éternellement que le monde des esprits des individus raisonnables, car le monde sensible des objets a pour lui
depuis longtemps sombré au rang de simple sphère. Mais sa
volonté positive concernant ce monde des esprits consiste en
ce que, dans l'agir de chaque individu, apparaisse purement la
figure que l'essence divine a prise en lui, et en ce que chaque
individu connaisse Dieu dans l'agir de tous les autres, tel qu'Il
apparaît en dehors de Lui, et que tous les autres reconnaissent
pareillement Dieu dans l'agir de cet individu tel qu'Il apparaît
à l'extérieur d'eux, et que, par conséquent, pour toujours et
pour toute l'éternité, Dieu se manifeste entièrement en toute
164 apparition et que Lui seul | vive et règne et rien hors de lui, et
que, omniprésent et dans toutes les directions, Lui seul,
éternellement, apparaisse à l'œil du fini.

Ainsi, comme le christianisme l'énonce sous forme de
prière : que ton *règne* vienne, c'est-à-dire l'état du monde où il
n'y a plus que toi qui es, vis et gouvernes, du fait que ta volonté
se réalise sur la *Terre*, dans la réalité effective, au moyen de la
liberté que toi-même ne peux supprimer, tout comme elle se
réalise éternellement et que rien d'autre ne peut se réaliser au

ciel, dans l'idée, dans le monde tel qu'il est en soi et sans relation à la liberté. –

Par exemple. C'est là qu'on les voit se lamenter, dire qu'il y a tant de misère dans le monde et se mettre avec un zèle en soi louable à faire en sorte de la diminuer un peu ! Ah ! La misère qui se découvre en premier au regard n'est hélas pas la vraie misère ; les choses étant ce qu'elles sont, la misère est encore le meilleur de tout ce qu'il y a dans le monde, et, en dépit de toute la misère, rien pourtant ne s'améliore dans le monde, on pourrait presque croire qu'il n'y a pas encore assez de misère en lui : que l'image de Dieu, l'humanité, soit souillée et humiliée, réduite en poussières, voilà la vraie misère dans le monde, celle qui remplit l'homme religieux d'une sainte indignation. – Tu atténues peut-être les souffrances des hommes, aussi loin que s'étend ton bras, en sacrifiant tes propres jouissances les plus chères. Mais si cela ne t'arrive que parce que la nature t'a donné un système nerveux si délicat et si harmonieusement accordé au reste de l'humanité, que chaque fois que tu aperçois une douleur, son écho retentit encore plus douloureusement dans tes nerfs, on peut bien en remercier cette délicate organisation qui est la tienne ; personne, dans le monde des esprits, ne mentionnera ce que tu as fait. Mais si cette même action, tu l'as accomplie avec la sainte colère qui refuse que le fils de l'éternité, en qui bien sûr habite aussi quelque chose de divin, doive être tourmenté par de telles frivolités et qu'il reste là abandonné par la société, – avec le souhait qu'un jour lui soit accordé une heure de gaieté dans laquelle il puisse jeter un regard joyeux et reconnaissant vers le ciel, – avec pour fin que dans ta main lui apparaisse la main salvatrice de la divinité et qu'il se rende compte que le bras de Dieu n'est pas encore si court qu'il ne puisse avoir partout assez d'instruments et de serviteurs, et que ta fin soit de faire se lever pour lui la foi,

l'amour et l'espérance, alors l'objet proprement dit que tu
voulais aider à se relever ne serait pas son extériorité qui
reste toujours dénuée de valeur, mais son intériorité : alors
cette même action serait accomplie avec une signification
moralement religieuse.

Dixième leçon

165 | Honorable Assemblée [1],

Ressaisissez aujourd'hui une fois encore d'un seul coup
d'œil l'ensemble du traité engendré ici sous vos yeux,
maintenant que nous envisageons de le conclure.

La vie en soi est une, elle reste, sans être sujet à aucun
changement, égale à elle-même et, étant la plénitude achevée
de l'amour de la vie qui repose en elle, elle est béatitude achevée. Cette vraie vie est au fond partout où se rencontre quelque
figure et un degré de vie ; seulement, quand s'y mêlent des éléments de mort et de non-être, elle peut être recouverte et alors,
à travers tourment et douleur et par la mortification de cette
vie imparfaite, elle se pose en obstacle à son propre développement. Nous avons accompagné des yeux ce développement
de la vraie vie à partir de la vie apparente et imparfaite, par
quoi, au début, elle peut être recouverte, et nous envisageons
aujourd'hui d'introduire cette vie en son centre et de la laisser
prendre possession de toute sa gloire. Dans le dernier discours,
nous avons caractérisé la vie effective suprême, c'est-à-dire

1. Séance du 23 mars.

– puisque la réalité effective s'arrête entièrement dans une forme de la réflexion, mais que la forme absolument ineffaçable de la réflexion est l'infinité, – cette vie qui s'écoule dans le temps infini et se sert de l'être-là personnel de l'homme comme de son instrument et par là apparaît comme un agir – en lui donnant le nom de moralité supérieure. Il nous a fallu bien sûr avouer, que, du fait de la séparation, que la loi de la réflexion pose de façon irrévocable, de l'essence divine une en plusieurs individus, l'agir de chaque individu particulier ne peut éviter de faire effort en dehors de lui, dans le reste du monde de la liberté, vers un succès qui ne dépend pas seulement de lui, et que néanmoins la béatitude de cet individu n'est pas troublée si ce succès ne se produit pas, pour peu seulement qu'il s'élève jusqu'à comprendre ce à quoi il aspire vraiment de façon inconditionnée et qu'il distingue cette aspiration première de ce à quoi il aspire seulement sous condition, car c'est là la religiosité véritable. C'est en particulier à propos de ce dernier point que j'ai renvoyé à notre discours d'aujourd'hui et promis dans celui-ci une explication plus approfondie à son sujet.

Je prépare cette explication en saisissant notre objet tout entier à partir de son point de vue le plus profond.

| L'être – est là; et l'être-là de l'être est nécessairement **166** conscience ou réflexion selon des lois déterminées reposant dans la réflexion elle-même et à développer à partir d'elle : tel est le fondement, désormais suffisamment expliqué de tous côtés, de tout notre enseignement. L'être seul est ce qui Est là dans l'être-là, et c'est par son être [1] en lui seul que l'être-là est, et il reste là éternellement en lui tel qu'il est en lui-même, et

---

1. *Seien.* Ce terme souligne davantage que *Sein* la dimension éminemment active de l'être tel qu'il est entendu ici.

sans son être en lui, l'être-là disparaîtrait dans le néant. Personne n'en doute et personne, qui seulement le comprend, ne peut en douter. Mais dans l'être-là en tant qu'être-là, ou dans la réflexion, l'être change, de façon absolument immédiate, sa forme radicalement insaisissable, que l'on peut tout au plus décrire comme pure vie et acte, en une *essence*, en une déterminité fixe ; nous ne nous sommes jamais exprimés autrement sur l'être et jamais personne ne s'exprimera autrement là-dessus, que de la manière dont nous parlions de son essence intime. Bien qu'en soi notre être soit et reste éternellement l'être de l'être, et qu'il ne puisse jamais devenir autre chose, ce que nous sommes, avons et possédons nous-mêmes et pour nous-mêmes sommes – sous la forme de notre Soi, du Moi, de la réflexion, dans la conscience – n'est pourtant jamais l'être en soi, mais l'être sous la forme qui est la nôtre, en tant qu'essence. Comment l'être, qui n'entre absolument pas de manière pure dans la forme, est-il cependant connecté à cette dernière ? La forme n'expulse-t-elle pas inexorablement hors de soi et n'installe-t-elle pas un deuxième être, absolument nouveau, alors que cet être nouveau et second est justement tout à fait impossible ? Réponse : pose seulement à la place de tout Comment un simple Que. L'un et l'autre sont simplement connectés[1] : un tel lien existe parfaitement, qui, plus haut que toute réflexion, ne prenant sa source dans aucune réflexion et ne reconnaissant l'autorité d'aucune réflexion, éclot avec et à côté de la réflexion. En tant qu'il accompagne la réflexion, ce lien est – sensation ; et, comme il est un lien, il est amour, et, comme il est le lien de l'être pur et de la réflexion, il est l'amour

1. Nous traduisons le verbe à la troisième personne du pluriel et non du singulier, car, de toute évidence, il est question ici, à nouveau, de la connexion de l'être et de la forme.

de Dieu. Dans cet amour, l'être et l'être-là, Dieu et l'homme, ne font qu'un, ils ont complètement fusionné et sont confondus (l'amour est le point où s'entrecroisent ce que nous avons appelé plus haut A et B); le fait que l'être se porte et se tienne lui-même dans l'être-là est l'amour qu'il a pour soi; que l'on n'aille surtout pas le penser comme sensation, puisque nous n'avons pas à le penser du tout. Le surgissement de cet acte par lequel il se tient lui-même à côté de la réflexion, c'est-à-dire la sensation de cet acte par lequel il se tient lui-même, est l'amour que nous avons pour lui; ou, selon la vérité, son propre amour envers lui-même, sous la forme de la sensation, puisque ce n'est pas nous qui avons le pouvoir de l'aimer, mais c'est lui-même seulement qui est capable de s'aimer en nous.

Cet amour, non pas le sien ni le nôtre, mais cet amour réciproque par lequel seul nous sommes séparés en deux, et de même liés pour ne faire qu'un, est celui qui d'emblée crée | le **167** concept vide, que nous avons souvent évoqué, d'un être pur ou d'un Dieu. Qu'est-ce donc qui nous conduit au-delà de tout être-là connaissable et déterminé, et au-delà du monde entier de la réflexion absolue? C'est notre amour, que nul être-là ne saurait remplir. Le concept ne fait là que ce qu'il est justement seul à pouvoir faire, il indique et configure cet amour, en évidant complètement son objet, qui ne devient objet que par lui, de tout ce qui ne satisfait pas cet amour, ne lui laissant, outre le fait d'être éternellement aimé, rien que la pure néga-tion de toute conceptualité. Qu'est-ce donc qui nous rend certain de Dieu, si ce n'est l'amour reposant absolument sur soi-même, qui ne saurait nullement être mis en doute, sachant qu'un tel doute ne serait possible que dans la réflexion? Et qu'est-ce qui fait reposer cet amour sur lui-même, si ce n'est qu'il est immédiatement l'acte par lequel l'absolu lui-même se porte et se maintient? – Ce n'est pas la réflexion, honorable

assemblée, laquelle, en vertu de son essence, se scinde en deux
en soi-même et ainsi d'avec soi-même ; c'est l'amour qui est la
source de toute certitude et de toute vérité, et de toute réalité.

Le concept de Dieu, se réduisant par là à un concept vide de
contenu, indique l'amour en général, disais-je. Dans la vie
vivante en revanche, – je vous prie de le remarquer – cet amour
n'est pas indiqué, mais il est, et il a, et tient l'aimé, non point
dans le concept, qui ne le rejoint jamais, mais bien immédiatement dans l'amour, et certes tel que l'aimé est en lui-même,
parce que l'amour n'est rien d'autre que l'acte par lequel l'être
absolu se tient lui-même. Cette teneur, ce matériau de l'amour,
voilà ce dont la réflexion de la vie fait tout d'abord une essence
fixe et objective, avant de scinder à nouveau cette dernière et
de la configurer différemment, à l'infini, et de créer ainsi
son monde. Je demande : qu'est-ce donc qui donne, pour ce
monde, en qui la forme de l'essence et la figure sont manifestement le produit de la réflexion, son matériau fondamental
propre ? Manifestement l'amour absolu ; l'absolu amour :
– comme vous voudrez dire – de Dieu pour son être-là ; ou – de
l'être-là pour le Dieu pur. Et que reste-t-il à la réflexion ? à
l'établir objectivement et le configurer à l'infini. Mais, même
au regard de ce dernier point, qu'est-ce qui fait que la réflexion
ne s'arrête jamais nulle part, mais la pousse au contraire sans
relâche de chaque terme réfléchi auquel elle est parvenue, à un
terme suivant, et de celui-ci au prochain ? C'est l'amour indéracinable pour l'absolu pur et réel, qui échappe nécessairement
à la réflexion, qui se cache derrière toute réflexion, et qui pour
cette raison doit être cherché nécessairement à l'infini derrière
toute réflexion ; c'est lui qui la pousse à travers l'éternité et
l'étend à une éternité vivante. L'amour est ainsi plus élevé que
toute raison, et il est lui-même la source de la raison, et la
racine de la réalité, et l'unique créateur de la vie et du temps ;

j'ai enfin énoncé clairement par là, | honorable assemblée, le **168** point de vue réel suprême d'une doctrine de l'être, de la vie, et de la béatitude, c'est-à-dire de la spéculation vraie, vers les hauteurs duquel nous progressions jusqu'à maintenant.

(Enfin, l'amour, de même qu'il est source de la vérité et certitude en général, est aussi pareillement la source de la vérité achevée dans l'homme effectif et dans sa vie. La vérité achevée est la science : mais l'élément de la science est la réflexion. Dès que cette dernière devient claire à elle-même en tant qu'amour de l'absolu et dès qu'elle le saisit, comme elle y est nécessairement obligée, en tant que se trouvant radicalement au-delà de toute réflexion et inaccessible à elle sous toutes les formes possibles, elle entre d'abord dans la vérité objective pure et c'est seulement par cela qu'elle devient aussi capable d'isoler et d'appréhender dans sa pureté la réflexion auparavant encore et toujours mêlée pour elle avec la réalité et d'établir tous les produits de la réflexion de manière exhaustive dans la réalité, en fondant par là une doctrine du savoir. – Bref, la réflexion devenue amour divin et s'anéantissant par là purement elle-même en Dieu est le point de vue de la science, que je tenais à signaler au passage en profitant d'une occasion qui s'y prêtait).

Afin de vous livrer cela sous une forme facile à retenir et de le relier à ce qui est déjà familier, par deux fois déjà nous avons transposé la parole johannique : au commencement était le Verbe, etc. dans notre mode d'expression relevant d'un usage immédiat, tout d'abord de la manière suivante : au commencement, c'est-à-dire absolument auprès de l'être, était l'être-là, ensuite, une fois connues de plus près les multiples déterminations internes de l'être-là et cette multiplicité rassemblée sous la dénomination de forme, de la manière suivante : au commencement et, de manière absolue, auprès de Dieu ou

auprès de l'être, était la forme. Maintenant que nous avons
reconnu que la conscience, que nous tenions auparavant pour
le véritable être-là, avec toute sa forme multiple, n'est que
l'être-là de seconde main et la simple apparition de ce dernier,
mais que l'être-là vrai et absolu, dans sa forme propre,
est amour, alors nous énonçons cette parole de la manière
suivante : au commencement, plus haut que tout temps et
créateur absolu du temps, est l'amour, et l'amour est en Dieu,
car il est son acte de se maintenir Lui-même dans l'être-là, et
l'amour est lui-même Dieu. En lui, Il est et demeure éternellement tel qu'Il est en Lui-même. Par lui, à partir de lui comme
matériau fondamental et au moyen de la réflexion vivante, sont
faites toutes les choses et sans lui, rien n'est fait de ce qui est
fait, et, éternellement, en nous et tout autour de nous, il se fait
chair et habite parmi nous, et il ne tient qu'à nous-mêmes
d'apercevoir sans relâche sa gloire comme une gloire de
l'écoulement [1] éternel et nécessaire de la divinité.

169 | La vie vivante est l'amour, elle a et possède, en tant
qu'amour, l'aimé, embrassé et pénétré par elle, fusionné et
confondu avec elle : l'amour, éternellement un et le même. Ce
n'est point l'amour qui pose la vie extérieurement devant lui et
qui la scinde, cela, c'est seulement la réflexion qui le fait. Dans
la mesure donc où l'homme est l'amour, – et cela il l'est à la
racine de sa vie toujours, et il ne peut être autre chose, bien
qu'il puisse être l'amour de lui-même, et, dans la mesure où en
particulier il est l'amour de Dieu, il demeure toujours et
éternellement l'Un, le Vrai, l'Impérissable, tout comme Dieu
même, et il reste Dieu lui-même ; et ce n'est pas une métaphore

---

1. *Ausfluss*. Nous traduisons ici ce terme par « écoulement » pour le
distinguer du mot *Emanation* employé p. [119] et [122], où il désigne une
conception de la création dont Fichte se distingue.

hardie, mais la vérité littérale que ce même Jean énonce : celui qui demeure en l'amour, demeure en Dieu, et Dieu en lui. C'est seulement sa réflexion qui, la première, lui rend étranger, non pas un être étranger, mais cet être même qui est le sien propre, et qui cherche à saisir dans toute l'infinité ce qu'il est et demeure lui-même, toujours et éternellement, et de façon omniprésente. Ce n'est donc pas son essence intérieure, la sienne propre, qui n'appartient à personne d'étranger, mais à lui-même, qui là se métamorphose éternellement; mais ce n'est que l'apparition de cette essence, qui, dans l'essence, reste éternellement hors de portée de l'apparition, – c'est elle qui se métamorphose. L'œil de l'homme lui cache Dieu et scinde la lumière pure en rayons colorés, avons-nous dit en son temps, à présent nous disons : Dieu est caché à l'homme par l'œil de l'homme, simplement parce que Lui-même est caché à lui-même par cet œil qui est le sien, et parce que son voir ne peut jamais atteindre son être propre. Ce qu'il voit est éternellement lui-même; comme nous disions déjà plus haut : seulement il ne se voit pas tel qu'il est lui-même, car son être est un, mais son voir est infini.

L'amour entre nécessairement dans la réflexion et apparaît immédiatement comme une vie, qui fait d'une existence personnellement sensible son instrument, donc comme un agir de l'individu, et de fait comme un agir dans une sphère entière-ment propre à l'amour, au-delà de toute sensibilité, dans un monde complètement nouveau. Là où est l'amour divin, là est nécessairement cette apparition, car c'est ainsi que le premier apparaît par soi sans qu'un nouveau principe s'interpose, et, à l'inverse, là où cette apparition n'est pas, n'est pas non plus l'amour divin. C'est en vain que l'on dit à celui qui n'est pas dans l'amour : agis moralement, car c'est seulement dans l'amour que se lève le monde moral, et sans amour, il n'y a pas de monde moral ; et il est tout aussi superflu de dire à celui qui aime : agis, car son amour vit déjà par lui-même, et l'agir, l'agir moral est seulement la tranquille apparition de cette vie qui est la sienne. En et pour soi-même, l'agir n'est rien du tout et il n'a aucun principe propre, mais, calme et tranquille, il 170 s'écoule hors de l'amour, comme | la lumière semble s'écouler hors du soleil, tout comme le monde s'écoule effectivement hors de l'amour intime que Dieu se porte à Lui-même. Si quelqu'un n'agit pas, il n'aime pas non plus, et celui qui croit aimer sans agir, c'est seulement sa fantaisie qui est mise en mouvement par une image de l'amour qui lui a été apportée du dehors, tandis qu'à cette image ne correspond aucune réalité intérieure, reposant en lui-même. Celui qui dit : j'aime Dieu, toujours selon les paroles de Jean, et qui, – après qu'il a établi l'amour fraternel lui-même en tant que moralité supérieure, en un certain sens très exact, – en même temps, hait son frère, celui-là est un menteur[1], ou, comme nous dirions en nous adaptant davantage à notre époque, mais en un discours non moins dur, celui-là est un extravagant, – et l'amour de Dieu ne demeure pas en lui – ne demeure pas *realiter*, ce n'est pas la racine de sa vraie vie, il peut tout au plus se l'imaginer.

L'amour est éternellement d'un seul tenant et ramassé en soi, disions-nous ; et il a en soi, en tant qu'amour, éternellement la réalité entière ; c'est purement et simplement la réflexion qui divise et qui scinde. C'est pourquoi – ce qui nous fait revenir sur le point auquel nous nous étions arrêtés lors de la conférence précédente – c'est pourquoi aussi la scission de la vie divine Une en différents individus n'est aucunement dans l'amour, mais seulement dans la réflexion. L'individu qui

1. 1 *Jn* 4, 20.

s'apparaît immédiatement comme agissant, est donc, avec tous les individus apparaissant en dehors de lui, simplement l'apparition de l'amour Un, mais en aucun cas la chose même. C'est dans son propre agir que l'amour doit apparaître, sans quoi l'amour n'existerait pas, mais l'agir moral des autres n'est pas pour lui, de manière directement accessible, l'apparition de l'amour ; le défaut d'agir moral des autres ne prouve pas immédiatement l'absence d'amour ; c'est pourquoi, comme nous nous exprimions déjà dans la conférence précédente, la moralité et la religiosité d'autrui ne sont pas voulues inconditionnellement, mais elles le sont avec la limitation que nous impose la liberté des autres, et l'absence de cette moralité générale ne trouble pas la paix de l'amour qui repose absolument sur lui-même.

La moralité et la religiosité de tout le reste du royaume des esprits se rattachent d'abord à l'agir de chaque individu particulier, comme la chose qui doit être effectuée se rattache à sa cause. L'homme moralement religieux veut répandre universellement la moralité et la religion. Mais ce qui sépare sa religiosité de celle des autres est simplement une séparation dans la réflexion. Qu'il soit affecté par le succès ou l'insuccès doit donc nécessairement se produire en obéissant à la loi de la réflexion. Mais, comme nous l'avons déjà vu plus haut à une autre occasion, l'affect propre de la réflexion est l'approbation ou la désapprobation, laquelle bien sûr n'est pas obligée d'être toujours froide, au contraire elle est d'autant plus passionnée que l'homme en général est plus aimant. | Mais la réflexion sur **171** la moralité des autres implique effectivement un affect, car cette réflexion est la plus haute pour le religieux et la racine véritable du monde entier hors de lui qu'il faut embrasser avec affect, et ce monde est pour lui purement et simplement un monde des esprits.

Ce qui vient d'être énoncé nous livre les principes pour caractériser, plus profondément qu'on ne pouvait le faire lors du dernier discours, la disposition du religieux à l'égard des autres, ou ce que l'on appellerait son amour des hommes.

Tout d'abord, rien n'est plus éloigné de cet amour religieux des hommes que cette façon, que l'on loue, d'être bon, et d'être toujours bon, et de tout trouver bon. Cette dernière façon de penser, bien loin d'être l'amour de Dieu, est bien plutôt la platitude absolue, que nous avons décrite à satiété dans un précédent discours, c'est la déliquescence intérieure d'un esprit incapable d'aimer comme de haïr. – L'homme religieux n'est pas concerné – à moins que ce ne soit sa vocation particulière de se soucier d'assurer aux hommes une digne subsistance – par la félicité sensible du genre humain ; et il ne veut aucun bonheur pour celui-ci, hors des voies de l'ordre divin. Son désir ne peut pas être de vouloir les rendre bienheureux en se servant des circonstances ; de même que cela ne pourrait être le désir de Dieu : car la volonté et la résolution de Dieu, même lorsqu'elles portent sur la race de ses frères, sont toujours les siennes. Dieu veut que nul ne trouve la paix ni le repos sinon en Lui, et que tous soient constamment tourmentés et rongés, jusqu'à l'anéantissement d'eux-mêmes et leur retour en Dieu, et c'est la même chose que veut aussi l'homme qui s'est voué à Dieu. Quand il retrouvera leur être en Dieu, il l'aimera ; leur être en dehors de Dieu, il le hait intimement et c'est justement sa façon d'aimer leur être authentique que de haïr l'être qui leur impose des limites. Vous croyez, dit Jésus, que je suis venu apporter la paix sur Terre – la paix, c'est-à-dire cette façon de trouver bon tout ce qui est là. – Non, puisque vous êtes tel que vous êtes, je vous apporte le glaive[1]. Aussi, l'homme religieux est-il bien éloigné de la tendance connue également, et souvent encouragée, propre à la platitude que nous avons mentionnée, à se faire accroire n'importe quoi sur les événements du temps, pour ne pas avoir à quitter leur humeur confortable, de tourner leur sens en le tirant vers ce qui est bien, vers ce qui est beau. Il veut les voir tels qu'ils sont dans la vérité, et il les voit tels car l'amour affute le regard ; il juge sévèrement et de manière tranchée, mais avec justesse, et pénètre les principes de la façon de penser dominante.

Considérant ce que les hommes pourraient être, son affect dominant est une sainte indignation devant leur existence sans honneur et sans dignité, considérant que tous cependant portent ce qu'ils ont de divin au plus profond, sauf qu'en eux, cela ne parvient pas | à l'apparition, observant qu'à travers tout **172** ce qu'on leur impute, c'est eux-mêmes qui s'infligent la plus grande douleur et que ce que l'on est enclin à appeler leur méchanceté n'est que la manifestation de leur propre misère profonde, songeant qu'ils n'auraient qu'à tendre la main vers le bien qui les entoure pour être dans l'instant digne et bienheureux : il est pris sur le champ de la plus intense mélancolie et du plus profond chagrin. Ce qui déclenche vraiment sa haine, c'est simplement le fanatisme de la fausseté, car celui-ci ne se contente pas d'être lui-même dénué de toute dignité dans sa propre personne, mais s'efforce d'aller aussi loin qu'il peut pour rendre toute chose aussi indigne que lui et chaque fois qu'il aperçoit hors de lui un homme meilleur qu'il est, il s'emporte furieusement et cela irrite sa haine. Car – tandis que ce qui a été décrit en premier n'est que l'œuvre de pauvres

---

1. *Mt* 10, 34.

pêcheurs, ce qui vient d'être décrit est l'œuvre du diable, car le diable ne hait pas le bien simplement parce qu'il est bien, ce qui le rendrait complètement impensable, mais par envie et parce que lui-même est incapable de le faire venir en lui. De même que, ainsi que nous l'avons récemment dépeint, celui que Dieu enthousiasme veut que, pour lui et pour tous ses frères, de tous côtés et dans toutes les directions, éternellement, ce soit seulement Dieu tel qu'Il est en Lui-même qui rayonne ; inversement, celui qui est enthousiasmé par lui-même veut que pour lui et pour tous ses congénères, de tous côtés et dans toutes les directions, éternellement, ce soit seulement l'image de sa propre indignité qui rayonne. En sortant de son individualité, il outrepasse la limite naturelle et humaine de l'égoïsme, il se fait idéal universel, il se fait dieu, tout ce que fait précisément le diable.

Enfin, dans l'homme religieux, l'amour pour son espèce se révèle avec une pleine résolution, invariablement, et en restant éternellement égal à soi, en ceci qu'absolument jamais et sous aucune condition, il ne renonce à œuvrer à son anoblissement et, ce qui en est la conséquence, il ne renonce absolument jamais et sous aucune condition, à l'espoir qu'il a mis en eux. On le sait : son agir est la nécessaire apparition de son amour ; mais, encore une fois, son agir va nécessairement vers l'extérieur, pose un dehors pour lui et pose la pensée qui est la sienne que, dans ce dehors, quelque chose doit devenir effectif. Si l'on n'extirpe pas cet amour en lui, il ne perdra jamais ni cet agir ni cette pensée qui est nécessairement la sienne quand il agit. Chaque fois qu'il est repoussé du dehors, sans obtenir le succès espéré, il est refoulé en lui-même, puisant dans la source de l'amour qui s'écoule éternellement en lui un nouveau désir et un nouvel amour, et de nouveaux moyens, et il est poussé en avant par cet amour à faire une nouvelle tentative, et si celle-ci échoue, à en faire une nouvelle, anticipant à chaque fois que ce qui n'a pas réussi jusque là réussira cette fois-ci ou la fois suivante, ou un jour quel qu'il soit, et s'il ne devait jamais réussir, il aurait au moins contribué, grâce à ses travaux préparatoires, au succès | d'un travailleur futur. Ainsi, l'amour **173** devient pour lui une source éternellement jaillissante de foi et d'espérance, mais pas en Dieu ou de Dieu, car Dieu, il l'a à chaque instant vivant en lui, et il n'a pas besoin de croire d'abord en Lui, car Dieu se donne à lui éternellement tout entier tel qu'Il est et il n'a par conséquent rien à espérer de Lui, mais de foi et d'espérance en l'homme. Cette foi inébranlable et cette infatigable espérance peuvent l'arracher, dès qu'il le veut, à toute l'indignation ou à tout le chagrin dont la considération de la réalité effective est susceptible de le remplir, et peuvent inviter dans sa poitrine la paix la plus assurée et le repos le plus imperturbable dès qu'il en a le désir. Qu'il regarde au-delà du présent dans l'avenir –, et, pour ce regard, il a bien toute l'infinité devant lui et il peut ajouter autant qu'il veut des millénaires aux millénaires qui ne lui coûtent rien.

Enfin – et où est donc la fin ? – il faut que tout se rende au havre sûr du repos et de la béatitude éternels ; enfin, il faut bien que le règne de Dieu se réalise : et sa puissance, et sa force, et sa gloire.

Nous aurions ainsi réuni en un seul point les traits fondamentaux qui composent le tableau de la vie bienheureuse, si tant est qu'un tel tableau soit possible. La béatitude elle-même consiste en l'amour, et dans la satisfaction éternelle de l'amour, et est inaccessible à la réflexion : le concept ne peut que l'exprimer négativement, de même aussi notre description qui procède par concepts. Nous pouvons seulement montrer que le bienheureux est libre de douleur, de peine et de privation ; en quoi consiste sa béatitude elle-même positivement, on ne peut pas le décrire, mais seulement le sentir immédiatement.

Ce qui rend malheureux, c'est le doute, qui nous entraîne tantôt ici tantôt là, c'est l'incertitude, qui étend devant nous une nuit impénétrable, dans laquelle nos pas ne trouvent aucun chemin assuré. L'homme religieux est dégagé pour toujours de la possibilité du doute et de l'incertitude. À chaque instant, il sait avec précision ce qu'il veut et doit vouloir car, pour lui, la racine la plus intime de sa vie, sa volonté, impossible à méconnaître, pour toute éternité, s'élance immédiatement hors de la divinité, le signe qu'elle nous donne n'est pas trompeur, et il a un regard infaillible pour ce qu'est son signe. À chaque instant, il sait avec précision qu'il saura pour toute l'éternité ce qu'il veut et doit, et que pour toute l'éternité la source de l'amour divin qui s'est ouverte en lui ne tarira pas, mais le soutiendra immanquablement et le conduira éternellement. Elle est la racine de son existence ; elle s'est montrée à lui une fois pour toutes avec clarté et son œil s'est attaché à elle avec un | amour intime : comment pourrait-elle s'assécher ? Comment son œil pourrait-il se tourner ailleurs ? De ce qui se passe autour de lui, rien ne le déconcerte. Qu'il le comprenne ou pas, il sait avec certitude que ces choses sont dans le monde de Dieu et qu'en ce monde rien ne peut être qui ne concoure au bien.

En lui, il n'est aucune crainte de l'avenir, car c'est ce qui est absolument bienheureux qui le conduit éternellement vers l'avenir ; point de remords concernant le passé, parce que s'il n'était pas en Dieu, c'est qu'il n'était rien, et c'est maintenant terminé, et c'est seulement depuis qu'il s'est retiré dans la divinité qu'il est né à la vie ; mais pour autant qu'il était en Dieu, ce qu'il a fait est juste et bon. Il n'a jamais à renoncer à quoi que ce soit, ou à tendre vers quelque chose, car il possède toujours et éternellement l'entière plénitude de tout ce qu'il peut saisir. Pour lui, effort et travail ont disparu ; toute son apparition s'écoule, aimable et facile, hors de son intériorité, et se détache de lui sans peine. Pour le dire avec les mots de l'un de nos grands poètes[1] :

> Éternellement clair, et limpide, et uni
> La vie s'écoule, légère comme le zéphyr
> Dans l'Olympe, pour les bienheureux.
> Les lunes changent et les générations s'enfuient –
> Les roses de leur jeunesse divine fleurissent,
> Immuables dans l'éternelle ruine.

Voilà tout ce que j'avais à vous communiquer dans ces leçons, honorable assemblée, concernant la vie véritable, et la béatitude. Il est très vrai que l'on pourrait encore parler longtemps de cet objet, et qu'il serait particulièrement intéressant, après avoir fait la connaissance de l'homme moralement religieux au point central de sa vie, de l'accompagner à partir de là dans la vie ordinaire, jusque dans les affaires et les circonstances les plus communes, et de le regarder là dans toute son amabilité et toute sa sérénité véritablement émouvantes. Mais sans une profonde connaissance des premiers points fondamentaux, une telle description ne se dilue que trop facilement pour l'auditeur, soit dans une déclamation vide, soit dans un mirage qui ne plaît que d'un point de vue esthétique, mais ne comporte en lui aucun fondement véritable de son existence. Et c'est là la raison pour laquelle nous préférons nous abstenir de poursuivre. Pour ce qui est des principes, nous en avons dit assez, peut-être même trop.

---

1. *Cf.* F. von Schiller, « *Das Ideal und das Leben* » (1795), *Schillers Werke*, *Nationalausgabe*, N. Oeller (hrsg), Weimar, Böhlaus, 1983 *Gedichte*, Bd. II, t. I, p. 399.

Pour ajouter à l'ensemble de l'œuvre sa conclusion appropriée, je vous invite pour une heure encore.

ONZIÈME LEÇON

Honorable Assemblée[1],

175 | Notre dernier discours vient d'épuiser complètement l'objet de notre recherche, autant qu'on devait l'épuiser ici, et, à présent, je n'ai plus à ajouter à l'ensemble que l'application à l'utilité générale, en me tenant, cela va de soi, à l'intérieur des limites qui me sont tracées, tant par le bon usage correctement fondé, que par le rapport de liberté et de libéralité que ces discours, honorable assemblée, ont noué entre vous et moi et qui prend fin aujourd'hui.

Mon souhait était de me communiquer à vous de façon aussi intime que possible, de pénétrer votre pensée et d'être, à mon sens, pénétré par vous. – Je crois d'ailleurs vraiment avoir réussi à formuler avec un degré de clarté inégalé, du moins jusqu'à présent, les concepts qui devaient ici être portés au langage, ainsi qu'à placer ces concepts dans leur liaison naturelle. Mais, même en présentant les concepts avec la plus grande clarté et même si l'auditeur les saisit très exactement, un grand fossé peut toujours demeurer béant entre celui qui donne et celui qui reçoit; la communication peut perdre vraiment beaucoup de son intimité potentielle, et, dans cette époque qui est la nôtre, il faut s'attendre à ce que le manque soit

_____
1. Séance du 30 mars.

proprement la règle et que son contraire soit seulement l'exception.

A notre époque, ce manque d'intimité dans la réception de l'enseignement que nous offrons a deux raisons principales.

Tout d'abord, on ne s'abandonne pas d'un cœur entier, comme on le devrait, à l'enseignement prodigué, mais on ne le reçoit qu'avec l'entendement ou la fantaisie. Dans le premier cas, on le considère simplement par désir de savoir ou par curiosité, afin de voir comment cela peut bien se faire et quelles figures il peut recevoir, avec par ailleurs de l'indifférence à l'égard du contenu, ses résultats important peu. Ou bien, dans le second cas, on se contente de se divertir en considérant la série des images, des apparitions, des mots et des façons de parler éventuellement plaisantes que l'on fait défiler devant notre fantaisie, en restant par ailleurs tout aussi indifférent à l'égard du contenu. On le place simplement à l'extérieur de soi, à distance de soi, devant soi et on le retranche de soi, au lieu, | comme on le devrait, de le soumettre à l'épreu- **176** ve de son véritable amour, et de voir comment il peut répondre à cet amour. Dès lors, il est facile de supposer la même humeur chez celui qui donne cet enseignement en croyant que tout ce qui importe pour lui, quand il passe son temps à spéculer, c'est de le faire d'une manière qui ne soit pas désagréable, de mettre en avant sa perspicacité et son art dialectique, en composant de belles phrases, et ainsi de suite. Mais, soulever la question – ne serait-ce qu'en son propre cœur – de savoir si celui qui enseigne peut bien être saisi par ce qu'il dit, dans son amour et dans sa vie, et supposer que lui aussi pourrait bien désirer nous saisir de cette manière, s'il le pouvait – voilà qui nous ferait craindre d'outrepasser les limites des droits de l'individu, de lui infliger un déshonneur et peut-être même de le métamorphoser en enthousiaste. – Il est vrai maintenant que si l'on ne présuppose pas ce que l'on vient d'évoquer, alors qu'on le pourrait très bien et qu'on devrait le faire, ce n'est pas à celui qui donne l'enseignement que l'on fait du tort, puisque celui-ci pourra facilement se dérober à ce jugement étranger qui reste très en arrière de son véritable état d'esprit, mais c'est à celui qui le reçoit que l'on fera tort, car l'enseignement qu'on lui donne dépend chaque fois pour lui de la manière dont il le prend, et cet enseignement n'aura aucune relation avec la vie, si lui-même ne la lui donne pas. Cette façon qu'a le simple entendement de considérer les choses de manière indifférente et froide est le caractère de la façon de penser scientifique et tout développement effectif de la science commence avec cette indifférence pour le contenu, puisque la correction de la forme seule suscite l'intérêt, et demeure dans le repos de cette indifférence jusqu'à ce que l'on ait achevé la production de la science; mais quand elle a terminé son développement, elle reflue dans la vie, à laquelle en fin de compte tout se rapporte. Notre but dans les présentes leçons n'était pas scientifique au premier chef, bien que j'aie dû plusieurs fois tenir compte en passant des besoins scientifiques de mes auditeurs, mais c'était un but pratique. C'est pourquoi aujourd'hui, alors que nous sommes sur le point de conclure, il nous faut assurément reconnaître que nous n'aurions rien à objecter, si quelqu'un présupposait que nous avons exposé le contenu de ces leçons avec un sérieux total et parfait, s'il disait que les principes que nous avons établis proviennent chez nous de la même source que la vie et ont réagi sur elle, que nous avons en tous les cas désiré que ces principes puissent aussi avoir de l'influence sur l'amour et sur la vie de nos auditeurs, et que nous ne tiendrons notre but pour complètement atteint que lorsque cela se produira effectivement et lorsque nous aurons des raisons de croire que la communication a été aussi intime qu'elle devait l'être.

La deuxième chose qui empêche l'intimité de la communication à notre époque, c'est la maxime dominante selon laquelle on ne veut pas prendre parti ni se décider, pour ou contre, laquelle façon de penser se nomme scepticisme et s'affuble encore d'autres | noms distingués. Nous en avons **177** déjà parlé au cours de ces leçons. Sa raison est un manque absolu d'amour, et même de l'amour le plus commun pour soi-même, – c'est le plus bas degré de déliquescence d'esprit tel que nous l'avons décrit plus haut, où l'homme n'est même plus capable de se préoccuper de son propre destin, et c'est aussi probablement l'opinion véritablement brutale qui considère que la vérité n'est pas un bien, et n'attache aucune importance à sa connaissance. Pour en finir avec ce scepticisme, qui ne trahit aucune espèce de perspicacité, mais au contraire un esprit émoussé au suprême degré, il faut à tout le moins statuer en soi-même s'il y a de la vérité quelque part, si elle est accessible à l'homme et si elle est un bien. Au terme de ces conférences, je dois avouer que, si aujourd'hui quelqu'un n'avait pas encore fait toute la clarté sur les points que je viens de nommer, et s'il demandait même un temps de réflexion pour trancher entre le oui et le non concernant les résultats que nous venons d'exposer ici, et si, approuvant par ailleurs l'habileté de l'exposé, il reconnaissait ne pas avoir de jugement sur la chose elle-même, je confesse, dis-je, qu'entre lui et moi, la communication et l'action réciproque auraient été des plus plates et qu'il n'aurait fait que recevoir un surcroît d'opinions possibles dans la réserve qu'il s'était constituée, alors que je pensais lui offrir tout ce qu'il y a de plus excellent. Pour moi, – il est certain, non pas certain comme le soleil dans le ciel ou comme ce sentiment que j'ai de mon propre corps, non : il est infiniment plus certain que la vérité existe et qu'elle est accessible à l'homme et qu'il doit la concevoir clairement, et je peux bien être convaincu d'avoir saisi moi aussi cette vérité dans la part qui est la mienne à partir d'un certain point qui m'est propre et à un certain degré de clarté, car sinon je me tairais évidemment et j'éviterais d'enseigner oralement ou par écrit; enfin, je peux bien être parfaitement convaincu que ce que j'ai enseigné partout, et en particulier ici, à savoir cette vérité éternelle, immuable, qui transforme en fausseté tout ce qui s'oppose à elle, est la vérité, car sinon ce n'est pas cela que j'aurais exposé, mais bien plutôt l'autre chose, celle que j'aurais tenue pour la vérité. – Chez un public plus large de lecteurs et d'écrivains, on a depuis longtemps cherché sans rime ni raison à faire porter sur moi le soupçon selon lequel j'aurais donné l'apparence d'être de cet avis singulier que je viens d'exprimer en dernier lieu; je l'aurais reconnu et avoué à **178** maintes reprises, toujours par voie de presse, | mais on semble penser – ce qui est écrit ne rougit pas – et persister dans l'espoir que j'aille encore une fois me tourmenter à cause de l'accusation que, dans ce but, on colporte toujours et continuellement : par honte, j'aurais voulu un jour reconnaître de vive voix, face à une assemblée nombreuse de personnes honorables, en les regardant dans les yeux, la vérité de l'accusation proférée contre moi. Le but et l'intention que depuis toujours j'ai poursuivis avec tout mon sérieux, dans toutes les communications, et donc aussi dans celles que j'ai faites pour vous, honorable assemblée, dans ces conférences, a été de rendre ce que j'ai connu, par tous les moyens qui sont en mon pouvoir, clair et compréhensible aux autres, et même, dans la mesure où j'en suis capable, de les forcer à comprendre : car alors par la suite, comme j'en étais sûr, la conviction de la vérité et de la justesse de ce que j'ai exposé se rencontrerait d'elle-même;

c'est assurément mon but depuis toujours, et de la même façon encore maintenant, que de répandre ma conviction, de faire des prosélytes, ou quels que soient les mots que ceux qui la haïssent voudront employer pour exprimer l'intention que je reconnais d'un cœur libre. Cette modestie qui m'a été recommandée bien souvent de toutes les façons, et qui consiste à dire : voyez, c'est là mon opinion, la façon dont je vois la chose, pour ma personne, tout en ayant, bien sûr, par-dessus le marché, aussi *l'*opinion que l'opinion qui est la mienne n'est en rien meilleure que toutes les opinions qui ont été nourries depuis le commencement du monde et qui le seront jusqu'à sa fin, – cette modestie, dis-je, je ne puis la faire mienne pour la raison que j'ai donnée, et en outre, parce que je reconnais cette modestie pour la plus grande immodestie qui soit et que je tiens pour une arrogance terrible et digne d'horreur le fait de croire que quelqu'un veut savoir de quelle manière nous, pour notre personne, voyons une chose tout comme le fait d'ouvrir la bouche pour enseigner, en un temps où l'on n'est plus conscient que de son *opinion*, et plus du tout de son *savoir*. Bien sûr, il me faut par après, une fois que la chose a eu lieu, me rendre à l'évidence que l'on ne m'a pas compris, et que pour cette raison même l'on n'a pas été convaincu, parce qu'il n'existe pas de moyen de contrainte externe pour forcer logiquement à comprendre, et parce que la compréhension et la conviction ne peuvent se développer qu'en partant de son amour et du plus intime de la vie ; mais me résigner déjà par avance à ne pas être compris, et escompter l'incompréhension durant le temps même que je communique mon savoir, | comme une chose qui doit arriver, voilà ce que je ne puis faire ; **179** et jamais je ne l'ai fait, encore moins lors de ces conférences.

Les circonstances quotidiennes que l'on rencontre à notre époque ne cessent de raviver et de renouveler les obstacles dont nous parlons, empêchant qu'une communication plus intime et plus féconde ne se porte sur des objets sérieux, même chez ceux qui auraient sans doute le désir et la force de les surmonter. – Vous trouverez, honorable assemblée, à mesure que mon avis apparaîtra plus clairement, que jusqu'ici je n'ai pas évoqué directement ces choses et que je n'y ai pas non plus fait allusion indirectement : à présent, toutefois, après de mûres réflexions et considérations, je me suis résolu, pour finir, à reconnaître l'existence de ces circonstances, à les juger à l'aune de leur principe, et à vous donner pour l'avenir, au moyen de cette façon de voir plus profonde, des armes contre elles, autant que je le peux, et pour autant qu'une force étrangère le puisse en général.

Je ne dois pas me laisser arrêter par la détestation quasi universelle et que je connais fort bien, à l'endroit de ce que l'on nomme une polémique ; car cette détestation naît elle-même desdites circonstances que j'entends combattre, et c'est l'une de leurs composantes les plus raffinées. Là où elle n'est pas quelque chose d'encore plus infâme, ce dont nous reparlerons plus loin, elle consiste à tout le moins dans l'aversion maladive face au surcroît de netteté que chaque controverse nous oblige toujours à produire dans la distinction et l'analyse, ainsi que dans l'amour insurmontable pour la confusion et la déliquescence de tous les opposés, que nous avons déjà décrit à satiété.

Je devrais tout aussi peu me laisser arrêter par l'admonestation fréquemment perceptible, selon laquelle on devrait fermer les yeux sur des choses de ce genre et les mépriser. Il ne faut pas s'attendre à ce qu'à notre époque un homme quelconque, doué d'une claire connaissance et d'un caractère affirmé, en vienne à manquer de mépris devant la supposition que des jugements proférés dans de telles circonstances pourraient blesser sa personne et l'humilier; et ceux-là qui admonestent, n'imaginent même pas sans doute quelle quantité de mépris ils méritent eux-mêmes et souvent obtiennent sur-le-champ, du fait qu'ils croient devoir nous rappeler d'abord le mépris dont nous aurions à faire preuve.

Je ne me laisserai pas arrêter par la supposition habituelle selon laquelle on ne contredit, dispute et polémique que pour satisfaire une tendance pathologique personnelle, et pour répliquer à celui qui d'aventure nous aura fait mal, en lui faisant mal à nouveau; – supposition par laquelle des hommes faibles, ne sachant rien d'une vérité solide ni de ce qu'elle vaut, croient même détenir une raison honorable de détester légitimement et de mépriser la polémique, qui sinon viendrait troubler leurs aises. Car si quelqu'un croit que c'est | unique- **180** ment par un intérêt personnel que l'on peut s'opposer à quelque chose, il ne prouve rien de plus que sa propre impuissance personnelle à agir pour une autre raison, et que s'il avait un jour une polémique à mener, sa haine personnelle en serait assurément le seul mobile; ici nous acceptons donc volontiers le conseil dont on nous faisait part plus haut, que des choses de ce genre sont à mépriser; car si un tel homme, sans requérir d'autre preuve, nous établit comme étant semblable à lui, c'est une injure à laquelle on ne peut répondre que par le mépris, et tout homme honnête y répondra de cette façon.

Et dire que peu de gens seulement parlent et pensent ainsi ne m'arrêtera pas non plus, car il se trouve que cette affirmation est une fausseté, par laquelle la pusillanimité digne de blâme des couches supérieures, se ment à elle-même. Selon un calcul charitable, ce sont quatre-vingt dix-neuf pour cent des classes éduquées en Allemagne qui pensent de cette façon; et dans les cercles les plus haut placés, lesquels donnent le ton, c'est là que la situation est la plus grave; et c'est précisément pourquoi la proportion indiquée ne pourra pas diminuer dans un proche avenir, au contraire, elle augmentera ; et même s'il n'existe que peu de porte-paroles du parti, et peu qui énoncent son esprit sous la forme imprimée, cela provient uniquement du fait que les porte-paroles sont partout la minorité ; quant à la part de la population qui ne fait pas imprimer, elle lit, et se réconforte dans le silence le plus reculé de son cœur quand elle trouve imprimé le véritable contenu de son esprit. Concernant ce dernier point, de fait, les choses se passent ainsi, et en accusant le public nous ne commettons aucun tort envers lui, car, quelque soin que le public mette à surveiller ses déclarations et aussi longtemps qu'il garde sa contenance, cela se manifestera malgré tout de manière incontestable dès qu'il sera ramené à sa passion ; ce qui se produit chaque fois que l'on touche à l'un de ses porte-paroles et de ses tuteurs. Tous alors se lèvent, homme pour homme, et s'unissent contre l'ennemi commun, comme si chacun en particulier se croyait attaqué dans ce qu'il possède de plus cher.

Quelle que soit la façon dont on se tire d'affaire avec chacune des personnes de ce parti que nous avons pu rencontrer, et dont on s'en débarrasse, il reste que l'on ne doit pas, pour ce qui est de la chose même, la traiter de façon cavalière au moyen du seul mépris, puisqu'elle est l'affaire de la majorité absolue, et presque même de l'unanimité générale, et qu'elle le restera longtemps. Cette façon d'éviter avec soin tout contact avec ces choses, ce prétexte que l'on donne, en disant que l'on est trop supérieur pour cela, n'est pas sans ressemblance avec la lâcheté, et c'est comme si l'on craignait, en de pareils recoins, de se tacher ; alors qu'il appartient bien plutôt à la puissante lumière du soleil de pouvoir dissiper l'obscurité de toute caverne, sans pour autant qu'elle reçoive en elle aucune obscurité. Bien sûr, dans ces cavernes, elle ne peut pas ouvrir les yeux des aveugles, mais elle peut montrer à ceux qui voient de quoi il retourne dans ces cavernes.

| Lors de leçons antérieures, nous avons montré, et même **181** de temps en temps touché du doigt, que la façon de penser dominante de l'époque inverse tout bonnement les concepts d'honneur et de honte, en mettant ce qui est véritablement déshonorant au compte de la gloire, et l'honneur véritable, à l'inverse, à celui de la honte[1]. Ainsi – comme cela doit avoir paru immédiatement clair à quiconque a seulement écouté posément ce que nous disions – le scepticisme mentionné plus haut, que l'époque a coutume de mettre au compte de l'honneur sous l'appellation de perspicacité, est manifestement stupidité, platitude et faiblesse de l'entendement. Mais c'est tout particulièrement et de manière éminente en ce qui concerne la religion que cette subversion totale opérée par l'époque est de rigueur. Ma parole aurait nécessairement été en pure perte si je ne vous avais au moins rendu si évident que toute irréligiosité reste prisonnière à la surface des choses et dans l'apparence vide, qu'elle suppose précisément pour cette raison un manque de force et d'énergie de l'esprit, trahissant par là nécessairement une faiblesse de la tête aussi bien que du caractère ; que la religion au contraire, en tant qu'elle s'élève au-dessus de l'apparence et pénètre dans l'essence des choses découvre nécessairement l'usage le plus heureux des forces de l'esprit, la profondeur et la perspicacité les plus élevées, ainsi que la suprême force de caractère qui en est inséparable ; que par conséquent, en suivant les principes régissant tous les jugements relatifs à l'honneur, il faudrait tenir en piètre estime et mépriser l'homme irréligieux, alors que l'homme religieux

---

1. *Cf.* la quatrième leçon du *Caractère de l'époque actuelle*.

devrait être hautement respecté. – C'est cela que la façon
de penser dominante de l'époque met sens dessus dessous.
Pour la majeure partie des gens, rien n'attire plus sûrement et
plus immédiatement l'infamie que de se laisser émouvoir à
l'occasion d'une pensée religieuse ou d'une sensation ana-
logue ; rien ne peut, cela suit de ce qui précède, apporter plus
sûrement l'honneur que de se garder libre des pensées et
sensations de ce genre. Ce qui dans cette disposition d'esprit,
semble excuser quelque peu l'époque, est qu'elle n'est capable
de penser la religion que comme superstition, et croit avoir un
droit à mépriser cette superstition comme une chose dont
elle s'est émancipée, et avec elle toute religion, dès lors
que religion et superstition ne font qu'un. En quoi l'absence
d'entendement de l'époque, et l'ignorance incommensurable
qui est le fruit de cette absence d'entendement, lui jouent d'un
seul coup deux mauvais tours. Car il n'est pas vrai tout d'abord
que l'époque ait surmonté la superstition ; l'époque, et il suffit
d'ouvrir les yeux pour le voir à toute occasion, en est encore
intérieurement remplie, car elle s'effraye et elle tremble
chaque fois que l'on touche vigoureusement à la racine de la
superstition. Mais ensuite, et c'est là le principal, la superstition est elle-même l'opposé absolu de la religion ; elle non
plus n'est qu'irréligiosité, simplement sous une autre forme.
Elle est l'irréligiosité mélancolique, alors même que tout ce
dont l'époque est avide, dans le seul but de se libérer de cette
182 mélancolie, si elle le pouvait, serait de | l'irréligiosité frivole.
On peut fort bien comprendre que cette dernière humeur
puisse, mieux que la première, permettre à quelqu'un de
reprendre ses esprits par rapport à ce qu'il était dans la
première – et l'on peut bien accorder aux hommes cette
petite amélioration de leur état, – mais de quelle manière ce
changement dans la forme, extérieure à l'essence, peut faire

comprendre et faire respecter l'irréligiosité qui reste dans l'essence, c'est là ce qu'un homme raisonnable ne concevra jamais.

Ainsi la majeure partie de l'époque méprise-t-elle la religion de manière inconditionnelle. – Comment rend-elle donc possible l'extériorisation de ce mépris et son passage à l'acte? Attaque-t-elle la religion avec des arguments rationnels? Comment le pourrait-elle, alors qu'elle ne sait strictement rien de la religion? Ou bien est-ce par la raillerie qu'elle s'y prend? Comment le pourrait-elle, quand, pour railler, il faut présupposer un concept quelconque de ce qui est raillé, alors que ces gens n'en ont rigoureusement aucun? Non, ils ne font que redire mot pour mot qu'en tel lieu telle chose a été dite qui pourrait se trouver en rapport avec la religion; et sans ajouter quoi que ce soit de leur cru, voilà qu'ils rient, et tout homme courtois rit avec eux de concert; ce n'est en aucune façon que le premier, ou n'importe lequel de ses suiveurs, se trouve réellement irrité, en son for intérieur et dans son cœur, par une représentation ridicule, ce qui de toutes façons est parfaitement impossible sans un concept, mais ils rient seulement en conséquence du pacte général; et ainsi, c'est bientôt toute la société qui rit, sans que qui que ce soit ait conscience d'une raison de rire, mais chacun pense que son voisin doit bien avoir une telle raison.

Pour poursuivre l'illustration dans le présent lui-même et jusque dans ce que nous faisons immédiatement ici, – raconter comment j'ai été amené en général à tenir dans cette ville des leçons philosophiques populaires devant un public mélangé nous conduirait trop loin. Mais ceci ayant été dit, quiconque a un peu de connaissance de la chose concevra que, si l'on met de côté la fin simplement scientifique, il ne reste, de la philosophie, pour un public mélangé, rien d'autre que la religion qui

soit universellement intéressante et universellement compréhensible ; que ceci, éveiller des dispositions d'esprit reli-
gieuses, soit la fin propre et véritable de ces exposés, je l'avais
énoncé de manière précise à la fin de mes leçons de l'hiver
précédent[1], lesquelles sont désormais imprimées et peuvent
être lues et relues à cette fin ; de même que j'y avais ajouté
l'éclaircissement selon lequel ces leçons ne consistaient qu'à
préparer cette affaire, qu'en elles nous avions seulement
arpenté la sphère de la religion d'entendement, mais sans
toucher aucunement la sphère de la religion de la raison.
On pouvait attendre de moi que, si je reprenais un jour
183 ces entretiens, | je les reprendrais là où je les avais laissés en
suspens. – Il me fallait en outre désigner de façon populaire
un objet destiné à des leçons populaires ; je trouvai que le titre :
Initiation à une vie bienheureuse caractériserait de manière
exhaustive ces leçons. Je crois, aujourd'hui encore, ne pas
m'être trompé sur ce point : et vous pouvez vous-mêmes,
honorable assemblée, maintenant que vous avez entendu
l'exposé jusqu'au bout, décider si c'est bien une initiation à la
vie bienheureuse que vous avez entendue ou bien si c'est autre
chose qu'une telle initiation. Et c'est ainsi qu'il arriva qu'une
initiation de cette sorte fut annoncée dans les journaux publics,
d'une manière que je trouve, encore à cet instant, tout à fait
convenable et naturelle.

Mais, ce qui ne m'aurait nullement surpris et que j'aurais
trouvé tout aussi naturel, c'est que pour une majeure partie
des gens, tels que je viens de les décrire, l'annonce de mes
conférences et toute mon entreprise soient apparues d'un
comique achevé et qu'ils y auraient découvert une source

---

1. *Cf.* la septième leçon du *Caractère de l'époque actuelle*.

inépuisable de rire pour eux. J'aurais trouvé tout naturel que ceux qui éditent des journaux et rédigent des feuilles volantes aient installé des rapporteurs à demeure dans mon auditoire, afin de faire passer dans leurs feuilles la source de ridicule qui coule ici à profusion, et de l'utiliser pour égayer leurs lecteurs. – « Initiation à une vie bienheureuse ! » Nous ne savons bien sûr pas ce que cet homme peut bien entendre par vie et vie bienheureuse, mais cela n'en reste pas moins une étrange alliance de mots qui, ainsi mis en relation, ne sont pas encore parvenus à notre oreille ; on prévoira aisément qu'il n'en sortira que des choses dont un homme bien éduqué ne parle pas volontiers dans la bonne société ; et, quoi qu'il en soit, – cet homme n'aurait-il donc pas pu prévoir que nous ririons de lui ? S'il avait été un homme raisonnable, il lui aurait fallu vouloir éviter cela à tout prix, sa maladresse est donc claire ; pour le moment, nous voulons en rire, en conséquence du pacte général ; peut-être qu'à force de rire, il viendra encore à l'un d'entre nous une inspiration supplémentaire capable de fournir en propre une raison à notre rire.

Il ne serait pas impossible qu'arrive une inspiration de ce genre. Par exemple on pourrait dire : « Qu'il doit être lui-même loué pour sa béatitude l'homme qui veut initier les autres à la vie bienheureuse ! » À première vue, cette tournure apparaît comme étant déjà plus spirituelle ; mais ayons la patience de jeter un second regard sur elle. Posons effectivement le cas où celui dont il est question se sentirait tout à fait bien et calme en ayant la vision claire de ses | principes, aurait-ce été une **184** véritable grossièreté que de parler de lui de cette façon ? – « Oui, mais dire une chose pareille de soi-même, n'est-ce pas là une glorification éhontée de soi ? » – On ne l'aura pas dit, sans doute, en parlant directement de soi, car il est bien permis à un homme posé d'avoir d'autres objets que lui-même dont il

puisse parler, s'il veut parler. Mais quand on affirme qu'il
existe une certaine façon de penser propre à répandre la paix et
la tranquillité sur la vie, et quand on promet de faire connaître
aux autres cette façon de penser, présuppose nécessairement
que l'on ait cette façon de penser elle-même et que l'on ait par
elle gagné la paix et le repos, puisqu'elle ne peut rien donner
d'autre que la paix, et que l'on ne peut raisonnablement
pas dire la première chose sans reconnaître implicitement la
seconde, il faut naturellement lui donner la conséquence
qui suit. Et serait-ce donc une si grande insolence, couvrant
d'un ridicule ineffaçable, que de faire remarquer, contraint
par la connexion des idées, que l'on ne se prend pas pour un
bousilleur ni ne se tient pour un homme mauvais et misérable ?

De fait, honorable assemblée, telle est précisément la seule
insolence et le seul ridicule aux yeux de la majeure partie des
gens dont nous parlons, et ce que nous venons de dire met au
jour l'esprit le plus intérieur de sa vie. Suivant le principe peut-
être caché au plus grand nombre de ces gens eux-mêmes, mais
sur lequel néanmoins repose la totalité de leurs jugements, tout
commerce entre les hommes se fonde sur la présupposition
tacite que nous sommes tous de la même façon de pauvres
pécheurs : celui qui tient les autres pour meilleurs que lui est un
fou ; celui qui se donne pour quelque chose de mieux est un
fat prétentieux : tous deux méritent que l'on se moque. – De
pauvres pécheurs : en art et en sciences ; nous n'avons tous
naturellement ni savoir ni savoir-faire, mais chacun voudrait
avoir son mot à dire : il nous faut donc humblement nous
reconnaître et nous autoriser ce droit les uns aux autres : parler,
et laisser parler ; mais qui prend la chose autrement et fait
sérieusement comme s'il savait quelque chose ou comme s'il
avait un pouvoir, agit alors contre le pacte et est prétentieux.
De pauvres pécheurs : dans la vie : – la fin ultime de tous nos

élans et tous nos mouvements est d'améliorer nos conditions extérieures ; qui l'ignore ? À vrai dire, ce mode de vie qui se plie au contrat exige qu'on ne le dise pas directement à l'autre en le regardant en face, tout comme celui-ci n'est pas tenu de l'avouer en toutes lettres, il est permis au contraire, en suivant le contrat d'alléguer certains prétextes, mais chacun doit le laisser présupposer tacitement et celui qui s'oppose à cette présupposition tacite, celui-là est prétentieux, et c'est de surcroît un hypocrite.

Du principe que nous avons établi provient également la plainte bien connue contre le petit nombre des meilleurs esprits que compte la nation, plainte que l'on peut lire et voir imprimée partout : | comment ! Cet homme veut nous entretenir de ce **185** qui est beau et noble ! Il nous connaît bien mal ! Qu'il nous donne, en des farces de mauvais goût, la fidèle réplique de cette vie triviale et frivole qui est la nôtre – car c'est cette vie qui nous plaît –, et alors il est notre homme, et alors aussi il connaît son époque. Évidemment, nous voyons bien nous-mêmes que ce que nous n'aimons pas est excellent et que ce qui nous plaît est mauvais et misérable, et pourtant, c'est seulement ce qui est mauvais et misérable que nous aimons – car c'est ainsi que nous sommes faits. – De ce principe proviennent tous les reproches d'arrogance et d'immodestie que les écrivains se font les uns aux autres dans leurs publications, tandis que les gens du monde se les adressent en paroles, comme toute la quantité de bons mots tout faits qui circulent dans le public. Je me fais fort, si l'on devait en faire l'épreuve, de ramener tout le trésor de plaisanteries que contient le monde – excepté tout au plus la millième partie de celui-ci – ou bien au principe : il ne sait pas encore que les hommes sont de pauvres pécheurs, ou bien à celui-ci : il croit être meilleur que nous tous, ou bien aux deux en même temps. En règle générale, les deux principes sont unis l'un à l'autre. Ainsi, dans l'esprit de la majeure partie de ces gens, le ridicule d'une initiation à la vie bienheureuse ne tenait pas simplement en ceci que je croyais pouvoir offrir une telle initiation, mais aussi en ce que je présupposais pouvoir trouver des auditeurs pour elle, et des auditeurs qui reviendraient à la deuxième séance, et, en admettant que je le trouve, le ridicule était qu'ils croient pouvoir en tirer quelque chose pour eux.

C'est en présupposant l'égalité de tous dans le péché que vivent et prospèrent la majeure partie de ces gens et ils appliquent constamment ce présupposé à tous et à chacun; quant à celui qui y contrevient, elle en rit si on la trouve de bonne humeur, ou elle s'irrite contre lui si on l'exaspère, – ce qui ne manque pas de se produire maintes fois, et en particulier dès que l'on entreprend une recherche approfondie concernant sa véritable essence, comme ce fut le cas de celle-ci. C'est en formulant ce présupposé qu'elle devient elle-même mauvaise, profane, irréligieuse, et ce d'autant plus qu'elle s'y obstine davantage[1]. Tout à l'inverse, l'homme bon et droit, bien qu'il connaisse ses défauts et qu'il travaille inlassablement à les corriger, ne se tient pas pour radicalement mauvais ni pour substantiellement pécheur, car celui qui se reconnaît comme tel en son essence et par conséquent y cède, pour cette raison même, il l'est, et il le reste. À côté de ce qui lui manque, l'homme bon reconnaît aussi ce qu'il a, et il faut qu'il le reconnaisse, car c'est bien de cela qu'il doit se servir. S'il fait son devoir, ce n'est pas à lui-même qu'il en attribue l'honneur, **186** c'est évident, | car si quelqu'un a encore un soi, c'est qu'il n'y a vraiment rien de bon en lui. Pas davantage il ne présuppose que

---

1. Fichte reprendra toute cette analyse dans le septième *Discours à la nation allemande*.

les hommes, quoi qu'il puisse penser au niveau théorique de ceux qui l'environnent, et dans le commerce effectif qu'il entretient avec eux, sont mauvais et qu'ils sont de pauvres pécheurs, au contraire il présuppose qu'ils sont bons. Il n'a rien à faire avec l'état de péché qui est en eux, et ce n'est nullement vers lui qu'il se tourne, mais il s'adresse à ce qui en eux est certainement bon, même s'il est caché. De tout ce qui est en eux, et ne devrait pas y être, il ne tient aucun compte, et procède comme si ce n'était pas du tout là : en revanche, il s'attend fermement à trouver en eux ce qui, d'après les circonstances régnantes, doit y être comme une chose dont il faut justement qu'elle soit là, qui est présupposée et dont ils ne sont dispensés à aucune condition. Si, par exemple, il enseigne, il ne veut pas que ce soit la dispersion qui le comprenne, mais seulement l'attention qu'on lui porte, car la dispersion est quelque chose qui ne doit pas être et il est finalement bien plus important d'apprendre à être attentif que d'apprendre un certain nombre de propositions. La peur devant certaines vérités, il n'a aucune intention de la ménager ni de l'apprivoiser, au contraire, il veut la défier, car cette peur ne doit pas être, et celui qui ne peut supporter la vérité ne doit pas la recevoir de lui ; il se pourrait en fin de compte que la force de caractère ait plus de valeur encore qu'aucune vérité positive, et, sans la première, il se pourrait bien que l'on ne soit pas capable de s'approprier quoi que ce soit qui ressemble à la deuxième. – Mais ce qu'il veut, n'est-ce pas plaire et faire de l'effet ? Il le veut certainement, mais seulement par ce qui est juste et dans les voies de l'ordre divin ; autrement, il ne veut ni agir ni plaire. La majeure partie des gens a une façon bien débonnaire de présupposer qu'un bon nombre d'hommes par ailleurs honnêtes – quand il est question de l'art, de l'enseignement ou de la vie – ont envie de leur plaire, mais ne savent pas s'y prendre correctement, faute de bien les connaître, eux, ces profonds caractères, et qu'il leur faut donc leur dire comment on peut leur être agréable. Que serait-ce, si, tout en voyant en eux infiniment plus loin qu'ils ne pourront jamais aller eux-mêmes, il ne tient pourtant aucun compte de cette connaissance quand il entre en relation avec eux, pour la bonne raison qu'il ne voit aucun intérêt à conformer sa vie à leur volonté ni à se montrer franc avec eux, tant qu'ils ne le font pas pour lui ?

Je viens ainsi, honorable assemblée, de vous décrire les circonstances habituelles de la vie à notre époque, en même temps que je vous donnais le moyen de vous en dégager radicalement et de rompre avec elles. Que l'on n'ait surtout pas honte d'être sage, même si l'on était seul à l'être dans un monde de fous. Quant à leur moquerie, il suffirait d'avoir le courage de ne pas rire aussitôt avec eux, mais de rester sérieux un instant et de regarder la chose en face : on n'y perd pas le rire pour autant ; la vraie finesse d'esprit, dans une telle occasion, se tient à l'arrière-plan, et c'est elle qui est pour nous ; et pour autant que l'homme bon l'emporte en général sur le mauvais, c'est aussi sa finesse d'esprit qui l'emporte sur celle de ce dernier.

187 Pour ce qui est de leur amour et de leur | approbation, que l'on ait seulement le courage d'y renoncer résolument, car il est impossible de jamais les obtenir sans devenir soi-même mauvais ; – et c'est cela seul qui, de nos jours, paralyse et affaiblit à ce point les meilleurs et les empêche de se reconnaître et de s'unir au point qu'ils ne veulent pas renoncer à unir ces deux choses inconciliables : leur propre droiture et l'approbation du vulgaire, et qu'ils ne peuvent se décider à reconnaître comme mauvais ce qui est mauvais. A-t-on seulement une bonne fois dépassé cet espoir et ce besoin que l'on n'a plus rien à craindre ; la vie poursuit son cours ordonné ; et ceux-là ont beau haïr, ils ne peuvent guère nuire ; après qu'eux-mêmes ont dû, de leur côté, abandonner l'espoir de nous rendre pareils à eux, leur mauvaise volonté diminue aussi de beaucoup et ils se montrent plus enclins à nous prendre tels que nous sommes ; et, même en mettant les choses au pire, un seul homme bon, pour peu qu'il soit conséquent et résolu, est plus fort que cent mauvais.

Comme je crois donc avoir dit ici tout ce que je voulais dire, c'est ainsi que je conclus ces leçons, honorable assemblée, sans désirer votre approbation inconditionnelle, au contraire, si elle devait m'échoir, je ne la désirerais que si elle pouvait vous faire honneur à vous comme à moi.

188 | Le principal enseignement du christianisme, en tant qu'institution particulière pour développer la religion dans le genre humain, est qu'en Jésus pour la première fois, d'une manière qu'il ne partage avec aucun autre homme, l'être-là éternel de Dieu a revêtu une personnalité humaine, et que c'est par lui seulement que tous les autres hommes, s'ils opèrent en eux la répétition de son caractère entier, pourront parvenir à l'union avec Dieu, – de cet enseignement, il est dit dans le texte (p. 93)[1] qu'il est seulement historique, mais ne constitue en aucune façon une proposition métaphysique. Il n'est peut-être pas superflu d'articuler ici plus clairement encore la distinction sur laquelle se fonde l'affirmation que nous reprenons, puisque je ne puis présupposer chez le grand public auquel je la soumets maintenant sous forme imprimée une familiarité avec mes autres enseignements comparable à celle de la majeure partie de mes auditeurs directs ayant l'habitude de cette distinction.

Si l'on prend ces expressions au sens strict, l'historique et le métaphysique sont directement opposés, et ce qui se contente d'être effectivement historique n'est pas pour cette raison même métaphysique, et inversement. Ce qui est historique en effet, le pur historique en toute apparition possible, c'est ce qui se laisse saisir précisément comme *factum* simple et absolu, se tenant là purement pour soi et détaché de tout le reste, et on ne saurait aucunement l'expliquer ni le déduire d'un fondement supérieur : est métaphysique en revanche, est

---

1. Cf. *supra*, p. [120].

la partie métaphysique constitutive de toute apparition particulière, ce qui résulte nécessairement d'une loi plus élevée et
plus générale et qui peut être déduit à partir d'elle ; de cette
façon, on ne la saisit pas du tout comme simple *factum* et, en
toute rigueur, elle ne peut être tenue pour telle qu'en vertu
d'une illusion, puisque, en vérité, elle n'est pas du tout saisie
comme *factum*, mais par suite de la loi de raison qui opère
en nous. La partie constitutive de l'apparition, comme nous
venons de la nommer, ne va jamais jusqu'à sa réalité effective
et jamais l'apparition effective ne se confond complètement
avec elle, et c'est pourquoi, en toute apparition effective, ces
deux parties constitutives sont inséparablement rattachées.

C'est l'infirmité fondamentale de toute prétendue science,
quand elle méconnaît ses limites et fait un usage transcendant
de l'entendement, quand elle ne veut pas se contenter de prendre le *factum* simplement comme *factum*, mais en fait quelque
chose de métaphysique. Comme, en vertu du présupposé,
ce qu'une telle métaphysique s'efforce de ramener à une loi
supérieure est en fait tout simplement quelque chose de factuel
et d'historique, | il ne peut y avoir une telle loi, du moins pas **189**
une loi qui nous soit accessible dans la vie présente, il s'ensuit
que la métaphysique ainsi décrite, présupposant arbitraire-
ment qu'a lieu ici une explication – c'est sa première faute –,
est en outre contrainte de recourir à la fiction et de remplir le
fossé devant lequel elle se trouve par une hypothèse arbitraire,
ce qui est sa deuxième faute.

En se rapportant au cas présent, on prend le *factum*
originaire du christianisme de manière historique et purement
comme *factum* quand on admet, et c'est l'évidence, que Jésus a
su ce que justement il sait avant que tout autre le sache, et qu'il
a enseigné et vécu comme il l'a fait, – sans encore aller jusqu'à
vouloir savoir comment tout cela lui a été possible, car des

principes évidents, bien qu'impossibles à communiquer ici, font que nous ne l'apprendrons jamais en cette vie. Mais l'usage de l'entendement qui survole le *factum* transforme ce même *factum* en quelque chose de métaphysique, quand on s'efforce de le concevoir dans son fondement et d'établir à cette fin une hypothèse sur la manière dont l'individu Jésus, en tant qu'individu, a procédé de l'essence divine. – En tant qu'individu, ai-je dit : car la façon dont l'humanité entière procède de l'essence divine se laisse concevoir et c'est ce que les leçons suivantes ont dû rendre concevable, et tel est, selon nous, le contenu du prologue de l'Évangile johannique.

Pour nous maintenant qui prenons la chose de manière historique, il n'importe pas de savoir dans le détail de laquelle de ces deux façons quelqu'un voudra prendre la proposition que nous avons établie, mais nous nous intéresserons en premier lieu seulement à la question de savoir laquelle de ces deux façons a été celle dont Jésus lui-même et son apôtre Jean l'ont prise et comment les autres ont été autorisés à la prendre ; et en tous les cas la partie constitutive la plus importante de ce que nous affirmons consiste à dire que le *christianisme* lui-même, c'est-à-dire Jésus au premier chef, n'a pris en aucun cas cette proposition de manière métaphysique.

Nous ramenons notre démonstration aux propositions suivantes :

1. Il ne fait aucun doute que Jésus de Nazareth a possédé la connaissance suprême, celle qui contient le fondement de toutes les autres vérités et qui porte sur l'identité absolue de l'humanité avec la divinité, ayant en vue ce qu'il y a de proprement réel dans la première. – S'il y a quelqu'un à qui la démonstration qui suit doit prouver quelque chose, il faut avant tout qu'il s'accorde avec moi sur le sens de cette proposition même seulement historique ; et je prie mon époque

de se garder de toute précipitation sur ce point. À mon avis, il ne sera pas facile pour quelqu'un qui n'a pas déjà obtenu par un autre chemin cette même connaissance de la réalité une, ni ne l'a laissée devenir vivante en lui, de la trouver là où moi aussi, même une fois traversée ladite condition, je l'ai trouvée. Il suffirait qu'un jour quelqu'un remplisse cette condition et soit ainsi le premier à se procurer | l'organe qui seul permet **190** d'appréhender le christianisme pour que non seulement il retrouve en toute clarté cette vérité fondamentale dans le christianisme, mais encore qu'une haute et sainte signification se répande pour lui même sur les autres expressions, qui semblent souvent très étranges, de ces Écritures.

2. On caractérise au mieux la manière dont cette connaissance est en Jésus Christ, – voilà le deuxième point important –, en l'opposant à la manière par laquelle le philosophe spéculatif parvient à cette même connaissance. Ce dernier part du problème, en soi étranger à la religion et pour elle profane, que lui pose son désir de savoir, qui est d'expliquer l'être-là. Ce problème, il le trouve partout déjà exprimé par d'autres chaque fois qu'il est en face d'un public savant et, pour le résoudre, il trouve des collaborateurs parmi ceux qui l'ont précédé comme parmi ses contemporains. Il ne peut songer à se prendre pour un être extraordinaire et particulier du seul fait que le problème lui est devenu clair. De plus, le problème en tant que problème s'adresse à son propre zèle et à la conscience claire qu'il a de sa liberté personnelle ; conscient de son autoactivité et parfaitement au clair là-dessus, il peut d'autant moins se tenir pour un homme inspiré.

Admettez pour finir qu'il ait trouvé la solution, et qu'il l'ait trouvée de la seule manière correcte, par le principe de la religion, sa trouvaille n'en réside pas moins dans une série de recherches qui la préparent et, de cette manière, elle est pour lui un événement naturel. La religion n'est venue à lui qu'en passant, et non pas purement et simplement en tant que religion, mais en même temps comme le mot de l'énigme que constituait le problème de sa vie.

Il n'en allait pas de même pour Jésus. Pour commencer, il n'est assurément pas parti d'une quelconque question spéculative, qu'il n'aurait résolue que par la connaissance religieuse qui lui serait venue plus tard et au fil des recherches exigées par la question, car – il ne se sert absolument pas de son principe de religion pour expliquer quoi que ce soit dans le monde et il ne déduit rien de ce principe ; mais, c'est lui seul qu'il expose entièrement et de façon entièrement pure, en tant que lui seul est digne de savoir, en laissant de côté tout le reste comme ne valant pas la peine qu'on en parle. Sa foi et sa conviction allaient jusqu'à empêcher que l'on pose même une seule question sur l'être-là des choses finies. En un mot, elles ne sont pas du tout là pour lui et c'est seulement dans l'union avec Dieu qu'il y a de la réalité. Comment il est possible que ce non-être prenne malgré tout l'apparence de l'être, cette interrogation dont est issue toute spéculation profane, ne l'étonne même pas.

C'était encore moins par une doctrine venue de l'extérieur et en la recevant de la tradition qu'il avait sa connaissance, car, étant données la sincérité et l'ouverture véritablement sublimes qui resplendissent à travers tout ce qu'il exprime – bien sûr, je présuppose ici encore une fois que mon lecteur s'est procuré, par son affinité personnelle envers cette vertu et par **191** | une étude approfondie des descriptions de la vie de Jésus, un concept intuitif de cette sincérité –, il l'aurait dit dans ce cas et aurait renvoyé ses disciples à ses propres sources. – Si lui-même fait allusion à une plus juste connaissance de la religion antérieure à Abraham et si l'un de ses apôtres renvoie clairement à Melchisédech[1], il ne s'ensuit pas que Jésus ait été rattaché par une tradition immédiate à ce système ; il peut très bien avoir retrouvé, simplement en étudiant Moïse, ce qui pour lui s'était déjà épanoui en lui-même, puisqu'il ressort également d'une quantité d'autres exemples qu'il saisissait de manière infiniment plus profonde les écrits de l'Ancien Testament que les lettrés de son temps et que la majorité des lettrés de notre époque, puisque lui aussi partait, selon toute apparence, du principe herméneutique selon lequel Moïse et les prophètes auraient voulu dire non pas rien, mais quelque chose.

Ce n'était ni par une spéculation propre ni par une communication de l'extérieur que Jésus avait sa connaissance : cela veut dire que c'est tout simplement par son simple être-là qu'il l'avait. Elle était pour lui quelque chose de premier et d'absolu, sans le moindre autre terme auquel elle se serait rattachée. C'est purement par inspiration, comme nous nous exprimerons là-dessus peu après, et en opposition à notre connaissance, qu'il l'avait ; quant à lui, il n'avait même pas la possibilité de s'exprimer ainsi. – Car enfin, quelle connaissance avait-il de cette manière ? Que tout être n'est fondé qu'en Dieu : par là, et cela en résulte immédiatement, que son être propre lui aussi, avec cette connaissance et en elle, est fondé en Dieu et procède immédiatement de Lui. Ce qui en résulte immédiatement, disais-je, car pour nous ces derniers mots sont assurément un raisonnement qui va de l'universel au particulier, puisque nous tous tant que nous sommes devons nécessairement d'abord anéantir dans l'universel notre Moi personnel tel qu'il était auparavant, en tant que le particulier

1. Sur Melchisédech, cf. *Gn* 14, 18-20 et *Hb* 7, 1-3 : « Jésus, prêtre selon l'ordre de Melchisédech ».

qui se trouve ici : mais rien de semblable en Jésus – voilà
l'essentiel de ce que je vous prie de remarquer. Il n'y avait là à
anéantir aucun Soi spirituel, qui cherche ou qui apprenne, car
son Soi spirituel s'était d'emblée confondu dans cette connaissance. Sa conscience de soi était immédiatement la pure et
absolue vérité rationnelle elle-même ; elle existait là, solide,
c'était un simple *factum* de la conscience, sans aucune genèse,
et non pas comme pour nous autres qui sommes sortis d'un
état précédent et, pour cette raison, ne sommes pas un simple
factum de la conscience, mais une conclusion. Ce que je
m'efforçais d'exprimer alors de manière précise, pourrait bien
contenir le caractère personnel propre de Jésus Christ, qui,
comme toute individualité, ne peut être posé qu'une fois dans
le temps, sans jamais y être répété. Il fut la raison absolue
devenue immédiate conscience de soi ou, ce qui veut dire la
même chose, religion.

192 | 3. Dans ce *factum* absolu, Jésus reposait désormais et y
était absorbé ; il ne pouvait jamais le penser, le savoir ou le dire
autrement qu'en disant qu'il sait précisément qu'il est ainsi,
qu'il le sait immédiatement en Dieu, et que cela aussi justement, il sait qu'il le sait en Dieu. De même ne pouvait-il donner
à ses disciples d'initiation qu'en leur disant qu'il leur fallait
devenir comme lui, car il savait en lui-même que sa manière
d'être-là rend bienheureux ; mais une vie qui donne le bonheur,
il n'en connaissait pas d'autre que celle qu'il avait en lui-même
et qui était sa façon d'être-là et, pour cette raison, il ne pouvait
pas non plus la désigner autrement. Ce n'était pas dans le
concept universel qu'il la connaissait comme le philosophe
spéculatif la connaît et peut la désigner, car ce n'était pas au
concept qu'il puisait, mais purement et simplement à la
conscience qu'il avait de lui-même. Il la prenait d'une manière
purement historique, et celui qui la prend ainsi, comme nous

venons de l'expliquer à l'instant, le fait selon nous à son exemple, et lui aussi de manière seulement historique. Il y eut à telle et telle époque en terre juive un homme tel que celui-là, et voilà tout. – Quant à celui qui maintenant désire en savoir plus, savoir comment un tel individu a été possible et est devenu effectif, si c'est par une volonté instauratrice de Dieu ou bien par une nécessité interne à Dieu, celui-là passe par-dessus le *factum* et désire rendre métaphysique ce qui est seulement historique.

Pour Jésus, une telle transcendance était absolument impossible, car, dans ce cas, il lui aurait fallu se distinguer de Dieu dans sa personnalité, s'établir à part et s'étonner de lui-même comme s'il était un phénomène remarquable, et se poser le problème de résoudre l'énigme que représente la possibilité d'un tel individu. Mais le trait qui entre tous nous saute aux yeux, qui revient toujours de la même façon dans le caractère du Jésus johannique est bien qu'il ne veut rien savoir d'une telle séparation de sa personne d'avec celle de son père et ceux qui essaieraient de l'en séparer, il les repousse sévèrement ; il ne cesse de maintenir que celui qui le voit, voit le Père, et que celui qui l'entend, entend le Père, et que tous ne font qu'un, et il nie et rejette inconditionnellement d'avoir en lui un Soi, que la bêtise lui reproche d'avoir porté aux nues sans en avoir le droit. Pour lui, ce n'était pas Jésus qui était Dieu, car il n'admettait pas l'existence d'un Jésus indépendant, mais c'était Dieu qui était Jésus, et c'était Lui qui apparaissait en tant que Jésus. De cette contemplation de soi, de cette admiration de soi-même, je ne veux pas dire qu'un homme comme Jésus, car le simple fait de l'en déclarer libre serait à son égard un blasphème ; – je veux dire que c'est tout le réalisme de l'Antiquité qui en était très éloigné ; et le talent de toujours se regarder soi-même et se demander où on en est et sentir | son sentir et à nouveau le sentir **193**

de son sentir, et, par ennui, se donner une explication psycho-
logique de soi-même et de sa personnalité singulière, était
réservé aux modernes. Voilà pourquoi il n'en sortira rien de
bon jusqu'à ce qu'ils se contentent de vivre purement et
simplement, sans toujours à nouveau vouloir vivre cette vie
dans toutes sortes de potentiations[1], laissant à d'autres, qui
n'ont rien de mieux à faire, le soin d'admirer et de rendre
concevable cette vie qui est la leur, s'ils trouvent qu'elle en
vaut la peine.

---

1. *Potenzierungen*. Terme typiquement schellingien. Pour une première
occurrence, cf. *Ideen zu einer Philosophie der Natur*, SW II, 155; pour une
référence que Fichte connaissait très probablement, cf. *Darstellung meines
Systems der Philosophie*, SW IV, 198.

TABLE DES MATIÈRES

Première leçon. La vie est amour, et c'est pourquoi vie et béatitude sont en et pour soi un et le même. Distinction de la vie véritable et de la vie simplement apparente. – Vie et être sont aussi à nouveau la même chose. L'être véritable, toutefois, est éternellement en accord avec lui-même et invariable, l'apparence en revanche est variable. La vie véritable aime cet Un, ou Dieu; la vie apparente aime le muable, ou le monde. L'apparence elle-même n'est portée et maintenue dans l'être-là que par le désir de l'éternel : or, ce désir n'est jamais satisfait dans la vie simplement apparente, et c'est pourquoi elle est malheureuse; en revanche, l'amour de la vie véritable est continuellement satisfait, et c'est pourquoi cette vie est bienheureuse. L'élément de la vie véritable est la pensée.

Deuxième leçon. Ce qu'il s'agit d'exposer ici relève de la métaphysique, et plus particulièrement de l'ontologie, laquelle doit être exposée de façon populaire. Réfutation de l'objection selon laquelle un tel exposé est impossible et inopportun, en montrant qu'il est nécessaire de le tenter, en expliquant l'essence propre de l'exposé populaire par opposition à l'exposé scientifique et en produisant la preuve factuelle que, depuis l'avènement du christianisme, ce projet a été, de manière continuelle, effectivement couronné de succès. À notre époque, une telle compréhension se heurte certes à de grands obstacles. En effet, d'une part, la forme décidée va à l'encontre du penchant à l'arbitraire dans l'opinion et heurte l'irrésolution qui se donne le titre de scepticisme, d'autre part, le contenu apparaît étranger et incroyablement paradoxal, et enfin ceux qui n'ont pas de parti pris se trouvent induits en erreur par les objections des fanatiques de la fausseté. Explication génétique de ce fanatisme. Interprétation de l'accusation de mysticisme qu'ils ne manqueront pas de lancer contre notre doctrine. Quelle pourrait être cependant la fin propre de cette accusation et d'autres semblables ?

Troisième leçon. Solution du doute quant à la manière – puisqu'il faut bien que la vie soit un tout organique – dont, dans la vie effective, une partie de la vie nécessaire peut manquer, ainsi que les choses se passent, selon notre affirmation, dans la vie apparente, – en faisant remarquer que la vie spirituelle ne se développe dans la réalité que progressivement, et pour ainsi dire en observant des stations ; on le fait voir dans l'exemple frappant selon lequel la grande masse déduit le penser des objets extérieurs à partir de leur perception sensible et ne sait rien sinon que toute notre connaissance se fonde sur l'expérience. Ce qu'est le penser authentiquement supé-
50 rieur par opposition à ce penser des objets extérieurs | quand bien même il ne serait pas fondé par perception, et comment il se distingue selon la forme de la simple opinion avec laquelle il s'accorde au regard de la région qui est la sienne.

Accomplissement effectif de ce penser au contact des éléments suprêmes de la connaissance, d'où résulte que l'être n'est pas devenu, ni que quelque chose est devenu en lui, mais qu'il est absolument un et identique à soi ; il faut distinguer son *être-là*, qui en est nécessairement une *conscience*, laquelle conscience, nécessairement à la fois *conscience de soi*, – selon son être-là propre en général, comme aussi selon les déterminations réelles particulières qui sont les siennes, ne peut se déduire elle-même de façon génétique en partant de l'être, mais peut fort bien concevoir que cette déterminité réelle qui est la sienne, dans l'essence, ne fait qu'un avec l'essence intime de l'être.

Quatrième leçon. Qu'y a-t-il d'indispensable à une vie bienheureuse et qu'est-ce qui, au contraire, n'est nécessaire que sous condition ? La réponse à la question de savoir comment le multiple peut faire irruption dans cet être-là qui est le sien, ou encore dans la conscience, puisque l'être est là comme il est en soi-même – en tant qu'Un –, n'est donc nécessaire que sous condition. – Réponse à cette question. Le « en tant que » résultant de la distinction qui se produit simplement dans l'être-là, ou la caractérisation par l'opposé, est l'opposé absolu et le principe de toute autre séparation. Cet « en tant que » pose un être statique de ce qui est caractérisé, par quoi ce qui en soi est vie divine intérieure est métamorphosé en un monde au repos. Ce monde est caractérisé, ou configuré, par le *factum* de cet « en tant que », lequel *factum* est une *autonomie absolument libre*, – à l'infini et dans l'inconditionné.

Cinquième leçon. Principe d'une nouvelle scission dans le savoir, qui ne s'applique pas au monde, mais à la réflexion sur le monde et c'est pourquoi elle ne donne que différentes façons de voir le monde un qui demeure, cette dernière scission étant toutefois pénétrée et enchevêtrée avec l'autre de la manière la plus intime. Cette scission et par là la diversité de la façon de voir le monde qui en résulte, est quintuple. La première, et la plus basse, la façon de voir de la philosophie qui domine l'époque, où l'on accorde de la réalité au monde sensible ou à la nature. La deuxième, où le réel est posé dans une loi *ordonnant* le monde présent et s'adressant à la liberté : le point de vue de la légalité objective ou de l'impératif catégorique. La troisième, où l'on pose ce même réel dans une loi s'adressant à la liberté qui, à l'intérieur de celui qui est présent, *crée* un nouveau monde : le point de vue de l'éthicité proprement dite. La quatrième, où l'on pose la réalité seulement en Dieu et dans son être-là : c'est le point de vue de la religiosité. La cinquiè-me, qui aperçoit clairement le multiple quand il procède du réel qui est un : le point de vue de la science. La religiosité véritable **51** | est cependant impossible en tant que simple façon de voir, mais elle n'existe que là où elle est unie à une vie divine effective, et sans cette union, la simple façon de voir est vide et pure exaltation.

Sixième leçon. Preuve de l'affirmation antérieure, faite en passant, que cette doctrine est en même temps la doctrine du christianisme authentique, telle qu'elle apparaît chez l'Évangéliste Jean. Raisons pour lesquelles nous nous référons de préférence à cet Évangéliste. Notre principe herméneu-tique. – Il faut distinguer tout d'abord dans Jean ce qui doit être vrai en soi et ce qui doit l'être seulement pour son point de vue temporaire. Le premier est contenu dans le prologue de l'Évangile jusqu'au verset 5. Nous rendons justice à ce pro-logue qui n'est pas une opinion de l'Évangéliste n'engageant que lui, mais un enseignement immédiat de Jésus. Explication de cela. Ce qui est valable de façon temporaire est la propo-sition *simplement historique*, et non pas *métaphysique*, disant que l'être-là divin s'est présenté pur et sans aucune limitation individuelle en Jésus de Nazareth. Explication de la différence entre ces deux façons de voir et leur unification, en restant pareillement conforme et même expressément conforme à la doctrine chrétienne. Nous rendons justice à ce dogme historique. Nous saisissons le contenu de tout l'Évangile depuis ce point de vue en demandant ce que Jésus nous apprend de lui et de son rapport à Dieu et ce qu'il nous apprend de ses disciples et de leurs rapports à lui.

Septième leçon. Description plus approfondie de la vie simplement apparente en partant de son principe. – Faire voir la béatitude de la vie religieuse requiert que l'on établisse de manière exhaustive toutes les façons possibles de jouir de soi-même et du monde. Dès lors que les cinq façons de voir le monde que nous avons établies sont autant de façons d'en jouir, il en existe cinq, dont, après exclusion du point de vue scientifique, quatre seulement seront prises ici en considération. La jouissance en général, comme satisfaction de l'amour, se fonde sur l'amour. Mais l'amour est l'affect de l'être. – La jouissance sensible et les affects obtenus au moyen de la fantaisie dans le premier point de vue. L'affect de la réalité dans le deuxième point de vue, celui de la loi, est un commandement dont découlerait en soi un jugement désintéressé, mais qui, parce qu'il se joint à l'intérêt pour le Soi, se métamorphose en non mépris de soi. Par cette façon de penser, tout amour est tué en l'homme, mais c'est précisément pour cela qu'il est aussi placé au-dessus de tous les besoins. Stoïcisme, en tant que simple apathie, en relation au bonheur et à la béatitude.

Huitième leçon. Saisie plus profonde de la doctrine de l'être ici exposée. – Tout ce qui découle du simple être-là, en tant que tel, résumé par la dénomination de la *forme* : – est dans la réalité effective l'être absolument inséparable de la forme, | et l'être-là de cette dernière est lui-même fondé dans la **52** nécessité interne de l'essence divine. Éclaircissement de cette proposition au sujet d'une des parties de la forme, l'infinité. Son application à la deuxième partie de cette même forme, la quintuplicité. Celle-ci donne un Moi libre et autonome en tant qu'il est le point d'unité organique de la forme entière. – Instruction relative à l'essence de la liberté. – Affect du Moi pour son autonomie, qui disparaît nécessairement aussitôt que, la liberté étant accomplie, sont anéantis les points de vue singuliers d'une liberté seulement possible. Ainsi la présence ou l'absence de cet amour du Soi donnent deux façons principales entièrement opposées de voir le monde et d'en jouir. De la première provient tout d'abord la pulsion vers la jouissance sensible, en tant qu'elle est l'amour d'un Soi déterminé d'une certaine manière par les objets; ensuite, dans la façon de penser qui se conforme à la loi, l'amour de la liberté seulement formelle, après que l'on a renoncé à l'amour de l'autodétermination objective. Caractérisation de l'amour d'où jaillit un impératif catégorique. Par l'anéantissement de cet amour du Soi, la volonté du Moi coïncide avec la vie de Dieu; et de cela naît tout d'abord le point de vue de la moralité supérieure, présenté plus haut en troisième lieu. Rapport de cette façon de penser avec ce qui l'entoure, particulièrement en opposition avec la superstition des besoins sensibles.

Neuvième leçon. Le nouveau monde que crée la moralité supérieure au sein du monde sensible est la vie immédiate de Dieu Lui-même dans le temps, – ne peut être vécu en soi qu'immédiatement; seule peut le caractériser en général la marque distinctive selon laquelle chacune de ces configurations plaît absolument par elle-même, et non en tant que moyen pour une quelconque fin. Éclairci dans les exemples de la beauté, de la science, etc., et des apparitions du talent naturel pour elles. Cet agir s'efforce donc bien d'atteindre un succès hors de lui ; aussi longtemps maintenant que le désir du succès se mêle encore à la joie prise au simple faire, même la moralité supérieure est encore exposée à la possibilité de la douleur. Élimination de l'un et de l'autre par le point de vue de la religiosité. – Fondement de l'individualité. Chacun a sa part singulière de vie divine. Première loi fondamentale de la moralité et de la vie bienheureuse, que chacun se saisisse de cette part qui est la sienne. – Caractérisation universelle extérieure de la volonté morale et religieuse, pour autant que cette volonté sort de sa vie intérieure propre vers le dehors.

Dixième leçon. Saisie de tout l'objet traité partir de son point de vue le plus profond. – L'être qui, sous la forme de l'autonomie du Moi en tant que | forme de la réflexion, s'expulse **53** absolument lui-même de lui-même, est connecté, au-delà de toute réflexion, seulement par l'*amour*, à la forme. Cet amour est ce qui crée le concept vide de Dieu, la source de toute certitude, ce qui, immédiatement et sans aucune modification par le concept, saisit l'absolu dans la vie, ce qui étend *effectivement* à l'infini la réflexion, dont la forme ne recèle que la *possibilité* de l'infinité, la source de la science enfin. Dans la réflexion vivante et réelle, cet amour ressort immédiatement dans l'apparition de l'agir moral.
Caractérisation de l'amour des hommes propre à l'individu moralement religieux. Image de sa béatitude.

Onzième leçon. En vue d'une application universellement utile : des obstacles à une communication intime, du manque de dévouement complet, du prétendu scepticisme, des circonstances extérieures habituelles à notre époque. Caractérisation plus approfondie de ces circonstances à partir du principe de la présupposition réciproque absolue de tous les hommes, en tant qu'ils sont de pauvres pécheurs (de l'humanité moderne). Comment l'homme juridique passe outre à ces circonstances.

Supplément à la sixième leçon. Explication plus précise de la distinction effectuée dans la sixième leçon entre saisie historique et saisie métaphysique, en lien avec le dogme fondamental du christianisme.

GLOSSAIRE

Abbild : copie
Abdruck : reproduction, empreinte
Absonderung : séparation
Auffassung : saisie, appréhension
Aufgehen : se montrer
Aufgehen in : s'absorber, s'évanouir
Aufheben : supprimer
Ausfluss : écoulement
Äusserung : extériorisation
Ausstossung : expulsion

Bedürftigkeit : les besoins
Begreifen : concevoir
Belehrung : instruction
Bestimmtheit : déterminité

Daseien : exister-là
Dasein : être-là
Dürftigkeit : indigence

Einerlei : identité
Einerleiheit : unicité, identité

Einführung : avènement
Einsicht : vision
Entstehen : advenir
Erdenken : inventer par la pensée
Erörterung : explication
Erschaffen : créer
Erscheinung : apparition
Erzeugen : engendrer

Fassen : saisir
Fortschritt : progression

Gegenbild : réplique
Gemüt : cœur
Gesinnung : disposition
Gestalt : figure
Gestalten : façonner
Gestaltung : configuration, façonnement
Glück : bonheur
Glückseligkeit : félicité
Gottseligkeit : béatitude en Dieu

Heraustreten : s'avancer, se manifester
Herrlichkeit : gloire

Lebendigkeit : vitalité
Lehre : enseignement, doctrine
Lust : plaisir

Nichtsein : non-être

Scharfsinn : perspicacité
Schein : apparence
Schwärmerei : exaltation
Sehnsucht : désir
Selbstständigkeit : autonomie
Selbsttätigkeit : autoactivité
Seligkeit : béatitude
Sittlichkeit : éthicité
Spaltung : scission

Stehend : fixe, arrêté

Teilen : diviser
Trennung : séparation

Unnatur : anti-nature

Veränderlichkeit : variabilité
Vergängliche : périssable
Verständigung, Verständnis : compréhension
Verwandlung : métamorphose
Vollziehung : accomplissement

Wechsel : alternance
Wirklich : effectif.

Zerstreutheit : dispersion
Zusammenhang : connexion

INDEX DES CITATIONS BIBLIQUES

INDEX DES NOMS

INDEX DES MATIÈRES

TABLE DES MATIÈRES

ACHEVÉ D'IMPRIMER
EN DÉCEMBRE 2012
PAR L'IMPRIMERIE
DE LA MANUTENTION
À MAYENNE
FRANCE
N° 2038116Z

Dépôt légal : 4ᵉ trimestre 2012